i
imaginist

想象另一种可能

理想国
imaginist

存在主义及其他

陈嘉映 编译

云南人民出版社

图书在版编目（CIP）数据

存在主义及其他 / 陈嘉映编译. -- 昆明 : 云南人民出版社, 2025. 7. -- ISBN 978-7-222-23153-5

Ⅰ. B

中国国家版本馆CIP数据核字第20249GR760号

责任编辑：柴　锐
特约编辑：孔胜楠
封面设计：陆智昌
内文制作：陈基胜
责任校对：柳云龙
责任印制：代隆参

存在主义及其他

陈嘉映　编译

出　　版	云南人民出版社
发　　行	云南人民出版社
社　　址	昆明市环城西路609号
邮　编	650034
网　　址	www.ynpph.com.cn
E-mail	ynrms@sina.com
开　　本	787mm×930mm　1/32
印　　张	12.875
字　　数	243千
版　　次	2025年7月第1版第1次印刷
印　　刷	山东临沂新华印刷物流集团有限责任公司
书　　号	ISBN 978-7-222-23153-5
定　　价	78.00元

序　言

这个集子收集了我过去四十年里的大多数单篇译文。排列顺序依照所译哲学家的年代顺序，碰巧，也与我翻译这些文章的时间顺序相合。

四十年这个时间跨度很长。我有意保持译文落成时的模样，这次结集出版只做了很少修订。《尼采》一篇则修订较多。这一篇原来标注陈嘉曜译、胡平校，是我哥哥陈嘉曜唯一发表的一篇译文，收入本集以纪念四十年前我们共同切磋学术的时光。当然也因为这篇文章今天仍值得一读。

附录里收入了我讲论哲学翻译的几篇文章以及与几位同事在一次研讨会上的发言。

感谢"理想国"出版这个译文集。我的翻译工作一向得到诸多学友的指点、协助，就这个集子而言，我要格外感谢吴芸菲、徐韬。两篇费希特的译文在最初刊发时标明曾由洪汉鼎校对，在此一并致谢。

2024 年 12 月 5 日

目 录

为纠正公众对法国革命的判断进一言　费希特 1

封闭的商业国　费希特 23

什么是黑格尔主义　拉松 75

我如何走向现象学　海德格尔 105

尼采　阿瑟·丹托 115

存在主义　麦金太尔 181

西方大观念之哲学 257

西方大观念之语言 279

西方大观念之命运 301

附 录

哲学概念翻译的几个问题 319

Sorge 及其翻译 345

汤潮、范光棣《哲学研究》译本的问题 353

谈《思想方式》及其中译本 363

漫谈翻译 367

为纠正公众对法国革命的判断进一言[1]

费希特（1793年）（摘要）

摘自序言

据我看，法国革命对整个人类来说都是重要的。我说的还不仅是它对法国及其邻国所产生的政治后果；虽然，要没有那些邻国不邀自来的干涉和轻率的自信，也许法国革命原不会产生那样的政治后果。这一切后果本来就够重要了，但是同那远为重要的东西相比，它们又显得不足了。

只要人类不变得更明智些、更公正些，那么他们追求幸福的一切努力都是徒劳。他们挣脱了专制暴君的牢笼，却又用他们砸坏了的枷锁的碎片互相残杀。要是人们自己的不幸，或别人的不幸（假若人们能够及时听取警告的话）不能引导他们走向往后的明智和公正的话，

---

[1] 译文原载于：约翰·哥特利勃·费希特，《行动的哲学》，洪汉鼎、倪梁康译，译林出版社，2013。——译者注

那将是一种多么可悲的命运啊……

所以，在我看来，法国革命是一幅绚烂多彩的画面，画出了伟大的课题：人的权利和人的价值。当然，目的并不在于使少数几个精英分子知道应该知道的东西，以及使这少数之中的少数依此而有所行动。义务、权利、人类越过坟墓的展望，关于这一切的学说并不是学校的珍玩。那样一个时代会到来的——到那时，我们的育婴保姆会教我们的孩子按照唯一真实和正确的观念来谈论人的权利和人的价值；到那时，人的权利和人的价值就是孩子们说出的最初话语；到那时，我们为教训孩子所需的教鞭只是这样一句训斥：那是不对的。但学校还是可以在保存武器的光荣工作中得到满足；这武器就是学校用以反对一切不着边际的诡辩并因而捍卫人类的共同财富的那种武器。那些诡辩原只能在学校里产生出来，只能从学校里散播出来，其结果却像空气和光一样为人类共同所有。学校应当把这些结果说出来，或不如说，学校应当把那些可悲的成见举出来——这些成见压迫着灵魂，至今仍未被根除，阻滞着真理的发展。只有这样，学校自己的知识才能真正成为清楚的、生动的、富有成效的。当你们在你们的学校里按照规定好了的形式同手工工人谈论起权利、价值、义务等的时候，这种规定的形式先就要令你们互相迷惑；如果你们只在这种形式上取得一致，那么你们会互相提出难以清楚解答的问题来。但请让曾经生儿育女的母亲、出生入死鬓发已斑的战士和饱经风霜的农人加入你们的谈话，谈到良心、公正和不公正，那么，你们自己的概念就会变得清晰起来，就像你们解释其他的事情一样。但这只是最起码的一点儿。如果不把识见普遍地导入人生，那些识见又何用之有？这些识见至少应当得到大多数人的同情，如果连这还得不到，又怎能把它们导入人生？如果我们心中真的闪烁着神性的火花，这火花真的把我们引向全能的公正者，那么，就不能够只停留在现在这样。难道直到滚滚洪流卷走了我们的茅舍，我们才着手建筑堤防？难道我们该在血污尸骨之下对已经变得凶暴的奴隶宣讲公正？现在已经是让人民了解自由的时候啦。人民一旦认识自由，他们就将找到自由。这样，人民才不会因为抓不到自由，而只抓到无法无天的东西，结果半途退却并把我们一同裹挟。没有什么办法能够保卫专制；但也许会有些劝谏专制者的办法，让他从自己的长期窘困中解放出来，降到我们中间，成为平等者之中的第一人；因为专制者加给我们的苦痛确实使他自己比我们更加不幸。要防止暴力革命，却有一个可靠的办法，但这也是唯一的办法：把人民的权利和义务彻底交给人民。法国革命为我们指示出这一办法，并为那些懵懂的眼睛提供了照亮画面的色彩。但还有另一种远为重要的革命为我们提供了画面的材料，我在这里对它不做进一步的阐述。

时代的特征总不会始终不被觉察。在堂堂皇皇的圈子里，在黯淡无光的圈子里，人们不时谈到人权、自由和平等，谈到契约的神圣性、誓约的神圣性，谈到王权的根据和界限；这些话题挤走了关于新时髦和旧传奇的话题。人们开始学习。

展出的画面却不单是用来讲习的，它同时就成为对头脑和心灵的严厉考验。一方面是对一切独立思考的厌恶、精神的萎靡以及即使在一小串推论中也会表现出来的精神的无能、布满我们所有的意见看法之上的偏见和矛盾；另一方面则是无论如何不让自己一向可爱的生存被改变分毫的努力、愚惰的或堕落的自私自利、在真理面前的羞羞答答，或者当眼睛违抗我们的意志要睁开明视之际就来把它强行闭合的暴力。当人的权利和人的义务这些东西成为话题，当这些熠熠入目和深入人心的对象成为话题，上述现象就暴露得再明显不过了。

没有良方来对付后一种疾患。谁要是怕真理有如怕他的敌人，他总会设法在真理面前掩护自己；即使真理追着他，追过恐光者藏身的一切角落，他也总会在心灵的深渊下找到一个新的藏身之处。谁要是不见全套的嫁妆就不迎娶天香国色，那他也根本配不上她。我们把某个命题提交给您的头脑，并非因为那是个命题而是因为它是真的。如果它的反面是真的，那我们就因为这个反面是真的而把反面提交给您，全不顾忌它的内容和结论。如果您不能养成对真理之爱，只因为它是真理，那么您对我们也就一无可取，因为真理乃是为公正本身之故而爱公正的首要准备。真理是踏向品格之纯善的第一步；

如果您还未迈开这第一步,就休要夸口品格之善。

对付前一种疾患,对付成见和精神的惰性,却有一种方法——开导和友善的帮助。若有人需要这样一个友人而身边没有一个更好的,我愿做他的这个友人;为此我写了这篇文章……

"即使我们已使自己配得上自由,君王们也不会让我们自由的。"——别信那个,我的读者!时至今日,人类所亟需的东西还远远落后着呢。但若不是我大错特错,那么,现在已是破晓的朝霞来临之刻,随之就该是堂堂白日的时辰。您的聪明智慧绝大部分还是盲目的探索,引导着更加盲目的人民,您的那些牧人该懂得更多吗?他们绝大部分教养在怠惰和无知当中,即使曾有所学,学的也是特为他们制备的真理;众所周知,他们一旦登上王座就不再努力以求深造;他们不再读新的作品,最多不过读些空泛的诡辩。至少在他们的统治年代里,他们总是落后于自己的时代。这样一些人会懂得更多吗?您可以确信,在下达了反对思想自由的命令之后,在发动了千人横尸的战争之后,他们正倒头安睡,醉心于人神咸宜的统治者的安乐生活。别在那里呼救吧,因为谁能喊得那么响,那声音竟能上达君听,竟能经他们的领会而突入他们的心?但请行动以自救。你们请自公正,人民大众! 你们的公侯们决不能长此独自不公。

摘自导论

应从何种原则来评判国家变革……如果我们要有所判断之时却不真正知道我们是从何种观点来进行判断的；如果我们碰到某些事实而要求助于法则、求助于普遍有效的真理之时却不知道我们是按照法则考察事实还是按照事实考察法则，不知道我们是考察角尺还是考察垂线；如果我们忽视了上述的重要区别，那么，就再没有什么东西更令我们迷误，没有什么东西把我们弄得对人对己更加不可思议的了。

这是那些浅薄的诡辩的最充裕的源泉。在对当今法国为我们提供的伟大戏剧进行判断之时，不仅我们那些阔先生、贵太太们，而且还有我们那些备受赞扬的作家们，都每日误入那些浅薄的诡辩。

在对一场革命进行评判（这一来我们就接近了我们的对象）的时候，只能提出两个问题来：一个是合理性的问题，另一个是明智性的问题。就前一个问题的目的来说，一般它可以问：人民究竟有无任意改变其国家宪法的权利？或者更具体地问：人民是否有权，通过某种方式、某些人物、某些手段，按照某些原则来改变其国家宪法？第二个问题则等于说：为达到所欲之目的而选择的手段是不是最恰当的手段？这个问题按理也可以这样来提：在给定的情况下，它们是不是最好的手段？

那么我们应当按照什么原则来判断这些问题呢？

我们将按何种法则来看待给定的事实？是按照我们从这些事实中得出的法则吗？——或即便不是从这些事实中得出的，毕竟也是从经验事实中得出的法则？抑或按照永恒的法则——即使在不能有任何经验之时这些法则也有其效准；即使一切经验都将终止之时它们仍能有其效准？是否我们要说：凡最经常发生的事情就是正确的，伦理之善可以由行为发生的多数来规定，犹如在宗教会议上教会的教义由投票的多数来规定那般？是否我们要说：成功的就是明智的？或者我们宁愿把两个问题并在一处，直等到结果来做公正和明智的试金石；那么，待结果出来之后，就可把掠夺者称为英雄或称为罪犯，把苏格拉底称为恶人或称为高尚的智者了？

在问题涉及权利的地方，我们是不是该让自己的利益受到影响？也就是说，我们的倾向该不该成为全人类的一般伦理法则？——那是真的，金羊毛勇士们：失去金羊毛勋章，您就什么都不是；那是真的，没有谁对您否认：当对您的高贵出身、对您的名衔和对您的勋章的敬意突然从世人中消失，当您有一天要单单由您自己人格的价值来得到尊敬，当您的一切财产被夺走——虽然您原是根据不公的权利才占有它们——那对您的确会是很不惬意的。的确，您会成为人中最贱、最穷的一个，您会沦落于最深的不幸。可是请原谅，问题根本不在于您是否不幸，问题在于我们的权利。您说，令您不幸的事情不可能是对的。然而请看看这些至今还被您压迫着的卖身奴隶吧——如果他们要分享一丁点儿您以权占有的财富;如果他们要以您为奴隶,如他们至今是您的奴隶那样;如果他们要以您的儿女为奴为婢,一如您至今以他们的儿女为奴为婢那样;如果他们要让您到他们面前来驱赶牲畜,一如您至今让他们在您面前赶牲口那样;那他们真会大为幸福呢。他们对我们说:阔人、宠儿不属于人民;他不享有普遍人权。那是他们的利益。他们的推论同您的推论一样彻底。他们说:凡是使他们幸福的东西就不可能是不对的。也许我们不该去听他们的?那就请允许我们不听您的。

……

然而,你们仍然坚持说,我们的哲学原则不可能被引入人生;我们的理论诚然是无可辩驳的,却又是不能实行的。但你们持此主张必具备一个条件——假定一切都该像现在这样保持下去,否则你们的主张就太大胆了。但究竟是谁说应该这样保持下去?究竟谁把你们收买来修修补补,来给撕破的旧大衣缝块新补丁,来洗洗刷刷而又不愿弄湿了谁的皮?究竟谁不承认:机器会因为裂隙渐渐扩大而完全停顿下来,而摩尔人却还将是摩尔人?难道你们铸成大错,倒要我们来背锅吗?

但是你们希望一切都满不错地保持原样,因此你们抗拒,因此你们叫嚷说我们的原则不能实行。但请你们至少诚实些,不要再说我们不能实行你们的原则;而坦白说,我们不愿实行这些原则。

你们不是从今天起才开始叫嚷，把你们不喜欢的东西说成不可能；你们自古以来就是这样叫嚷的，只要你们之中有一个勇敢坚定的人站出来，对你们说你们应该如何把你们的事情做得更聪明些。尽管有你们的叫嚷，有的事情却仍然成为现实，虽然你们正在证明那事情是不可能的。就在不久以前，你们还对一个人这样喊过——这个人走着我们的道路，他的错处仅仅是他不曾在这条道路上走得足够远。你们对他喊道：还是让我们建议可行之事吧。他回答得非常正确：那就是说，让我们建议已行之事吧。从那以后，你们通过经验——那唯一能令你们聪明起来的东西——得到了教训：他的建议并不是全不可行的呢。

卢梭，你们曾一次又一次地把他说成是梦想家，而他的梦就在你们的眼皮底下实现了；他想方设法同你们这些经验论者调和，这是他的过错。我们将以与他截然不同的方式来同你们说话。如果你们还有所不知，那么我就告诉你们，让你们羞愧——就在你们的眼皮底下，人类精神被卢梭唤醒，完成了一项工作。要是你们竟还能够对这项工作形成些微观念的话，你们就会宣称它是一切不可能之事中最不可能的一件。人类精神检验了它自己。你们还只推敲着这份报告的言辞，无所注目、无所预料；你们把自己裹进这份报告的几条破布碎片之中，有如裹进了第二层狮皮，自以为无辜无愧、不偏不倚地追随着这份报告的原则，其实你们恰恰对这些原则犯下了最可恨的过错。而同时,年青有力的人们从一切方面预感到了这份报告对人类知识体系的影响,预感到了那项工作必将导致那种人类思维方式的全新创造;也许他们正无声无息地接近着那份报告的精神,直到把那些原则表现出来。还请你们经常拭目而待,以便当你们那些不可能之事中又有一件成为现实的时候,可以搞清楚你们自己是否看得对头。

难道你们要用孩童的力量来衡量成人的力量吗?难道你们认为自由的人将来所能做到的,并不多于戴枷的人过去所能做的吗?难道你们能用我们日常的强度来评判一个伟大的决断将给予我们的强度吗?你们要用你们的经验做什么呢?这种经验是否把我们当作有异于儿童、戴枷的人和寻常百姓的人呢?

你们也算得上合格的判断人类能力限度的法官吗?你们的颈背一折再折,深深钻进权威的轭下;惨淡经营,挤进人工发明而违反自然的思想形式之中;成天默诵他人的原理,不断顺从他人的计划,屈服于肉体的千百需求,你们就这样异化了自身;精神的振翅高飞,自我的既强且高的感觉,对这些你们早已萎缩——你们这样的人,竟能判断人能够做什么吗?你们的力量竟是人类力量的尺度吗?你们可曾听过天才的金翅在振响——不是那种为鸣唱而激动的天才,而是那种为行动而激动的天才?你们可曾大声疾呼过:我要你们的灵魂。你们可曾不顾一切官能的诱惑,不顾一切艰难险阻,历经长年的斗争而把你们疾呼的结果放到那里，说一声：这就是结果？你们是否感到自己能够当着专制暴君的面说：您能够杀死我，但您改变不了我的决断？如果你们不曾，如果你们不能，就从这个地方退开吧，它对于你们是神圣的。

人应当做什么，他就能做什么；他若说我不能，那就是他不愿。

摘自第一章
一国人民究竟有没有权利改变本国宪法

用以建设文化的手段向来存在着——现在发生了第二个问题：实际上是否使用了这些手段？是否能够证明在迄今为止的人类行程中，人类在向着完满的自由进步着？请你们不要为这项探讨感到恼火，我们不像你们那样按照后果来进行判断。如果没有什么显著的进步展现出来，那么你们可以大胆说：那是你们的过错，你们没有利用现在的手段——对此我们没有什么根本的东西可以回答；因为我们不是诡辩家，于是我们也就根本不回答。

不过，实际上，确有这种进步展现出来；人的天性绝不可能静滞不动；那么从人的天性来说，除了进步而外，也就无可期待了。自从我们能够对人类进程加以顾视，人类的感性力量当然已经以各式各样的方案形成并且加强了。难道我们该为此感激你们吗？否则，我们该记在谁的账上呢？

你们在建国治国之时，我们的文化之可能、文化之方便难道真的做过你们的最终目的？为此我细细考察你们自己的种种申明；就我的追溯之所及，我只听到你们谈论你们的权利、你们的荣誉，以及对你们受到的伤害的报复；这般看来，你们的计划似乎没有丝毫为我们着想，似乎它完完全全只为了你们着想，似乎我们仅只作为为你们的目的服务的工具才被纳入这个计划的。也许，当你们鼓起罕见的勇气来发话的时候，你们也竟能谈到你们的忠实奴仆的福禄。但是，请原谅，当我们自己完全放弃了一个目的，即官能享乐，而你们却为了我们而以这个目的做归宿，那么你们的勇气确实有点儿可疑。

或许你们只不过是不善于表达；或许你们的行动优于你们的言辞。为此我细察踪迹。通过你们的曲曲折折的代达罗斯迷宫（dädalische Labyrinth），通过你们布在这行程上的神秘莫测的深夜，我尽可能寻找出你们在行动时所奉的准则的一致性，寻找出那种能够算作你们行动的目的的一致性。指天为证，我诚心诚意地探索着，终于发现——在内部是你们的意志的独裁统治，在外部是你们的疆界的不断扩张。我把前一个目的当作手段，来和我们的最高目的即追求自由之文化联系起来。这时我承认我理解不了：如果除了你们就没有一个人是自主的，那么那种手段又如何能够提高我们的自主性；如果在你们的整个国家里，除了你们就没有一个人具有意志，那么那种手段又如何能够以解放我们的意志为目标；如果你们是那个调动千百万躯体的唯一灵魂，那么那种手段又怎样能够用来提供纯粹的自我性。我又把第二个目的同那个最终目的加以比较，我又一次不能敏锐地看出：你们的意志是否再去取代另外几千人的意志，这对我们的文化有什么用？你们是否认为，要是我们的占有者多多地占有羊群，那就会大大提高我们自己的价值？

谁要是没有那种幸运，搅到你们的政治的深秘隐私中去，特别是搅到万事的渊薮即欧罗巴均势（Gleichgewichts von Europa）的秘密中去，那么他当然也同我一样看不出那一切来。你们要让你们的意志在你们那些国家单独统治，这样，一旦那种均势碰到危险，你们就可以立刻动用这些国家的整个力量来对付这危险；你们愿你们的国家内部尽可能专制，外部尽可能广大，这样，你们就有了够大的力量来对抗危险。归根到底，保持这种均势是你们的最终目的，另外那两个目的都是达到这个最终目的的手段。

那么，你们真正终极的目的就是这个吗？请允许我对此再做片刻怀疑。这一均势究竟是怕谁搞出那些坏名堂呢？除了你们这种人还有谁？那么，你们中间必定有那么一些人正企图搅乱这个均势。这些搅扰不宁的人的最终目的又是什么呢？毫无疑问，就是你们用以达成你们较高目的的手段：最无限制的和最广大无垠的独裁统治。

如果目的是要保持天平的平衡，那就必须能够大致规定一下：每个在政治上承担着保持这种均势的国家的权力应该有多大。如果你们真的除了关心均势而外别无关心；如果你们大家都诚挚，那么好，你们找出你们的确定界限来，你们向它走过去，而且也让别人平平安安地向它走上来。然而别人迈过了界限，于是你们也必须迈过去——这样就能把打破的均势恢复起来吗？当天平早先是平衡的时候，你们满不必让别人越过界限，你们满应该止住别人越过界限。你们暗含希望，欲取他人之巧，欲比他人还多地迈上几步；你们怀着这种希望互相谄媚。所以，可以怀疑，你们之所以让人放步越过界限来，只不过为了自己好找个借口也踏过你们自己的界限去。借此你们也就能从你们这方面打乱均势。在当代可以看到列强的种种条约，诸国都来参与订约以保持均势；但若诸国中谁都无所摄取，那么一样保持了均势。诸国何以优先选择前一种方法而非后一种呢？当你们还没有足够的力量来成为你们所愿成为的均势破坏者之时，你们总会满足于成为这种均势的保持者；你们乐于阻止别人废弃均势，以便有朝一日你们自己能够来废弃它；这些当然都可能是真的。然而，由先验根据和整个历史所证明的真理乃是：一切君主的倾向都是对内实行无限制的独裁统治，对外实行一统君主制。当我们的政治家大谈受到威胁的均势之时，他们自己就已经十分天真地供认了这一点，因为他们同他人打交道的时候先已确信：他们都知道彼此是些什么人。要是某位大臣听到别人一本正经地谈论这种均势，他一定会发笑；要是我们其他人，我们这些无寸土、无赔款可借机而获的人，不偏不袒地介入他们的重要讨论，那么他们两个人一定都会发笑。如果说在新近的君主国中哪个都不曾格外接近地达到自己的目标，那么这可真不是缺乏愿望，这是缺乏能力。

即使这一均势真是你们的最终目的（当然，这一点无法予以证实），它却并不一定因此就是我们的最终目的。我们至少还得把这个目的当作手段同我们的最终目的联系起来。我们至少还可以问：到底为什么应当保持均势？

你们说，一旦均势遭到破坏，就将发生一场一个人反对所有人的可怖战争，而这一个人将把所有人吞噬。所以，你们为了我们这样害怕这场战争。其实，既经把各国人民都统一到一个头领之下，这场战争岂不孕育出了永久和平？你们害怕这场战争，为了保护我们免于这场战争，你们就无休无止地纠缠我们？你们为了我们而害怕异族霸权的羁轭，为了保证我们免于这种不幸，你们就宁愿亲自给我们套上羁轭？噢，但请不要这样自信不移地把你们看待事物的方式都加给我们。可以相信，你们宁愿是你们而不是别人给我们套上羁轭；我们只是不知道，为什么我们也应当宁愿这样。你们对我们的自由一往情深，竟至于愿独自霸占它。对各国人民来说，欧洲均势的完全废弃绝不可能像关于这种均势的倒霉论调所说的那样弊害无穷。

在安危所赖的均势被废除之后,究竟需什么条件、以何种方式就必然会随之爆发那场战争、那场普遍的侵占?谁来发动它们呢?某一国的人民吗,尽管各国人民都非常讨厌你们的战争,早就愿意在和平安静中过活?你们以为,一个德国手艺人或德国农民会十分在意让洛林或阿尔萨斯的手艺人或农民从今以后要在地理教本中的德意志帝国那一章来寻找自己的城市、村庄?你们以为他会丢了刻刀、农具去完成那种事业?不,是均势废除了之后,那个最强有力的君主将发动这场战争。那么,请看一看你们如何论证,我们又是如何反论证的吧。——你们说:为了不使一个君主国吞噬大家、羁轭大家,那就必须有多个君主国,它们要强大到足以保持对等势力;而为了使它们足够强大,每个人都必须在内尽力保障独裁统治,在外则不时扩大他的界限。我们则要这样相反来推论:这种内外扩张的不断努力实是各国人民的大不幸。如果他们真的是为了避免另一种大得多的不幸而不得不承受这一种,那么只要可能,就让我们自己来探寻那种更大不幸的源泉并把它疏导开。我们发现这一源泉就在无限制的君主制宪法之中;所有无限制的君主国(这是你们自己说的)都无止无休地追求一统君主制。只要让我们把这个源泉堵上,我们的患难就能得以根除。如果再也没人要来攻击我们,那么我们就不再需要武装起来,不再需要有可怕的战争,以及我们为了阻止战争而承担的远为可怕的不断备战,当然也就不再需要你们为了你们的意志的单独统治这样卖力气了。你们说：因为应当有无限制的君主制，所以人类就不得不甘心承受一堆堆的患难。我们回答道：因为人类不愿意甘心承受这一堆堆的患难，所以就不应当有无限的君主制。我知道，你们有真枪实弹的军队、镣铐和囚堡来支持你们的推论，但也正因为此，我觉得你们的推论不是更根本的推论。

……

任何宪法都不是不可改变的；它们都在变化着，这是它们的本性。一部坏的宪法，与一切政治联合体的必然的最终目的相悖的宪法，必须会被改变；一部好的宪法，促进最终目的的宪法，自行改变着。前者是朽木腐禾的温火，不发光也不生热，只一味冒烟，必须把它浇灭；后者是烛火，它照亮别人而自行耗蚀着它自己，天若破晓，它也就熄了。

所以如果在社会契约中附上一条说：它是不可更改的，那么这就会与人类精神产生最尖锐的矛盾。如果我承诺：这部宪法中永没有什么可改，永没有什么允许改；那就等于说：我承诺自己不成其为人且在力所能及的范围内不能容忍任何人存在。我满足于同灵巧动物相提并列；我把自己和大家都约束起来，使大家都停留在我们曾向之攀登的那一文化阶段上。就像海狸一样，它如今筑穴一如其祖先在千年之前筑穴；就像蜜蜂一样，它如今营巢一如其同类在千年之前营巢。于是我们和我们千年之后的子孙也要这样，我们的思想方式、理论标准、政治规范、风俗习惯都要一如其现在造就的这般一代代用下去。这样一种承诺——即使已经做出——难道有效吗？不，人呀，您不能做此承诺，您没有权利放弃自己的人性。您的承诺既然违背法理，因而也就不具法律效力。

人类竟可能把自己忘却到那种程度吗？——乃至他放弃掉自己唯一的特权，那种把自己的动物性突出在其他一切动物之上的特权，那种进入无限者的不断完善的特权？乃至他永生永世锁在专制暴君的铁枷下，甚至放弃了砸碎这铁枷的意志？不，请不要放弃我们，神圣的人类守护神，慰藉人心的思想——我们的每一件劳作，我们的每一种痛苦，都向我们的同胞迸发出一种新的完美、新的欢悦；我们为他们劳作，而这劳作不是徒劳。在我们如今含辛茹苦、饱受蹂躏之处，还有比这更糟的，在我们迷失方向、遭受挫折之处，有朝一日会有那样一个种族昌盛起来，他们随心所欲地生活，因为舍善而外，他们别无所欲。而同时，我们正在上界为我们的子孙后代感到高兴，在他们的德行中重又发现我们培育在他们身上的每一株萌芽都已萌发成长，并且把它们当作我们自己的萌芽一一识认。对那一时代的憧憬啊，请鼓起我们的尊严感，至少在我们的蓝图上向我们显示我们的尊严，别管我们的现状同它怎样冲突。请把勇气和高尚的热情浇灌在我们的事业之上，如果我们起了后悔之心，那就请重振我们的精神。我履行着我的义务，这第一个思想可让我们维持；而第二个思想令我们振作：在这人伦之中，我所播撒的种子无一失落，待到稼禾成束之日，我将来看那种子的果实，我将用那些禾束为自己编结不朽的花环。

摘自第四章
论受优惠的阶级，兼论国家变革之权

假若受优惠的人没有世袭的财产这样一个可凭的借口，那他就得劳动；无论他是否心甘情愿，我们并不负有养活他的责任。但他却说他"可以"不劳动。他一心相信我们会继续用我们的劳动来养活他，忽略了锻炼自己的气力；对于自立谋生之道，他了无所知；掌握一技之长，本应是他力所能及的，如今却为时晚矣——他的气力已由于长期的悠闲生活而大大削弱，且犹如生了锈一般。当然，我们那不智的契约使我们对此负有责任，如果我们不使他从小就以为他不需费自己的一点气力我们就会养活他，那他自然就不得不学习一二了。由此说来，我们注定了（而这是依法而行的）要去损害他，即是说，养活他直到他学会养活自己。但是，我们该如何养活他呢？难道我们应当继续让自己缺衣少食，好让他奢侈挥霍？抑或仅止于供给他不可缺少的东西呢？无论如何，我们面临着一个问题，它的根本解决乃是我们时代的需要。

今有很多人，一下子从穷奢极侈中跌到远不如昔的近乎小康的处境。在我们中间，常见有人为他们所谓的困厄愁眉不展、哀叹声声。为他们抱怨的有这样一些人——其实这些人在自己最幸运的日子里也从来没有那些人处在逆境顶点时生活得那么好，那些人的幸运的残羹剩饭对这些人来说也算得上值得羡妒的幸福了。国王的筵席上至今挥霍无度，而这种挥霍才刚刚有所收敛，就有人来为国王惋惜，虽然这些人连那种从简了的筵席也从不曾有过而且将来也不会有。王后一时短缺几件衣服，这些人就为她的困厄抱怨不已，好像他们能获准分担这种短缺就会十分幸福了。即令说我们这个时代缺少某些值得称誉的特点吧，至少心地善良将来是不在缺少之列的！——在发生这种抱怨之际，人们是不是已经完全无条件地假定了一种制度，在这种制度下，有一个凡人的阶级具有某种我所不知道的什么权利，可以满足一切需要，即使这些需要只有那漫无边际的想象才能发明出来。第二个阶级仅比它稍逊；而第三个阶级又比第二个稍逊；等而下之，直至最后那个阶级，它为了给那些较高级的凡人供应最最可以缺少的东西而不得不缺少最最不可缺少的东西？或者，人们仅仅把这种权利的根据归于习惯，结论道：既然一个家庭自古及今耗费了千百万家庭的必需品，所以，它就必须耗费下去？在我们的思想方式中始终有一种明显的不一致之处，那就是：我们对于一时没有新衣服穿的王后的困厄是那样敏感，而对于另一位同样为祖国养育出健康的孩子的母亲的匮缺却处之泰然。这个母亲衣衫褴褛，看着身边的孩子赤身裸体地跑来跑去，她怀中的初生婴儿有气无力地啼哭着向她要奶，而她的乳房却由于缺乏营养而干瘪了——对于这种匮缺我们却处之泰然。脑满肠肥的公子哥儿们喝着名贵的葡萄酒，咂嘴弹舌说：那些人已经习以为常，他们不知道有比那更好的东西呢。这是谎言；人们从不会习惯饥饿，人们从不会习惯违反自然的饮食，从不会习惯精疲力竭、心灰意懒，从不会习惯在严冬还赤身裸体。R 先生（Rehberg, August Wilhelm）认为"不劳动者不得食"这句话说得天真；他该允许我们认为"唯劳动者不得食，或劳动者该食不可食之食"这句话说得也同样天真呢。

封闭的商业国[1]

费希特

自己生活也让别人生活

我曾把财产所有权描述为只同行动相关的权利,而绝不是同事物相关的权利。事情就是这样。只要大家安居不动,他们就不会争执。唯当人们有所活动、有所从事,他们才互相冲撞。自由活动是力量之争的根源,所以它乃是争执者不得不为之订立契约的真正对象;而事物却绝不是契约的真正对象。自由活动的对象的所有权最初是流动的,是从只与自由行动相关的权利派生出来的。如果没有任何一个人走近这棵树去侵害它,如果只有我一个人可以在我高兴的随便什么时候摘取这棵树上的果实,那么我不会费心去思虑我如何才能理想地占有这棵树。到时候,自然是我而不是任何一个别的人将摘

---

[1] 译文原载于:约翰·哥特利勃·费希特,《行动的哲学》,洪汉鼎、倪梁康译,译林出版社,2013。——译者注

取和享用这些果实;而摘取、享用也就是我唯一关心的事情。

……

所以,自由行动的领域通过所有人同所有人订立的契约被分派到各个人名下,而所有权就由这一分派产生出来。

然而,如果应该按照权利法则来进行分派,那么分派必须怎样进行呢?或者,像一向所做的分派那样来进行分派,是否就足够可以了呢?让我们来看一看。

一切人类活动的目的在于能够生活。所有由自然赋予生命的人对这种生活的可能性具有同等的权利要求。因此,首要的一点就是必须把这种分配做得使所有人都能靠它生存。自己生活也让别人生活!

每个人都愿意生活得尽可能舒适;因为每个人作为人都需求这一点,而且没有谁比其他人更是一个人或更不是一个人,所以就这一要求而论,所有人都是同样有道理的。既然这一要求的权利是平等的,且如果现有的这么多人在现有的作用范围内应当并存的话,那么我们就必须把分配做得使人人都能生活得尽可能舒适。所以这种分配必须使大家都能够生活得大致一样舒适。我是说能够而绝不是说必须。要是谁生活得比较不舒适,原因必须在他本人,而绝不在其他任何人。

设把某一作用范围内的可能活动的总和作为第一组数量,由这一活动产生出来的生活的舒适状态就是这一组的价值。设把某一批个人作为第二组数量。如果你们把第一组的价值平等分配于这些个人,你们就会知道在给定的状况下每个人都应该得到什么。如果第一组的数额增大了,或第二组数额减少了,那么每个人自然就得到了更大的一份。但是你们不可能对这些数额做任何改变,你们的事情仅仅在于把现有的东西平均分给所有的人。

到每个人手上的这一份因权利之故而是他自己的;即使他尚不能尽享这一份,他仍应获得它。在理性国家中他将获得它。在理性尚未觉醒和统治之前,分配是通过偶然和暴力进行的;由于别人攫取了多于自己分内的东西,所以每个人就不一定都能获得自己那一份了。借助理性的艺术而渐趋完善的现实国家的目的,必须是匡助每一个人逐步获得他自己的一份(就这个词的上述意义而言)。这就像我上面曾说过的那样:国家的使命就是把每个人自己的一份交给他自己。

三个主要阶层

人借以谋生并使生活变得舒适的活动有两个主要分支:一是收获自然物产;二是对它们做进一步的加工,使它们适合于人们用这些物产为自己服务的最终目的。据此,自由活动的主要分配应当是这两类活动的分配。于是,一部分人通过这种分化形成一个阶层,它应当得到收获物产的专门权利;有一个阶层则应当得到为公认的人类目的进一步加工这些物产的专门权利。

这两个主要阶层的契约将如下述:后一阶层约定,它将不僭越同收获原始物产有关的任何行动,并且因而也不僭越同专门用于收获自然物产的任何对象有关的行动;另一方面,前一阶层则约定,它将完全避免参与从自然结束它的工作以后才开始的所有产品加工工作。

然而在这一契约中,生产者阶层显然比工匠阶层(为简便起见,在本文中我一般将用这两个词来称谓这两个阶层)具有较有利的地位。专门占有自然物产的人无须外来的帮助就至少可以勉强生存,自然物产除了能供果腹蔽体之用还需要少许加工,这点儿加工大概难不倒他,因为要防备他,使他对加工毫无所知,几乎是不可能的;相反,自然物产对工匠来说却是不可或缺的,这部分是由于他的衣食所需,部分是由于专属于他的加工工作。此外,工匠的最终目的当然不是单纯去工作,而是由工作来谋生;但若他的加工工作不能通过衣食所需得到保障的话,那么事实上他就没有得到任何保障。所以很明显,如果先前所做的分配应当是合情合理的,那个只是约定了避免各种侵扰的仅仅消极的契约就还必须补充以一个互酬互利的积极契约,其内容如下——

生产者应承担义务,收获足够的物产,这些物产不仅能够养活他们自己,并且还够养活在他们的国家联盟中现有的并为他们承认的工匠;再进一步,这些工匠应获得可供加工的材料;生产者还对工匠承担义务,按下述标准以自己的物产交换由工匠制作的物品，即工匠在制作这些制造品的时候能够生活得像生产者在收获物产的时候那样舒适。

另一方面，工匠所要承担的义务是：按照上述价格标准和在这一国家的现有效能范围内可能达到的最佳质量为生产者提供他们一向所用的那么多制造品。

这样一来，首先在自然物产和制造品之间就约定了一种交换；这乃是一种承担义务的交换；不是说人们可以交换和供应，而是说人们必须交换和供应。

为了不至于使生产者以及工匠由于寻找眼下亟需的货物东跑西跑或由于商议条件等事遇到麻烦，为了不致造成时间精力的浪费，有那么一个第三阶层介入他们两者之间就是合乎情理的，这个阶层可以代替他们双方来办理他们之间的交易。这就是商人阶层。前两个阶层同商人阶层缔造下列契约。先是消极的契约：这两个阶层放弃在它们之间进行的所有直接交易；与此相应，商人像上述工匠所做的那样放弃自然物产的直接收获，并像上述生产者所做的那样放弃这些物产的直接加工。

然后是积极的契约：前两个阶层约定，把对他们自己的需要多余的物产和制造品交给商人，另一方面则从商人那里取得他们所需要的东西。其标准是，在上面规定过的基本价格以外，要给商人自己留出若干物产和制造品，使他在经商的时候能够同生产者和工匠生活得一样舒适；另一方面，商人则约定：前两个阶层随时可以按照上述标准从他这里满足该国人民惯有的一切需求；商人应承担义务：他将随时以上面规定好的基本价格接受一切日常交易物品。

上述三个阶层乃是国民的基本组成部分。在这里我只谈这些基本组成部分的相互关系。政府成员以及教育阶层、保卫阶层的成员都只是为这三个首要的阶层才存在的，在计算的时候则是附加的。至于他们同社会交往的关系还有什么必须说一说的，将留待讨论社会交往的时候再一并讨论。

论劳动的分配

只从刚才所说的东西就可以推论出对我提出的任务的解决办法。事实上，我所说的已经是够多的了。只是为了不显得我好像忽略了某些实质性的事物；只是为了不让读者暗生疑窦，以为在被忽略的东西中有着可以反对我将提出的各种主张的某些理由，我才准备把已经发端的思想再推进几步。同时我也明白记得：严格说来，这种推进并非我的目的所在。被我在这里视作一个统一的基本阶层的生产者又可以被划分为多种亚阶层：本来意义上的大田农民、菜农、果农、园艺家、牧人、渔民，诸如此类。他们的专门权利同样是奠定在对象的契约这一类契约上的。"请您不要插手物产收获这一分支；同样我也不要插手别的分支。请约定，让我可以享受您种植的东西，让我放心指望那些东西；同样我愿让您享受我的东西，而您也应该能指望我。"因为不是每个人都应收获一切种类的自然物产，所以在这里也应约定物产之间的负有义务的交换。由此，有涉于商人阶层的事情是不言自明的。每一个亚阶层又都是由许多个人组成的，这些个人的权利关系又都奠基在契约之上。一个农民对另一个农民说："其他公民诚然承认您有权在您所到的地方耕耘种植，一如他们承认我有权做这些事情。但若我们在同一块土地上相遇，那您就会把我已经播过种的土地重播一遍，而下一次我又会对您干出同样的事来，结果我们两个人谁都种不成什么东西。所以最好还是把这块地让给我来耕作，永不要去侵扰这块土地；而我则愿意把那块土地让给您，作为您自己的土地而永不去侵踏它。请您不要从您那一边越过这条共有地界来犯我；我也不愿从我这一边越过地界去犯您。"他们同对方以及所有其他同样有权从事农耕的人达成一致；他们这样普遍地订立契约乃是他们的所有权的根据；这种所有权仅仅包含下述权利，即不受其他任何人的干扰，在这块土地上按照自己的见识、权衡来收获果实。

工匠这一基本阶层也分为多种亚阶层；从事某项特殊工艺分支的行业的专门权利奠定在同其他行业订立的契约之上。"请你们不要从事这一行手艺，我们则不施展那一行手艺；请把我们在你们的制造品中所需的那些东西给我们，而你们则可以指望从我们这里得到你们在我们的制造品中所需的那些东西。"在这里也约定了制造品之间的负有义务的交换，商人阶层的使命在这里获得一种新的模式。

同业公会的情况也没有什么两样："商人阶层按照同业公会来分配从事各类物品贸易的权限。"要把我已经说了两遍的事情再说上第三遍，那可就烦琐讨厌了。

通过国家组织劳动

我现在回到我原先的意图上来。国家的明文法规给予所有这些契约——就我的意图而论，在所有那些契约中，只有那三个基本阶层之间的上述契约才是我要予以充分考察的——我说，给予所有这些契约以外部的法律有效性，而政府则必须保持对这些契约实行监察。

政府必须使自己处于能够实行这一任务的地位。就社会交往这一点而论，政府应该做些什么？这一问题其实也就意味着：为了能够保持对上面提过的那些契约实行监察，政府应该做些什么。

首先，生产者阶层应该承担义务：收获足够的自然物产，不仅能满足自己的需要，而且还够供养其他公民，并提供惯常加工所必需的物产。他们必须能够做到这一点，所以，在一个国家内的非生产者不得多于该国的自然特产所能养活的数量。国家必须按照生产者的人数、土地的肥沃程度、耕作的现有水平计算出可以不从事农耕的公民人数来。举例来说，在某一国家中，如果一个生产者依靠适合于他的劳动而收获的物产可以供养两个人并为大约一个人提供加工材料，那么，在这个国家中就可以给每一个生产者算上一个非生产者，在这里也就是一个工匠、商人、政府成员、教育阶层和保卫阶层的成员。按照同样的标准来计算，其他国家的非生产者可能多些或少些。自然物产的收获乃是国家的基础，是安排其他一切的最高标准。如果物产收获处于不利的自然条件下，或者物产收获的技术还处于童稚期，那么国家只可以拥有很少量的工匠。只有当自然变得比较温和之后，只有当一切工艺之首即农艺获得了进步之后，其余工艺才可以得到提高和促进。

对于国家所得到的第一个清楚的结论是：它要按照刚刚指明的标准把可得以从事于各项工艺的人数限制在一个定额上，并且，只要诸种状况保持不变，就不允许提高这一数额。

无论何处，可以缺少的东西总应排在不可或缺的东西或难以缺少的东西后面；在国家的大经济中也是一样。能够从农耕中抽出来去从事工艺的人手首先应当被安置到不可或缺的加工工作上面，只有这样安置下来还有余的人手可安置到可以缺少的加工工作上，安置到奢侈的需求上面。这是对于国家的第二个明白结论。国家不仅要确定整个工匠阶层的人数，而且它还必须规定从事各特殊工艺行业的人数，并处处首先去关心那些急切的需要。在有人装饰他的家室之前，先应当大家都得饱食，都得安居；在有人穿上华丽的衣着之前，先应当大家都得有整洁温暖的穿戴。如果一个国家的农业还落后，为了使农业完善起来还需要很多人手；如果这个国家连惯常的机械手工工人还缺少，那么这个国家不能有任何奢侈。或有人说：我反正付得起钱。这也不行。一个人能够支付可以缺少的东西，而同时他的某一个同胞手头却没有必需的东西或者不能支付必需的东西，这是不公正的。而且按照权利来说，或在理性国家中，前一个人用以支付的东西根本不是他自己的东西。

至于政府怎样才能保证并且保持不使工匠超额，这是不难看到的。在一个已经存在的国家中，每一个想要专门从事无论哪一种职业的人都必须依法向政府报到，而政府则作为所有人的代表以所有人的名义批准他专门从事这一行业，并代表所有人让他做出必要的放弃。如果某一工艺部门已经达到了法律准许的最高工人数额，而仍然有人来报到从事这项工艺工作，那么他就得不到批准，而多半是被派到用得上他的气力的另一部门去。

这里我略过了契约中关于制造品价格的那一条，这是因为在后面我将一般地讨论物品的价值。

依照上面所说的，工匠阶层承担了义务，要按照所需的数量和在本国尽可能好的质量来提供在现有状况下可允许国民得到的制造品。国家还应该保证生产者和其他所有公民也都履行条约上的这一点。国家为了能够完成这一任务都需要做些什么呢？

首先，为了使制造品始终保持在所需的数量上，国家应当留心，不要让各个现行工艺部门的工人定额数以及由此产生出来的工匠人数减缩，就像上面说的不要让它们增加一样；必须始终保持均衡。即使某一时候某一行业可能缺乏工人，也不能因此容许投入这一行业的公民抬高其制造品的价格，借此侵占其他阶级的利益；人们不能用这种方法来刺激公民从事该行业的工作。除了由国库支付补助金以外，几乎也没有什么其他的刺激手段；国库将支付补助金直至这一劳动部门重新达到所要求的公民人数，另外国家也能够暂且购买这些人的制造品以防将来可能发生的短缺。当这些公民一旦学会了这种工艺而非他种工艺，他们便从此必须从事这一行业，而国家则至少应付了一代人的时间。

更进一步，为了提供出尽可能完善的制造品，国家必须要求每一个报名从事某一劳动行业的人接受内行人的考核。如果他的工作还不能达到他在国内的其他同行的相同水平，那就不允许他公开操持此业，直到他学有进益，通过了第二次考试。我把对居民的制造品的要求局限在就他们国内而言尽可能完善这一点上，而我又是按照迄今为止这一工作在国内实际提供的最佳产品来评判这种可能性的。我希望大家都自然会明白这种限制和这种评判的道理所在。如果问为什么我不要求货物达到也许另一个国家在制造它们的时候已经达到的完满程度,这等于是问:我为什么不是那另一个国家的居民。这恰恰仿佛是橡树要问,为什么我不是棕榈树;或棕榈树问,为什么我不是橡树。每个人都必须满足于自然用来安置他的区域,满足于这一区域所发生的一切。

受引导的商业

现在我们过渡到国家的第三个主要阶层即商业阶层。正如在一个国家中的合理的工匠数额取决于生产者的人数以及收获自然物产的状况一样,商人的数额也取决于前两个阶层的人数,取决于他们相互之间的关系。商人的数额应当按照正在国民流通的货物量来规定,所以首先也就应当按照工艺的一般状况来规定;进一步则按照工艺分成多少种部门、按照自然物产的收获分成多少种行业来规定。就工艺来说,工艺水平提得越多,工艺部门也就越多,于是,制造品也就越多,供工匠吃穿和加工所用的作为商品的自然物产也就越多;就物产收获来说,每个人只是换取他自己不生产和不制造的东西,据此,则一般的生产和制造越加分化,交换活动就越多——即使商品总量不变。政府必须计算这种在国民中进行的交换,且必须计算它将使之从商的总人数,若交换活动必须分门别类来进行的话，它就必须计算分散在各商业部门的人数；然后，政府必须把商业阶层限制在一个确定的人数上，该阶层不得超过这个数额，但也不降到这一数额之下。至于政府手头有哪些办法可以使各个阶层都保持在确定好了的数额上，这一点在谈到工匠的时候已经说明了，显而易见那些办法同样也适用于商人。

  在商业阶层同其他两个阶层之间缔结的积极契约是更重要的。后两个阶层放弃一切他们之间的直接交易，约定把他们用于公共交换的商品只卖给商人并且只从商人手里购买他们所需的东西；另一方面，商人则约定随时接受他们卖出的商品并让他们买到所需的东西。其他两个阶层放弃他们之间的所有直接交换，把这一点作为缔结契约的必需条件，道理是很明白的——因为舍此而外，商业阶层就没有任何可以计算的、稳妥的所有权了；它就只能碰运气或依赖其他阶层的善良意愿了。其他阶层就会只在对他们自己更有利的时候才借助商人来进行贸易，而每当他们有希望靠直接交换更多赢利的时候就直接进行交换。此外，人们很难想象，把定作公共贸易之用的货物贮备起来能有什么别的目的，除非是要靠囤积居奇人为地提高制造物的价格，从而从同胞的困境中牟取不义之财。这种事情在一个合乎法度的国家是根本不应发生的，但要避免这种事情发生，就只有把一切贸易都交到一个在这一点上能够被监督的阶层手中。下面提供的理由将说明，就处于第一线的生产者或制造者而言，实行监督的情况也有所不同。商业阶层则必须承担随时卖出买进的义务，这道理也是很明白的——因为每个公民靠了自己的劳动都应当生活得尽可能舒适，并且不应该由于放弃了从事其他人的行业而受到损害；但若在他愿意的时候，他却不能用自己的货物换得其他行业的产品，那他就会遭到那种损害。

不难发现政府怎样才能使后面提到的这种义务得到履行。积极的、通过处罚的威慑而变得严厉的法规是：以某些种类物品为业的商人应买进第一个提供这些物品的人的东西，应把这些物品卖给每一个对之所需求的人；若有公民在这两种要求中有一种遭到拒绝就可上告，该商人就将受罚。——然而，人们会说：如果他根本没有被要求的商品，那么他怎能因为他不出售这些商品而受罚呢？我可以借这个问题来说明政府如何能够监督其他阶层履行他们对商人的积极义务。如果一个商人弄不清楚他要从哪里弄到他的货物，那他就不成为一个商人了。商人熟知他的生产者或制造者的事情进行得怎么样，熟知他们在某一时期的收获如何，同时他知道其中有多少东西已经交到了自己手上，这样他就能顺利地算出生产者或制造者现在有多少存货还保留在他们自己手里而未交付。他有权索取这些存货，甚至借助官方的帮助这样做，因为那两个阶层依法有义务出售那些存货。像上面说过的那样，政府不能直接监督第一线的生产者和制造者，但是靠了他们而得权益的商人则能监督他们；通过这些商人，政府也就能够监督他们了。另一方面，政府不需要直接监督商人。即使它能够做到这一点。商业中只要一出现阻滞，因此受害的公民无疑会立刻向政府报告；只要没有任何人上告，就可以认为万事太平。

人们可能还会说：当商人缺乏货源的对偿物的时候，他就购不进货物，他怎么能为此受罚呢？我要回答说：在一个按照上述诸原理组织起来的国家中，既然根据可能的需求来批准的生产和制造已经被作为国家的基础，那么就不会有任何一种商品卖到一家商店，而这家商店却无法马上将其售出的现象发生。商店甚至可以强行售出商品。正如我们为商店保障了一定的供应货源一样，我们也为它保障了一定的购买者。商店熟悉这些购买者的需要；如果他们不在这所商店买东西，那就可以假定他们是在其他什么地方买东西，多半是从第一手上直接购买。这既与购买者的义务冲突，又同售卖者的义务冲突。他们应当因此受到控告和惩罚。设若商人在开始经商之初备有必需的预备品，以便弥补购入货物和售完货物之间的空隙；设若在他获得营业许可之前，先就必须向政府证实他备有这些预备品，那么，根据上面所说的情况，在这个国家里商人总是具有必要的对偿物的。在这国家里，商人经手的是绝对可以计算的流出和流入。

我不想用某些细小困难的解决来分散读者的注意力。这里只举一个例子，借它来说明其他类似的困难都应如何加以解决。——人们不用害怕在这种商业状况下将需要极为庞大的货场，因为那时候商人根本无须把一切商品都堆在自己眼皮底下；他只需知道商品现在都在什么地方并且能够随时指望人们提供这些商品就行了。举例来说，粮商从一家大产业主那里买下的谷物将仍然存放在从前就囤积它的谷仓里面，不去动它。粮商要做的事情无非是，让那些到他这里来买谷物的邻近的面包师到那些谷仓去称够他们所要的分量并为他们结算货款。这种办法的好处在于，面包师不必一家一家地到那些大产业主那里去打听，并有可能被他们拒之门外，因为那些大产业主可能会因想使价格上涨而拒绝面包师的要求。如今面包师可以放心地通过通往粮商的唯一通路、按照确定的价格购得货物，或得到对购买货物的确切指示。

需求的差异

额外生产某些舒适的东西必然会使一个国家所生产的一般生活资料比它所能生产的要少些。所以很清楚，这种额外生产不可超过满足一切人的必要需求所允许的程度，并且决不可扩展得太远，乃至使任何一个人因此而缺少必需的生活资料。这样我们就找到了这种额外生产的合理界限。

事实上，额外生产是国民力量在生产了不可或缺的东西以后的节余。应当保证这一节余合乎比例地平分给所有的人；应当保证人人生活得同样舒适，像我们前面说过的那样。我说合乎比例，这就是说，要使得每个人都能得到他的特定工作所需要的那种力量和福利。例如，有人的工作是深思苦想，他的想象力应向创造发明奋进，如果这个人所得的衣食供养同一个农民一样，那他其实就没有得到足够的必需品。一个农民日复一日地从事只需要动用体力的机械劳动，对他来说，在劳动的日子里以大量的素食粗饭填饱肚子并非一件苦事，在野外的空气中，他无疑消受得了这些东西。而整日端居斗室从事手工的人干他那种活儿的时候，精钩细织的衣着当然不用多久就褴褛了，而且他需要那种数量不多但可充饥的食物。至于那些在科学方面或者在较高的艺术工艺方面从事发明创造的人则需要更多样化、更增精力的食品，这种人的内心本应充满一种高贵的格调，所以他还需要一种从外部也始终把高贵和纯洁展现到他眼前来的环境。不过就农人来说，他在他的休息日便进入绝对的人的存在，在这些日子里，他也应享用该国土地上所能养殖的较好的东西，穿戴起配得上一个自由人的衣着。

国家的对外贸易

国家负有义务通过法律的强制为它的全部公民保障由这种交往的均衡产生出来的状态。但若有任何人对这种均衡具有影响，而这种影响又不服从于国家的法律和统御，那么国家就做不到这一点了。因此国家必须绝对割断发生这种影响的可能性。——必须禁止老百姓同外国人有任何交往并使这种事根本不可能发生。

无须证明，在上面所讲的那种贸易体系中，老百姓是根本不宜同外国人交往的。为了保证老百姓始终享有他们惯常的需求，政府本应能够估计会有多大数量的商品进入贸易。既然外国人不在该国政府的统御之下，这个政府又怎能确切估计出外国人在这一商品数量中的份额呢？政府原应确定和保障物价，但政府既然不能规定外国人在他本国生活和购买第一手物资所依从的价格，它又怎能对外国人确定和保障物价呢？如果政府对外国人设定一个他不能接受的物价，那他就会为此避开该政府的市场，结果发生惯用品的短缺；政府原应保证它的老百姓届时卖出他的物产和制造品并同时保证这些东西的售卖价格，但若它的老百姓把东西卖到外国去，而政府又不能监视和管理这个国家同它的百姓的商品之间的关系，那么它怎能保证销售及其价格呢？

从一个正确的命题推论出来的东西也是正确的。只要国家对于它的公民究竟用什么方式来得到国家理应承认为其所有并且理应为其加以保护的东西这一事并非毫不介意；只要公民的聚财之心并非达到了明火执仗、破门劫财的程度，乃至一个人攫尽万物而另一个人一无所获；只要政府的全部义务并非在于为某些人看守他们不知用什么办法聚敛起来的财物,同时防止那些一无所有的人寻到一点点东西;只要国家的真正目的确实在于帮助一切人得到那种原属于他们(他们都是人类的一分子)的东西,并且使一切人得以保持那些东西,那么必须按照上面指明的方式来管理这个国家之内的一切交往,而为了能够进行这种管理,就必须排除不受管理的外国人的影响。于是,理性国家就必须是一个绝对封闭的商业国家,正如它是一个封闭的法律国家和封闭的人口国家一样。每一个生活着的人要么是它的公民,要么不是。同样,人类活动的每一种产品要么在它的交往区域之内,要么不在这一区域之内,此外并无第三种产品存在。

如果国家确实需要同外国进行贸易,那么唯政府可以进行这种贸易,正如只有政府才能宣战、媾和、缔约一样。在下面我们将要读到政府在进行这种贸易的时候必须把握住哪些观点;从这些观点中还将得出目前这种主张的更切近的理由,而这里还不能先行把这些理由阐述明白。这里只是从一般原理的角度指出,在理性国家里决不能允许个别公民同一个外国公民进行直接贸易,就已足够了。

真正按照人性在世上生活

或有读者会以为我们的理论是欺妄不实的,因为按照这一理论的前提，所有权不似寻常所说的那样在于对某种对象的专门占有，而在于对某种自由行动的专门占有，这些对人类生活所必需的自由行动又似乎被完全任意地划分为数种等级。最后提到的这种划分似乎是某种偶然的东西，对一个国家本身来说完全是非本质的东西。同样可以有另一些国家，在那些国家里，每个居民都有一块自己的耕地并在这块地上自己种植自己的衣食所需，自己养几头牲畜，自己削制木屐，冬天用自种的大麻自己织麻布来做衣裳，诸如此类。这样一个国家没有什么特别的工匠阶层，没有工匠和生产者之间的均衡，没有贸易也没有商人。这样的读者会认为我的理论中没有什么特征适用于这个国家，但我决不会因此就愿拒绝称这个国家为合理的国家。据此，设置商业和工艺行业仅仅是偏好和明智的事情，因此也就完全是任意的，决不能算作严格权利的对象。

我首先应当提出：即使在这样一个国家里，所有权亦非直接地关涉到耕地，而只直接地关涉到随意使用耕地的权利；我在更后面还将继续讨论这一点，但这一点无涉于我们目前的探讨。我还要提出的是：处在上面所描述的状态中的民族是一个贫困的民族，是一个一半还滞留在野蛮状态中的民族。如果由它自己的人来统治这个民族，而这些统治者除了在他们中间可能达到的教育以外没受过其他任何教育，那就很难设想他们能制定明智的法律和建国方针。在那种处境下，国家机构在制定法律的时候着眼于事物的这样一种现有状态，着眼于在事物的这样一种状态中坚持下去；只有考虑到谁都没有义务超出他的知识的界限和他的能力的界限，我才会勉强不把这种国家机构称为背理的国家机构。但若一个认识到较好状态或能够认识较好状态的政府，仍不过为自己设立这样一个目的，仍不过进行这样一番考虑；如果这个政府不做任何努力超出这一状态并把国民带出这一状态，那我就只能说这是背理的了。

凡自然所能允许之处，人类就要尽可能轻松地、尽可能自由地、尽可能控制着自然而真正按照人性在世上生活。这不仅是对于人类的一个虔诚愿望，这是人类权利和人类使命的不可放弃的要求。人应当劳动，但他不能像役畜那样驮着重负睡去，在它耗尽的体力得到最低限度的恢复之后又被赶起来去驮同一重负。人应当无忧无惧地劳动，快乐欢愉地劳动；他还应当保有把他的精神和目光仰向天空的余暇，他身受教养原就是为了仰望这天空的。他不应同他的牛马同食同饮；他的食物应别于牛马的草料，他的房舍应有别于牛马的厩舍，一如他的体躯有别于牛马的体躯。这是他的权利，因为他现在确实是一个人。

人们曾大谈特谈国民财富、国民福利，诸如此类。在这篇文章中，我将必须指出这个词可能具有的最广的含义。我们在这里所碰到的含义如下：内在的本质的福利在于能够以最少艰苦的和持久的劳动为人类自己创造出最符合人性的享受。所以这应当是国家的福利,而不是某些个人的福利;这些个人的最高福利往往是国家的最高苦难的最触目标志和真正的原因。所以,国家的福利应当以同等程度广布于一切人。

如果不是我们自己的天然力量发生不可思议的增长;或者我们身外的自然无须我们有所作为而借突然的奇迹发生转变并否定了它自己一向为人所知的规律,那么,我们就不应从天然和自然那里期待那种福利,而只能从我们自身期待它。我们必须通过劳动来获取它,而为了达到这一点,除了艺术和工艺技巧,别无他途;借助艺术和工艺的技巧,最小的力量也能因为合乎目的的运用而立即成为千百倍的力量。而艺术和工艺技巧是靠经久不断的练习产生出来的,是来自每个人都把他的整个一生贡献给一项唯一的事业,把他一切力量和思考都集中到这一事业上来。据此,我们必须划分为人类生活所必需的劳动部门。只有在这一条件下,力量才会取得最高效益。——在上面描述的那种贫困的国家中的某个村子里,每个人都独自坐在炉前,用不称手的工具,饱受烦难辛苦,久久削制一双蹩脚的木屐。但若大家都把这份时间和辛苦拿来从事农耕而委托他们之中最巧于制鞋的人为他们制作所有的鞋子,此外就不必做别的事情,那么他们将能得到更好的鞋子,同时能够用他们利用那段时间从事耕作所得的东西极好地养活他们的鞋匠和一个为制鞋所需的裁缝。

简言之，谁有权利达到目的，谁就有权利采用唯一导向这目的的手段。各国人民都有权期望他们的福利水平得到提高，而这只有靠划分劳动部门才能达到。因此人民有权要求划分劳动部门，而为取得并保持人民的一切权利而设置的机构，即政府，承担着促使这种划分发生的义务。

所有权的原理

上述理论的主要结论如下：在一个合乎权利法则的国家中必须估算三个主要阶层国民的相对人数；必须把每个阶层的人数都限制在一个定额上；必须按照每个公民的适合于他自己的劳动保障让他得到该国的所有自然物产和制造品中的合乎比例的一份，对那些没有可见对偿物的公职人员也是一样待遇。为此目的，必须确定并保持一切东西的相对价值以及它们相对于钱币的价格；最后，为了使这一切成为可能，必须使公民不同外国人进行直接贸易。所有这些主张都根据于我的所有权理论。只要我的所有权理论是正确的，前面那些主张无疑也就有了良好的根据。如果那理论是错误的，那些主张无疑也就立即倾覆了，因为它们只是出于那一理论的推论，不能奢望它们还是其他什么东西。

但恰恰是在所有权理论上，流行的尽是些同我的概念大相径庭的概念。所以，我当然不能不担心会有不少读者认为我的思路不可信，因为在这些读者中间会有不少人相当赞许那些同我相左的概念，或至少是懵懵懂懂地被那些概念领着走。我不得不邀请这些读者再来考察一次我的原理和那种相左的或对立的原理。

根据我的看法，同我相对立的所有权理论的基本错误，在这个问题上的一切错误主张的首要源头，不少学说之所以含混和琐屑的真实理由，以及这些学说在运用于现实生活之际之所以片面残缺的真正原因，这一切就是：人们把首要的原始的所有权规定为对一件事物的专门占有。我们甚至还曾见到过那样一种理论——大产业主阶层或贵族阶层是唯一的、真正的所有人，是唯一构成国家的公民，而其他人都不过是无公民权的居民；他们必须以前面那个阶层所中意的任何一种条件来换取有权者对自己的忍耐——根据那种占统治地位的所有权观点，有这样一种理论又何足为怪呢？我说何足为怪，这是因为在一切事物中，土地确实是最明显可见地转变为所有权的东西，并且是最严格地排除一切外来侵占的东西。

同这种理论相反，我们的理论把首要的和原始的所有权，把其余一切的根据，规定为对某一项自由活动的专门权利。这种自由活动可以通过三条途径成为可规定的和确定的（可以确定地加以描述、标识、称谓）。一条途径就是单纯通过自由活动所涉及的对象来进行规定。例如，在某个确定的辖区内并对这个辖区随心所欲地做一切可能的事情,并阻止其余整个人类对该辖区做任何可能的改变的权利。作为形象的说法和派生的说法,诚然不妨把这一辖区本身称为当事人的所有权,虽然严格地说来,唯有他对该辖区可以做出任何改变的专门权利才是他的所有权。在实际生活中,我不知道任何一个这种不受限制的所有权的例子。另一条途径是这种自由通过它自己本身,通过它自己的形式(它的方式方法、它的目的等)得到规定,全不顾及它所关涉的对象:专门从事某项工艺(制作别人的衣服、鞋,诸如此类)并阻止其他一切人操持此项工艺的权利。这里是一种不占有任何事物的所有权。最后,这种自由活动还可以通过这双方面得到规定,即通过它自己的形式以及它所关涉的对象得到规定:专门对某一对象施加某种行动并排斥其他一切人对该对象施加该行动的那种权利。即使在这种情况下,按照形象的说法和派生的说法,对象也能被称为当事人的所有权,虽然严格说来只有对这一对象施加某一自由行动的专门权利才是他的所有权。按照这种方式,农民的专门权利就是在这块耕地上种植庄稼,这一权利绝不取消另一个人在收获结束后到春播开始前在同一块土地上放牧其牲畜的权利,也决不取消国家在地面上开采矿物的权利。

按照我们的理论,根本不存在什么土地所有权的问题;至少,如果那些设想土地所有权的人懂得自己的意思,照字面那样指的是土地的所有权,而不是像我们主张的那样指某种独占的、排他的使用土地的权利，那么我要说，除非他们能让我们明白在实际生活中究竟怎样可能行使那种所有权，否则确实谈不上什么土地所有权。大地是属于主的，唯合乎目的地种植和利用大地的能力才是属于人的。

保证劳动与面包

据此，则显然不仅农民必须有专门的所有权；国内的所有公民都应该有，否则人们就不能使这些居民承担认可农民所有的义务；就不能合情合理地防止他们把农民挤出他的耕地并抢夺他的果实。

那么究竟什么是非农民的这一专门所有权，什么是工人和商人的所有权，什么是他们为之而让农民获得利用土地的专门所有权的那一所有权？

这一类人把自己的工艺或商业知识归功于自然和他们自己，而非归功于国家。就此而论，他们不像农民系身于他的那块土地那样系身于国家。即使赤条条地被抛于此国彼国，他都可以说：我自己的一切我都带在身上。那么国家还能给他些什么呢？显然只能给他一种保障，使他始终能够找到工作或找到他的商品的销路，使他能够用他的商品换取国家财产中分到他头上的一份。通过这种保障，国家就把他维系在自己身边了。

但若国家不限定从事于同一劳动分支的人数，不为大家操持安排必需的生活资料的生产，国家就不能有效地提供这种保障。唯凭借这一限定，一劳动分支才成为从事于该分支的阶级的所有权；唯凭借生活资料的操办，这一劳动分支才成为从事于这一分支的人们能够赖以生存的所有权；而他们只能因为他们的这一所有权而放弃耕地者阶级的所有权。我说，国家应当给他们以安全，应当给他们以保障。说那一切自会提供出来，说每个人总会找到工作和面包，并且于是就让人们去碰这种好运道——对一个绝对合理的宪法来说，那可是不合适的。难道说的是一只麻雀吗？——它只要不落网罗，自然也找得到谷粒。但人们决不能指望有这样的麻雀。它若喜欢向远处张望，也许找不到谷粒。要是国家把诸阶级都委之于偶然，那么它就决不给他们任何东西；如果他们的生计绝对是他们自己的工作，一如他们的工艺和知识那样，那么，他们也根本不放弃别人的所有权。国家绝无权利从职业的角度把他们归统于法律和某种对其他阶级的关系之下。他们从任何一方面来看都是自由的：不受法律的约束，又无权利可言；既无规矩又无保障，成了混在社会之中的半野蛮人。既然处在那种完全的不安全之中，他们就强取豪夺（虽然人们不称之为抢劫，而称之为赢利），他们尽可能久、尽可能出色地夺取人们的东西，而那些被抢夺的人一旦成了更强的人，就反过来夺取他们。只要行得通，他们就这么干。既然什么都不担保他们不陷入困境，他们于是就在安全的时候为这困境尽可能地进行储备。而他们所干的这一切，无非是他们有最充分的权利去干的那些事罢了。

由于要限定职业分支，由于要提供保障，使每个人都始终能以低廉的价格得到惯常的需要物品，商业国就自然而然要对外国把自己封闭起来；但对此点已无须再行赘述。

自由竞争的无政府状态

每个人都自然而然地想要尽可能多地赚取别人的，尽可能少地让别人赚走；每个人都想要让别人尽可能多地给自己干活而同时想要尽可能少地为别人干活。要不是受到法律与官厅的阻碍，他为了实行这一点，真是什么手段都会使出来的。在他看来，每一块银元只要他弄到手，就都值两块：他有一块银元，可以用它要求别人的一份服务，这样他就有了第一块银元；别人没有这块银元，不能要求他的服务，这样他就有了第二块。

于是在从事贸易的公众中发生了一场一切人反对一切人的无休止的战争，一场买主和卖主之间的战争。世界上的居民愈多，商业国由于不断增加的职业化愈加庞大，生产和工艺愈加提高，因此加入流通的商品和大家对商品的需求就数量愈增、花样愈繁——这些都使那场战争变得愈发猛烈、愈发不公正，而其结果则愈发危险。

有些东西在国民的生活方式还很简朴的时候并不造成巨大的不公平和压迫,然而在需求提高之后它们就转化为极令人震惊的无理和巨大不幸的源泉。买主企图压低卖主的商品,因此他要求贸易自由,这种贸易自由对卖主来说就是那样一种自由:充溢市场,找不到销路,迫于困境以远低于商品价值的价格卖掉自己的商品。因此买主要求工人以及商人强烈竞争,这样他就可以借销路艰难急需现金之机迫使他们把商品卖给他,价钱全由他说了算——无论给他们什么价钱还都要仰仗他的慷慨呢。如果这一着他干成了,那么工人就变穷了,勤劳的家庭陷入匮乏和贫困,要么就离开了这个不公正的民族。卖主则通过花样无穷的手段,通过大批购买垄断市场,通过人为地抬高物价等保卫自己免受这种压迫,或者也通过这些手段利用贮备反守为攻。这样一来他就给买主造成一种危险:他们会突然得不到惯常所需的东西,否则他们就不得不为这类东西付出不寻常的费用,而在另外一方面忍受匮乏;或者,在人们压下价格之后,他就压低商品的质量。这样一来买主就没有得到他自以为得到的东西,他受了骗;不仅如此,这种粗劣草率的工作多半还使公众的力量和时间,以及加工得这么糟糕的自然物产蒙受了一种纯粹损失。

简言之,任何人都得不到丝毫保障使他们可以靠继续自己的劳动来维持自己的状况,因为人们愿意绝对自由,以便互相毁灭。

在通向理性国家的道路上

既然我们知道各国在贸易交往方面应当向之努力的目标,我们也知道各国在这方面目前所处的位置,那么要找到并指出可以从现状臻于目标的道路就不会是件难事了。

在一个现存国家中,贸易和职业是否完全自由,是否不受任何限制,抑或该国是否通过商品禁令以及其他对外贸易的限制做了一些自我封闭的不完备的尝试,这些事情对于我们的探讨是完全无关紧要的。这样一些尝试还根本不曾开始走上从贸易无政府状态向合乎理性的贸易体制过渡的道路。在所有这类体系中,首要的错误前提还始终未被触动;我们将在更下面确切地指出这一前提来。那些不完备的限制至多只能保证那样一种益处——使那些在规范和法律之中仍然渴欲保有其自然的贸易自由的公民大致习惯于限制——假如我们提出的那些尺度竟还需要这样一种熟习和心理准备的话。一句话:我们要说的东西既适用于至今尚不知道任何贸易限制的国家,也适用于那样一个已经知道贸易限制的国家;它既能在前一个国家实行,也能在后一个国家实行。

商业与工艺行业尽管在次要之点上很可能相去甚远,但在主要实质上仍然是一致的,我们应当把它们作为同一个体系来考察。从一切统驭着工商业的现有政治体系过渡到按我们的见解才是唯一真实的和由理性要求的体系，其本质之点乃是：国家杜绝任何对外贸易，完全把自己封闭起来，从现在起形成一个隔离的贸易体，一如国家到现在已形成了隔离的司法体和政治体那样。一旦实行了这一封闭，其他一切就自会十分容易地发生，此后所需遵从的尺度就不再属于政治领域，而是属于纯粹法学的领域，我们在此书的第一部[1]中已经提供出了这些尺度。在这类内容中，只有商业国的封闭学说才是政治的对象，我们在当前这部书中也只准备讨论这一学说。

自给自足的国家和"天然疆界"

土地表面的某些部分连同其居民明显地由自然予以确定而形成某些政治整体。它们的范围乃由大江大河、海洋、不可逾越的山脉割划出来，同大地的其余部分隔绝。这一范围内某一地带的肥沃分担着另一地带的贫瘠，每一地带都有它的最自然的、能获最高利润的物产，这意味着一种由自然本身所要求的交易。在一片肥沃的牧场之外是一片耕地，是一片林地，诸如此类。这些地带无一能够独立自为地存在。它们连起来一道为它的居民

---

[1] 即原书第一部分，此节选译文在翻译时未按照原文区分部分。下面提到的部分或章的情况与此同。原文参见：Johann Gottlieb Fichte, *Gesamtausgabe der Bayerischen Akademie der Wissenschaften*, Band I,7, frommann-holzboog, 1988, pp.37-141. ——译者注

带来最高的福利。——自然指明了什么应当留在一处,什么应当分割开来;当人们在新近的政治中说到帝国的天然疆界的时候,人们所指的就是自然的这一指示。比较起人们平常对待这一问题的态度来,它实应被认为是远为重要和远为严肃的事情。在这一点上也决不应当仅仅看到军事力量所覆盖的固定疆界,而应远远更多地看到物产的独立性和自足性。

因为近代欧罗巴共和国(Europäische Republik)分散所成的各区域不是经过深思熟虑或按照概念得以确定,而是通过盲目的偶然性得以确定。所以,即使从历史角度对此一无所知,人们仍可以从事情的本性推知:已经建成的诸国并不曾能够保持自己的天然疆界,而是在自然规定为一个国家的范围内却可能有两个统治家族争相建立自己的国家,而在另一个地方又有另一个统治家族不断越过划定的隔离的疆界,扩张自己的领地。

这样做会得出什么后果也是很容易看到的。各国政府会浑浑噩噩地觉得它们缺了点儿什么,即使它根本看不清楚所缺的东西到底是什么。政府会大谈特谈修残补缺的必要性;它会信誓旦旦地说,为了它的其他地区的缘故,它不能失去这个肥沃的省份,不能失去这座矿山或这座盐场;同时它也就总是浑浑噩噩地开始去求取自己的天然疆界;盲目的和不定的、当然也可能是清晰的和十分确定的侵占欲会推动所有政府,于是它们将不停地处于直接的或间接的战争状态中,处于实际宣告了的或只是准备着的战争状态中。有一些国家本来只该是一个国家，而现在却作为几个国家整个地或部分地处于同一天然疆界之内；它们自然而然打起仗来，本来不是这些国家的人民在交战，因为人民只要团结在一起，至于以什么名义，在哪个统治家族下团结起来，这对他们来说是完全无所谓的。交战的原只是那几个统治家族，它们有着绝对对立的利益，这种对立的利益灌输到人民中间，转变为民族仇恨。相反，有些国家没有天然疆界之争，而它们之中的每一个都对另一个别的国家有着某些要求，于是它们就是天然的盟国。结果必然导致这样一种状态——它们缔结和平，只是为了能够重新开战。

自古以来，对战争喟然浩叹始终是哲人的特权。本文作者不比其他任何人更喜爱战争，但他自信目前的事态情势下战争是不可避免的，他认为对不可避免的东西叹息、抱怨是无补于事的。若要消除战争，就必得消除战争的根源。每一个国家必须得到它意欲通过战争得到的东西，必须得到它只可以依照理性的方式意欲的东西，即它的天然疆界。从此，它不得对任何其他国家再有什么企图，因为它占有着它曾企图的东西。任何别的国家也不得对它有所企图，因为它没有越出自己的天然疆界，没有侵入某一其他国家的疆界。

一个准备把自己作为商业国封闭起来的国家首先必须推进它的天然疆界——在它成为封闭的商业国之后，退守或者限制于这一天然疆界。这一方面是因为，为了满足上一章[1]提出的该国公民的各种要求，国家需要一片广阔的土地，这片土地应是包括必要物产的一个充分的和封闭的系统；另一方面，在普通秩序的统治下，在稳定的内部福利状态下，公民们不再能够也不再应该受到由税收养活的军队的压力，而大规模的常备军和不断的备战却要求有这么一支军队。最后，正如后面将明白阐述的那样，一个自我封闭的国家将失去继续强有力地影响外国的一切能力。它在封闭前不做的事，在封闭后就将没有能力再做。如果它在自己的天然疆界的范围内仍然容忍外国人，那么这些外国人今后就会恣意妄为不受惩罚，把国家闹得一团糟；相反，如果它把持着某些超出它自己的真实疆界的东西，那么今后它就无由反对天然所有者的攻击而坚守这份东西，并且刺激天然所有者进一步恣意进取。

这样一个国家必须对邻国做出保证并且必须能做出这样的保证：从今以后它将不以任何方式进行扩张。但它只有依据下述条件才能做出这一保证，即它当时就把自己作为商业国封闭起来了。区域的封闭和贸易往来的封闭是相互包含和相互要求的。一个习于现有商业体系并意欲在世界贸易中占据优势的国家，始终保有扩张的兴趣，直至超越自己的天然疆界去进行扩张，它为的是通过扩张增进其贸易并借增进贸易来增进其财富。而这

---

[1] 即原书第三部分第二章。——译者注

些财富复又被用来进行新的侵略——如此循环往复不已。这些灾祸中的每一个后面总跟着另一个灾祸：这样一个国家的贪欲没有任何界限。邻居们永不能信其言，因为它有食言之利。相反，封闭的商业国却不能从超越天然疆界的扩张中获取丝毫利益，因为它的整部宪法都仅仅依据于给定的范围。

论货币本位（或论通货）

现在我们把上面两章[1]中提出的目的放到一边，等我们碰上达到这些目的的手段时再说；我们且重新单单把上文提出的商业国的封锁这一任务再思考一番。

应当彻底消除公民同任何外国人的一切直接交往——这是要求，只有被弄成不可能了的事情才能被彻底消除。必须把公民同任何外国人的一切直接交往弄成是不可能的。

世界贸易的所有可能性都依赖于有人占有在全世界都通行的交换手段，依赖于这种交换手段对我们自己也是可用的。谁要是根本没有这种外国人所接受的价值标志，根本没有这些金银钱财，外国人也就不会赏给他任何东西。要是外国人能够付给他的货币对他来说统统是

---

[1] 即原书第三部分第二、三章。——译者注

无价值的，那他就不会卖给外国人任何东西。从此，在两者之间就不可能再有凭借货币进行的贸易。那么剩下的就还只有以物易物了。单单因为这种交易之不方便，它就不会蔓延过甚。国家能够更容易来监视这种交易，并且，像我们下面将要看到的，封闭型的国家拥有消除这种交易的一切需求及其一切逸乐的最不可缺少的手段。

据此，我们的任务的解决如下：现存于公民手中的一切国际通用货币，亦即一切金银均应停止流通，并应兑换成一种新的国内货币，该货币只在国内通行，同时又是国内唯一通行的货币。

新的国内货币的通行性，亦即其独一无二的通行性，可由下述办法产生出来获得保障——通过赋税已经有极大量的款项要付给政府，而除此之外，政府可以在采用新的国内货币的时候通过一种人为的防范措施而使自己变为最大的和几乎是唯一的卖主——政府在收税和卖货的时候只接受用这种新货币付款。

很明显，必须由政府来制造这些货币，发行这些货币，宣布从此以后这将是唯一的交换手段而国库将只接受这种货币，并通过这一宣布使这种货币获得普遍流通性。很明显，这些特意设立起来的兑换处必须用新货币兑换金银，一开始是等价兑换，过一段时间以后就以金银的贬低的价值进行兑换。——政府在兑换处必须给出它在现金付款时得到的新币，并收取它在现金付款时拒绝接受的金银；但既然在现金付款时和在兑换时的政府是同一个政府，那么，为什么还要设立特别兑换处，为什么在直接付款的时候又绝不接受金银呢——那道理是不言自明的。老百姓是否愿意立即去换取新的国内货币而同时换出自己的金银，这件事根本不依赖于老百姓自己的善良意愿，他们应必须进行处理。

至于用来制作这种新币的材料，我在这里只谈下面几点。为了避免同人民的想象力发生冲突，首先这种材料必须从各方面来说都不是已知的，而必须是现在通过这种新币才始为人知；而且从此以后，这种材料除了用于货币以外不得用于其他任何东西。它是货币材料而且只是货币材料；人民无须得知更多的事情。因为人们会思忖：用来兑换这种货币的可是正在流通的金银，而这些金银则都到了政府手里。倘若用纸或皮子或任何一种从前已经为人所知的、有其确定内在价值的材料来制作货币，那么，那些没有头脑的公众就会说：这小片纸或皮子可怎么值得上我的宝贝钱哪，人们怎么能让我舍得用这些宝贝钱去换那些东西？

诚然，这话里毫无正确的意义。因为一块银元就其本身来说同这张由国家标价一元的纸一样对我来说不值什么，但是我们所需要的一担粮食对我就有某种价值，而我从现在起就不再把它当作一块银元，而是把它当作一片纸了。如果事情只好倒过来：迄今为止只有纸币是流通的，金银倒只是按照其内在的效用被估价的货物，而现在却把金银当作货币而把一直用着的纸币置换出去，那么同一批公众就会说：这一小块银子可怎么值得上我的宝贝纸头哪？不过这些公众如今的确已经习惯了把金银看得那么值钱。这种习惯可以得到宽宥，不必用对新的货币材料的现成的较低评价来强行改变这种习惯。如今公众对这种材料根本一无所知，所以对这种材料值些什么也同样一无所知。政府对公众说：这种材料值如许如许，而公众所做的则无非是相信政府罢了，一如他们迄今一直相信着的关于金银价值的普遍看法那样。公众在经验中实际上倒也发现情况确实如此：某一块这种材料就值得上一担粮食以及诸如此类的东西，也就是说，人们把一担粮食看作等价的东西。

新货币更应当投合于想象力，因此它应当落目生辉。凡闪闪发光的东西人们就总容易以为它有大价值。

在制造这种货币的时候，政府必须尽可能少花费通用的国际货币，因为它需要这种国际货币用于国外的某些其他目的；关于这一点，再往后还要谈。新货币必须尽可能少地具有真实的内在价值，因为一切实际上有用的东西都应尽可能多地用作物资而决不应用作纯粹的标志。

出于上面引述的理由，新币必不可让任何其他人和其他政府仿造。而任何可能的形式都能被仿造，就货币而论，有关铸造方面的事情都是可仿造的。所以，不可仿造的东西必须是在材料之中。为了使这种材料不能被仿造，它必须不能通过工艺而被分解，不能通过试验而被发明，也不可通过谈话而被泄露出去。合成物的各本质成分都必须是国家的秘密；在君主国中则只被统治家族所知。——这么一说就很明白，为什么即使我知道处理这种材料的方式和方法，我也不能让自己把此点表述得更清楚些了。

……

从所说的东西可以明白：这里提出的体系真要实行起来的话，就必须要么把它的一切部分都接纳下来，要么都抛弃掉，没有一个政府可以只把上述的货币制造当作致富的惬意手段采纳下来，而同时却把商业国的封锁、公众交往的调整、价格的确定、所有人的现状的保障等当作麻烦事情束之高阁。即使有所保留，等到它一旦又一次要用钱的时候再去任意造钱并使之流通，那仍然是不行的。这样的措施会产生出所有权的不安定和巨大的混乱；而这种不安定和混乱则会很快使人民对这个绝对不公正的政府感到绝望并奋起反对它。

一个绝对按照上述原理建立起来的国家绝不至于竟会需要任意增加流通货币的数量来作为致富手段，甚至它根本不会起这种欲念。这一点我们再往下还将看得更加清楚。

对于公布和采用新币以及同时回收金银这种实际行动来说，某些人为的预备工作是必需的，另外一些措施则至少还能使这种行动大大地变得容易进行。至于采用新币的实际计划工作以及通向目标的各个步骤的必然顺序，我愿在公众面前保持沉默；我只提醒几句话：在实行之前决不要先同人民商量，也不要事先予以公布。那样就只会激起怀疑、顾虑和不信任，要消除这些东西，最巧妙的办法是拿出明明白白的好成果来。实际采用新币完全是一下子的事，而种种筹备工作自然而然地使这一下子变得更容易发生作用。这些筹备工作则可以随便被联系到别的什么目的上去以遮人耳目。在这里无需严令、禁令、惩罚条例，这里所需的只是颇轻易和颇自然的预防措施，借助这类措施，转瞬之间，一切银子、金子对公众来说已经绝对不可用于其他任何目的，除非用于兑换新的国内货币，因而新的国内货币对于他们的生活就是不可或缺的了。

外汇立法和对外贸易的垄断

国家一下子就采用了新的国内货币，同时它也就一下子把整个进出口贸易控制起来了。这事是这样来进行的：就在马上要推行新的国内货币之前，政府通过它特别指派的官员把国内现有的所有外国货都买进来；政府把指派它的官员去做这件事情的命令封存起来，在全国范围内都要等到那个确定的日子始可开封。买空所有外国货的目的，一部分是为了能够准确了解这些货物的现有存货和当时需求，一部分则是为了能够控制这些货物的价格立法。——货物当然仍旧放在它所放的地方，并且由那些本来就售卖它的人来出售；不过从现在起，它不再按照从前的占有者的考虑来出售，而是按照政府的考虑出售，也就是说，按照政府为了它的进一步的目的而为每种货物规定的那一价格出售。例如有些商品现在应当大大减少，那么就可以提高这些商品的价格，并且可以不时地继续予以提高；而另一些商品的价格则可以降低。政府和商人结算账目，在新的国内货币刚刚推行之际，政府将把因政府的价格规定而造成的损失补给商人，并把因这一价格规定而生的利润收归国有。

这些外国货的存货呈报得是否正确对于国家是关系重大的。在必要的时候，政府可通过检查（最后一步检查从现在起变得必不可少了）以及对不正确呈报判处重罚的威胁来强迫人们正确呈报外国货品的存量。

在颁布国内的货币法案的同时，政府还要发布一项声明周知外国，要求一切外国人限期向政府报告他们同准备封闭的国家中的任何一个公民所办理的货币业务，并且同政府了结该业务，否则就处罚这些外国人，使他们的债权要求作废；政府同样也要求国内的人把他们对任何外国人的债权要求转交给政府，让政府来了结这些要求。政府还要进一步警告外国人，自声明公布之日起，未经政府特许及政府居间商洽，不可直接同准备封闭的国家中的任何居民进行贸易，否则政府将断然拒绝这些外国人所有的由这一方式产生的债务要求。——对于过去的事情，政府完全承担起外国人与之订立契约的私人对外国人所承担的义务；政府给予或接受该私人应当给予或应当接受的所有东西。其实，无论该私人在多大程度上无力清偿债务，严格说起来，政府当然不负有完成他的义务之责。因为这个外国人本来就是同这个私人打交道，是这个私人而绝不是政府欠了钱，是这个人将无力偿付，外国人原无权从那个完全偶然地成为这个私人的中间人的政府那里索求利益。政府应当接过来的事情乃是它为了国民的名誉愿意做的事情。政府之所以这样做主要是因为，虽然给外国人的赔偿对政府来说是没有补偿的，但对政府造成的损失毕竟不大，而且这类事情很少能够发生，它们相对于政府的其他事务来说简直是无足轻重的。

在这类公案中，政府付给外国人的和取于外国人的是国际通用货币，付给其公民和取于其公民的则不是国际货币而是国内货币。

此外还有一件重要的事情：把暂时仍然要同外国进行的贸易的总额确定下来。这就是说，规定不应进口或出口的商品的种类及各个种类每年的进出口量，规定各种商品一共还要在多长时间内进口或出口，并规定具体到每一商店还要有多少时间来进口或出口这些商品。从那时起，就不再由私人而是由国家来进行进出口贸易了。

在国外有贸易伙伴的、熟知其商品来源的商人仍可以像从前那样签订合同，购买按照刚刚说过的那种统筹计算批给他的那部分外国货，不过，必须由为这项目所设的特别贸易委员会附署政府的批准,该商人才可签订这类合同。而且,通过上文提到过的声明,外国人也知道,必须在政府的批准之下并且借助这种批准,他才能持有对付款的合法要求。货物一旦交出,外国人将立刻从政府那里得到国际货币的付款;同样,货物一旦交出,本国人将立刻用国内货币向政府支付货款:因为政府不提供信贷,而一切商业投机活动都同井井有条的国家经济相冲突。那么国家自封闭之日起,这些投机活动也就穷途末路了。

无论政府为一种商品付给外国人的钱是多还是少,本国人都不按这一价格标准来支付货款;本国人付款时所遵照的价格标准就是他出售该商品时所遵照的价格标准——根据本国人的低廉生活费用规定在国内售卖时必须采用那种价格。政府决不可在这件事情上想到发财致富,而必须始终眼睛盯着自己的更高目的:为这一目的应当大大减少的商品将不时涨价,而老百姓可能会企图通过走私直接从邻国搞来那些商品,政府可以鉴于此而让人们把它卖得比任何人在外国弄到这些东西时还要便宜。政府为此所损失的,无过于它以举手之劳就可做成的一块货币,而它所能挣得的也不过是这样一块货币罢了。

对仍向外国出口的国内商品也照此办理。了解国内商品来源的外国商人尽可以像从前一样向他迄今为止的贸易伙伴订货;只不过他知道,他首先要把订货单寄到上面提到过的贸易委员会那里,并且附寄一份用国际货币付款的汇票。只有先通过这个委员会并且得到它的批准,订货单才能到达国内的商店,商店在港口或边境货易城市付货之后,就从政府那里支取以国内货币支付的货款。无论政府从外国人那里得到的货款是高还是低,国内人从政府那里总是支取由法律规定的国内价格。——为了能够维护这项出口法,当然要在港口和边境城市实行严格的监视,贸易委员会不曾事先批准其出口的一切商品均不许流出国内;国民对这样一项措施会格外欢迎,因为现在是最后一次使用这项措施了,而使这项措施成为必要的现状就要去而不返了。

……

发明者创造新的劳动资料

为了不是在穷困潦倒的状态下,而是在国民的尽可能最高的福利状况下达到对外国的独立,政府可以把回收的国际货币当作最有效的手段。只要政府用得上外国的人力物力,它就要用这种国际货币尽量租用和收买这些人、物。它不惜代价地把实用科学的大人物、有创造发明的化学家、物理学家、机械师、工匠和工人从外国吸收到自己这里来。它所出的价钱没有一个别的政府能出得起,于是人们蜂拥前来为它效劳。政府同这些外国人签订一份几年的契约,在这几年的限期内,这些外国人将把他们的科学工艺带到国内来并教授国内的人；在他们离去的时候，他们将把至此为止作为他们的薪金付给他们的国内货币兑换成国际货币。他们或许会满满地装着在他们自己的祖国通行的东西回到祖国去！也许他们愿意留下来入籍，那就更好了：人们完全让他们自由选择，并且从一开始就郑重地向他们保证自由选择。——此外，人们还可以购买外国的机器，在国内进行仿造。

在决定了在国内可以设立哪些工艺分支之后，政府还需要特别考虑到促进这些工艺分支的原材料的生产；如果在当地的气候条件下不能种植真正的原材料，政府就要促进代用原料的种植，促进一向已有的其他原料的改良。几乎任何气候条件都能得到一切外国物产的本国代用品，只不过有时最初的培植需要不少辛苦罢了。[1] 我

---

[1] 譬如，我们这个时代对棉织品已经习以为常，它们自有舒服之处，恐怕不费很大的力气，就不能完全杜绝棉织品。然而在北方国家里并不生长真正的棉花，而且根本不能指望那些生长棉花的国度的居民将始终不断地让未经加工的棉花运到我们这里来。因此，我们当然会要求一个封闭的北方国家拒绝从印度、马耳他、近东进口棉花，但同时又不使我们丧失掉棉织品。难道在我们的各种气候条件下就没有几种草类、灌木、树木结着差不多同样细软的棉桃，它们经过培育还会大大改良？我记得我曾听说过，多年以前在上劳西茨曾从几种完全国产的原料中制造出一段织品，它顶得上外国最好的棉织品，也许还要稍胜一筹——"可是，收集这种零星生长的棉花，加工它们，这比运到我们这里来的外国棉花可破费多了。"我并不怀疑事情现在确实如此。但举个例子来说吧，你们若把你们所知的国内最富棉丝的草类成垄播种，用尽人类能力所及的手段来改良它，发明出采集和加工这种棉花的适当工具来，那么，若干年以后，说不定你们会获得一种同外国棉花一样便宜的棉花，说不定你们还会从这种草类的种子获得一种味道佳美、有益健康的新食物呢。（转下页注）

68　存在主义及其他

们所谈论的政府可以为那种发明创造提供报酬，因为它不必为任何这种挥霍感到羞耻。所有在国内可能种植而得利的物产，所有在国内可以畜养的较高贵的兽类，政府无不兼收并蓄。对这些动物、植物的尝试以及对旧有土产本身的改良的尝试，政府大体上不加干涉。

这里面有一个在国家完全封闭之前，政府就必须立志达到的确定的目标，这个目标就是，在广大的贸易共和国的任何一处土地上所生所长的一切东西，只要它们在这个国家的气候条件下有可能成活，就要让它们从今以后生长在这个国家内。政府从一开始就着眼于这样一目标，它按部就班地朝着这一目标工作，它以这一目标引导着暂时还可获得准许的对外贸易。这个目标一旦达到，国家就封闭起来；人类的一切事业的进一步完善即有这样一个良好的开端，从今以后就将在这个与世隔绝的国度中迅速迈步前进了。

（接上页注）靠了培育，人从看似没有用的植物中又有什么弄不出来？我们惯有的粮食作物本来是草，在种种迥异的气候中培植了数千年，经过了这么多的改良和变化，乃至人们不是无法在野生植物中重新找出它们的真正谱系了么！"诚然，可是我们的世代在真实的和人造的需求中已是这么匆忙，所以我们既没有时间也没有精力可以用在成年累月的试验和尝试上，何况它最终还可能失败。我们必须死守着绝对熟悉的东西、可靠的东西、立竿见影的东西。"凭借上面指出过的措施，一个国家恰恰可以使自己免受这种匆忙之累：它有足够的财产可以用自己的费用来钻研一切，安安静静地等待成就。在国内它要花费的无非是它轻而易举就可以制造出来的一块钱币，在国外则无非是另一种类的一块钱币；物换星移，那块钱币的价值也就会丧失殆尽。

……

只有在下面一种情况下继续保持统一的对外贸易才是可以设想的：某种物产的种植（譬如说葡萄）在某种气候条件下（譬如在地处北方的国家）即便不是完全不可能的，也是非常不利的，然而在另一种气候条件下（譬如在法国南部）却非常合算；而反过来，在北方气候条件下，粮食作物的种植可能是很合算的。在这样两个由自然本身规定来进行持久贸易的国家之间，可以建立一种贸易协定：一个国家要永远为另一个国家种植一定量的葡萄，另一个国家则要多种一定量的谷物。这样做的时候，双方都必须不计较利润，而着眼于价值的绝对等同。这样一来，对这种由政府本身进行的而绝不是由私人进行的贸易来说，就完全用不着货币而只需要销账。政府为公民保障不变的价格；自然保障了贸易的持续，因为这一贸易的先决条件就是它对这两个国家都是有利的，而这两个国家中每一个都需要另外一个。

论移民和出国旅行

仍然还存在着一种情况，在这种情况中，无论在封闭期间还是在国家完全封闭之后，居民仍可能需要国际货币，那就是移居国外和出国旅行。政府在推广新币之际必须保证，在这种情况下，它将按照推广新币时两种货币的兑换率来把新币兑换成国际货币。

大量的移民恐怕是一开始会出现的,这些人大概觉得新秩序使人烦厌、压抑和拘束,虽然新秩序其实是唯一真实的秩序。就他们这些人而言,国家无所损失。他们因出国而从政府那里拿到的钱同整体比较起来不会是很可观的。他们最多只能带走在货币改革之际曾存在自己手头的那么多现钱罢了。而政府收取的却是所有人手头的东西:因为移居国外的人毕竟为数不多,所以他们的钱充其量不过是现有的钱的极小的一部分。我刚才说,不过是当时曾存在他们手头的那么多现钱罢了;这是因为在货币改革之后就不应再允许他们出售物产和地产而从政府那里以国际货币收取它们的价值。是否有这类事情发生,政府可以从他们的贸易簿上得知;这种售卖所得的总款项是不得兑换成外币的。他们最多只可以把利息收到国外去。本金是国民财富的组成部分,它被保留在国内,传给他们的不移居国外的最近继承人。

只有学者和高级工匠可以离开一个封闭的商业国出国旅行;不应再允许游手好闲、寻欢觅乐之徒在各国游来逛去,虚度时光。学者和高级工匠的旅行是为了人类和国家的最高利益,政府当然决不可阻挠,反倒必须鼓励,用公费派遣学者和工匠去旅行。在封闭过程中,政府自己还在搞贸易,还同外国有账目往来,它能够轻易地通过外国汇款。从前面说过的内容来看,对外国来说,政府无疑是唯一的银行家。在完全封闭之后,只要金银在外国依旧通行而政府本身存有金银,那么它当然必须交付金银,否则它就无法在外国转换支票。——不过,不管金银是否依旧通行抑或被完完全全废止了,自有一幅最美的前景呈现出来:可以预期会有很多外国人到这个封闭之国来,到这个最繁荣的农艺、制造和工艺之邦来,这些外国人在这里明白了他们在这旅行中可以寻找些什么东西;可以预期来旅行的外国人大致同该国出国旅行的居民人数相当,这些外国人于逗留该国期间会需要国内货币,他们只有靠向政府转换支票才能得到这种货币。这样一来,政府就获得了在国外的债权,就可以利用这些债权来接济它在外旅游的公民;可以预期,大体上双方将互相抵消。

……

对新兴的自由主义的批评

这里所说的观念使很多人深感不快,他们一想到这些观念所倡导的事情就觉得不堪忍受,我认为真实的原因如下。我们的时代有一种同我们先辈的严肃和清醒相异的典型特征:愿意游戏,愿意随着幻想游荡,而且因为找不到很多办法来满足这种游戏欲,于是就十分乐于把生活变成游戏。我们同时代的某些人也注意到了这种倾向,而他们自己既没有诗的天性又没有哲学的天性,便把这一现象归罪于诗和哲学;其实诗把这一嗜好引向别的方向,而哲学呢,只要这种嗜好出现在生活中,哲学就反对它。我们认为,在我们人类前进的道路上,这种嗜好仅仅是由天性引导而致的必然的一步。

依照这种嗜好,人们不愿根据规则达到任何东西,而愿凭借狡计和幸运达到一切。职业以及一切人类交往都应该像是一场赌博。人们可以通过平易的途径把这些求诸巧取豪夺和碰运气的东西给予他们,只要他们毕生满足于这些东西就行了;可他们偏不愿意,他们更喜欢钩心斗角,而不喜欢安然占有。这就是那些不停地喊叫着要求自由的人,他们要求贸易自由和职业自由,要求摆脱监督和警察的自由,要求摆脱一切秩序和伦常的自由;一切想维持严格规律性的东西,一切想要求一种秩序谨严、绝对一致的事物进程的东西,对于他们来说,似乎统统是对他们的天生自由的限制。建立一种不再允许投机倒把、巧取赢利和暴发致富的公共交往,这种思想对他们只能是可厌而已。从这种倾向中只会产生出一种轻浮,这种轻浮更关注于眼下的享乐而不是未来的安全;它的首要格言就是:船到桥头自然直,谁知道会发生些什么事,会碰上什么运道。这种轻浮的个人生活智慧和国家政策就在于不断忙于从眼下的困境中自拔的艺术,而全不管由于权宜之计而陷入的未来困境。对这种轻浮来说,人们答应给予他的,而他自己从不渴求的未来安全并不能有效地替代眼下的放纵,而只有眼下的放纵才吸引着他。

任何一种反理性的思想方式都不大会缺少貌似有理性的借口，现在这种思想方式也同样如此。所以，说到广泛的贸易体系，人们就对我们大谈特谈旅行和贸易带来的各国人民之间相互了解的益处以及由此产生的多方面的教养。要是我们只不过一开始是各种人民和各种民族，并且现在在某个地方真有那么一种国民教育——它可以通过各族人民之间的交往过渡、融合到一种全面的、纯粹的人的国民教育，那么那种说法就不错。不过，在我看起来，经过一番要成为一切和想到处可获得家园的奋斗，我们似乎恰恰落到了一无所有并无家可归的境地。

建立各族人民之间的永久和平

除了科学而外，没有任何东西可以彻底消除地域和民族的区别，只有科学单单只属于人本身而不是属于公民。当人的其余一切方面都被隔离起来之后，人将会通过科学并且只应当通过科学持久地联系在一起；当人把其余一切都分配了以后，只有科学仍旧是人的共同财富。没有一个封闭国家想抛弃这种联系。它倒宁愿为这种联系创造有利条件，因为科学借人类的团结之力能够增加财富甚至封闭国家的各自的世俗目的。为了促进科学的繁荣，外国的文学财富将由领取薪俸的学院介绍进来，而国内的文学财富则将被介绍出去作为交换。

一旦这一体系成为普遍的,当各族人民之间的永久和平建立起来以后,地球上就不再有任何国家会有丝毫兴趣来对别的国家保守自己的发现,因为每个国家都只能把这些发现用于自己内部,而决不能把它们用于压迫其他国家或为自己建立一种对其他国家的优势。因此也就没有任何东西阻碍所有民族的学者和工匠相互进行最自由的交流。从此以后,报纸杂志上再没有战争与屠杀的故事、和约或联盟的报道,因为所有那些东西都从世上消失了。报刊上只有科学进步的消息、新发现的消息、立法进展和公安进展的消息:每一个国家都急于把别国的发明变成自己国家的东西。

什么是黑格尔主义[1]

拉 松

引 论

在新近十多年的时间里,人们在德意志教化的世界里又比较经常地提起黑格尔这个名字了。在这之前,在多于一个世纪的时间里,黑格尔可谓销声匿迹了;即使人们偶或提到黑格尔,他们说起他来——我们可以把莱辛在谈起他的同时代人对斯宾诺莎的评判时所说的话重复一遍——就像说起一条死狗。而现在,我们满可以说,公众意见对黑格尔的判断和立场似乎已经根本转变;不过这种情况显然不仅仅在于新近出版了一系列讨论黑格尔的著作——固然这些著作很有价值,确乎促进了对黑格尔哲学的理解。这也不仅仅在于把我们当今同黑格尔那时隔开的时代距离已经足够遥远,所以我们可以得出

---

[1] 译文原载于:张世英主编,《新黑格尔主义论著选辑》(上卷),商务印书馆,1997。——译者注

一种不受党派好恶搅扰的历史评判来。现在,黑格尔这个名字在各处与其说首先是作为一个专业的哲学家出现,倒不如说是十分普遍地作为人类精神教化的,特别是德意志精神教化的一个代表与支柱出现的;这种情况颇可以视作一种标志,说明时代精神总归以某种方式重又开始普遍地倾向于黑格尔精神。当时,在为我们今朝的精神文化奠定其恩垂后世的基业之时,黑格尔就已经既独特又模范地把德意志的唯心论和德意志的现实感联系在一起了。而今,恰恰是在可怕的世界大战之际,德意志唯心论和德意志现实感的神奇统一强有力地公开出来。那么,若说这位思想家恰恰在今天被当作新德意志的诸精神之父中间的一位而受到高度重视,这自然就是合情合理的了。[1]

相反,在当代的哲学科学里,对黑格尔的态度还是极端歧异的。人们普遍不愿沾惹这个名字。有前程的哲学家一想到人们会把他称作黑格尔主义者就会觉得几分惊恐。人们把黑格尔主义当作一种稀奇古怪的东西,远离最终发现出来的哲学思维的正轨。人们宁愿从一开始就避免同黑格尔主义者讨论问题。即使在迫不得已的情况下要同黑格尔主义者取得一致,人们少不了先就要同他反复争辩上一天一夜。黑格尔与当今普遍承认的基本

---

[1] 这一点可以参考约翰·普兰格(Johann Plenge)的著述《1789 与 1914》(柏林,1915,斯普林格),该文献十分突出地把"1914 年的诸观念"追溯到黑格尔。

思维方向相距如此之遥。最稀奇的事情是，在人们拒绝科学地研究黑格尔主义的时候，却惯常半示同情半示宽容地补上一句申明：本不可以把黑格尔主义视作科学的呀。

不过，在当代哲学中当然也涌现出一股倾向于黑格尔的潮流。这一潮流确实存在而且似乎已强大到可以用上"黑格尔主义的复兴"[1]这样的话了。但要认真讲起来，这话至少是说得过早了。因为在库柏菲尔格拉本黑格尔的故居门前，还要有多少流水注入施普雷河，我们才谈得到黑格尔主义的复活或复兴呢。再则，即使那些把这种前景视为洪水猛兽的人们也不必为这种前景太过担惊受怕，因为天数已定：黑格尔主义不会成为风尚。要达到这一点，黑格尔主义得要求一切流传下来的思维习惯做出太过彻底的转变呢。连黑格尔本人对这一点也知道得一清二楚。当他讲出下面这段话时，他想到的首先是他自己的哲学："从这种角度看，哲学乃是一座孤耸的圣殿，哲学的仆人形成了一个与世隔绝的教士阶层，这个阶层不可与世人共泛同流，而必须看守真理的库藏。"[2]

与此同时，仍然存在着一个事实：在我们的哲学家中间，特别是在比较年轻的一代中间，正在昭示出一种倾向，也许我们可以说，正在昭示出一种需要，那就是不愿再让哲学消散在认识论、批判论或方法论之中，而

---

1 文德尔班，《黑格尔主义的复兴》，海德堡，1910 年冬。
2 黑格尔，《宗教哲学讲演录》，全集，第 12 卷，第二版，356 页。

是要把哲学当作系统的知识来对待。在这样做的时候，人们当然不可能避开这位思想家，因为把哲学当作系统的知识来开展恰恰是他以最广博的方式所尝试的任务，并且连他的敌手也不得不承认，凭着他那时候可资利用的手段，他确乎是在令人惊叹的规模上巧于解决这一任务。他解决这一任务的尝试而今还有多少可以算作有活力、有价值的？对于一切致力于系统知识的人来说，这愈发成了一个具有重要性的问题。从历史上说，黑格尔主义是到今天为止最后一个纯粹认识的伟大哲学体系。这个体系自身的价值是什么？它对我们的思考能够有什么意义？事属当然，今天我们不能再轻易放过这些问题了。

什么叫黑格尔主义？对这个问题的提法就已经提示出，这里应当在何种意义上谈论黑格尔哲学。这里所应考察的，不是黑格尔哲学在他的著作和讲演中所保存下来的那种最后的历史现象形式或其相对偶然的形态。我们确实须得细致地把黑格尔哲学形式和黑格尔主义加以区别；这种区别可以说就像康德的著作和康德主义之间的区别那样。就康德来说，人们久已习惯于把他的学说的意义与精神同他本人第一手阐发这种学说的方式分开来看待；人们须得讲求公道，允许我们以完全一样的方式对黑格尔加以区分。这样一来，一大批流传下来的对黑格尔体系的非议自可以平息下去，这些非议原本是因这一体系的创造者的历史的和个人的条件限制生发出来的。我们满可以越过这些东西而不置一喙。但黑格尔主义是什么呢？有一个比较年轻的朋友曾给这个问题一个现成的答案，我们似乎颇可以用他说的话来谈我们这个课题——"黑格尔主义代表了借辩证法之助的黑格尔精神上的绝对唯心论。至于这种说法在专题阐释黑格尔的时候是否会有所遗漏，则是无关宏旨的"。诚然这话完全正确。只不过这种说法恰恰就会唤出一些必须加以解答的问题来：什么叫绝对唯心论？"黑格尔精神"意味着什么？为什么要辩证法？处于今天的哲学思维水平上，人们有什么道理还要回到诸如此类的东西之上而不是仅仅把它们算作历史？不同的思想家对此将有不同的回答。

而我们在这里将要提出的说法，决不奢求提供终极的解答。而且一般说来，我们对"终极的"这个词本该十分谨慎。恰恰是当一种思维方向自以为找到了终极的东西而立于不败之地的时候，它离败落最近。所以，当有人用另一种半付遗忘、久遭忽视的观点来反对一种稳稳当当地占有统治的观点之时，他便内在地处于一种有利地位；无论他必须在阴影中斗争这一事实外在地会显得多么不利。在普遍赞许的光芒中照耀着的东西已经注定要降落到阴影中；新从黑暗中挣向光明的东西面前则有未来的白天。不过，它愈发应得谨防自己变得骄狂，仿佛沉沦的时辰永不会轮到它的头上似的。

一、绝对唯心论

什么叫黑格尔主义？这一问题及其答案所属的哲学学科，我们最中肯地应称之为"哲学史的哲学"。按照这一学科的方法，人们将依如下途径来把上述问题检验一番：人们设想一下系统思维的内在发展过程，这种过程是由思维的必然性规定的，而系统思维就通过这一过程而被推向黑格尔的位置，就像被推向长久以来无可逾越的峰巅。这样我们就得出一个命题，作为我们所提问题的切近答案：黑格尔主义是方方面面都融会贯通、并达于完成的康德主义。人们本也可以使用"首尾一贯的康德主义"这种说法，只不过"首尾一贯"这个词易于带来一种直线式、片面式的观念，而这同具体而全面的概念展开是相乖背的。如果"首尾一贯"的意义是说把思维束缚到一种先行把定的抽象上面，这种抽象让思维沿着始终同一的方向运动下去或把思维确定在始终同一的点上，那么，人们早就可以把原本的康德批判哲学称作首尾一贯的。因为这种批判哲学是从一种抽象出发(从历史上看，可以看得很清楚，康德所起的作用是颇为可叹的)，而他始终束缚在这种抽象性的羁绊之中；而且由于这种抽象性的缘故，他未能发挥出他内部所具有的追求大全体系的倾向，未能把现实整体性直接推向活生生的概念，却反而陷于无穷尽的同语反复而不能自拔。

感性与知性的二元论其实并不契合康德的基本思

想，然而正是那种先行设定的二元论使康德竟至昏乱到开出这样不成章法的丹方来——人们从直观整体中抽出"理智成分"来，那请看吧：感性残留下来。这样一种区分是站不住脚的，即使从先验方法本身的立场来看也是站不住脚的；举例来说，纳托普（Paul Natorp）在《康德与马堡学派》[1]这篇著名讲演中就曾言之凿凿地道出了这一点。真正的一贯性、康德思想的完成在于这样一条思路：把感性也理解为精神的主动性，理解为理性的功能。感性与知性的区分，唯心论与实在论的区分，无论这些可爱的二元论都叫些什么名字，总之它们都是以创造性精神的生动具体的整体性为前提的。只有从这种整体性出发，整个意识内容的系统才得以展开。康德显然也曾致力于这项工作，但是由于先行握定了主观主义的观点，他终未达到这种系统。但正因为这一点，我们必须把黑格尔看作康德主义理所当然的续建者之一，因为他的出发点无处不是那种整体性。

不过，新近曾有颇值敬重的人士谈起过批判论的成就；如果他所下的判断言之成理，我们上面的命题当然就会站不住脚。那判断是这样说的：

> 批判论以终极的形式表明：想获取关于真实本质、关于事物"自在"的某种知识的企图永不可能

---

[1] 《康德研究》，第17卷，1912，193页及以下。

具有真实科学的有效性。[1]

不怀偏见的读者在读到这段话的时候也许会回想起黑格尔的著名箴言:

> 那隐蔽着的宇宙本质自身并没有力量足以抗拒求知的勇气。对于勇毅的求知者,它只能揭开它的秘密,将它的财富和奥妙公开给他,让他享受。[2]

于是,读者事实上得到的印象是:大概不可能有比批判论与黑格尔主义更为不调和的对立了。虽然要说起来,那种自以为是的批判的放逐令并不特别能损害那种以认识事物的本质与自在为标的的尝试,因为这种尝试终还是一项伟大的事业,是人类天性高贵而自由的见证,而这种天性是无法由现象的眩惑、意见的把戏抓牢的,它远离一切皮相而只在本质的深处求索。但是对这种"真正的科学"来说,来自批判哲学方面的那样一种终极判决似乎会是致命的。因为对真实本质进行认识的科学若始终无可补救地同关于自在者的知识分离着,那么它就

---

[1] 亚瑟·利伯特(Arthur Liebert),《形而上学的通用价值》(*Der Geltungswert der Metaphysik*, Reuther u. Reichard, Berlin, 1915),第8页。
[2] 《黑格尔接受柏林大学教席对听众的致辞》,《哲学文库》,第33卷,莱比锡,1805,第LXXVI页。(这里使用的是贺麟先生的译文,见《小逻辑》,商务印书馆,2009,第35页。——译者注)

只是一项徒劳虚名的事业，一项在无聊脆弱之中打转的徒劳之举；或充其量是一项卑琐的行径，用于达到某种实际的目的，是一种美国哲学，而至少德意志民族而今就要同这种哲学彻底决裂了。

不过，上引利伯特那段话的意思也许根本不像天真的读者听起来的那般糟糕。也许它所说的只不过是：如果认识活动的前提是存在着"物"，而这些物是非精神性的、对思想陌生的，它们外在于意识而存在（人们说得多妙），具有一种对意识陌生的本质，为了被认识，仿佛必须先行通过人为的措施才被运转到意识之中；如果是这样，认识就将永不能导向真正的知识，永不能产生真正的科学。这样领会起来，批判哲学的判断也就会同黑格尔主义的判断完全一致了。黑格尔同康德批判哲学所攻击的那种形而上学也毫无共同之处。在《哲学全书》的导言里，他以醒目的方式对他之前的形而上学进行了深入的批判，称之为"理性对象的理智观点"[1]。在他的科学发展形式（而且他就是在这种形式中来考察这些问题的）中，这时他着眼的是莱布尼茨之后的学院形而上学及其本体论、心理学和神学，同样也就是康德的批判所反对的东西以及人们更确切地称之为形而上学教条主义的东西。不过人们应该把形而上学本身同上面说的

---

[1] 黑格尔，《哲学全书》，拉松编，莱比锡，1905，第60页（《哲学文库》，第33卷）。

那种形而上学加以明白区分。人们指责教条主义者说，他把他所思的存在者理解为物质性的东西，又把物质性的诸规定性视作绝对的规定性；这种指责加在教条主义之上是有道理的，但它恰恰涉及不到自柏拉图直到莱布尼茨这些通常被认作形而上学大家的思想家。他们都曾充分意识到：存在者不是物，概念与观念既不是物，也不能像物那样被并列杂陈、凑成一堆。他们全都已经具备一种按照严格方法得出的基本思想，要把康德称为世界历史性的事业从一切知识的范围里突出出来，使思考着的人们都意识到它：宇宙即思想，世界原理即逻各斯，世界威力即理性（die Weltmacht ist die Vernunft）。这种意义下的形而上学不曾被康德的批判所克服，倒不如说被证明了。恰恰因为形而上学就是基于概念思维，基于纯粹理性的科学，所以，一切从纯粹理性的立场出发的对形而上学的批判，其本身复又只能是形而上学。这样，康德哲学也确是形而上学。[1] 康德哲学在某些康德追随者的手中退化成了贫弱的教条主义；而在席勒、费希特、谢林、黑格尔这些名字所标明的方向上，康德哲学得到了精义相通渐臻完善的继续造就。

现在我们可以更切近地来谈黑格尔。在承康德之业继续造就先验唯心论的思想家行列中，黑格尔是这样一

---

[1] 康德自己提出了"作为一门科学的形而上学是如何可能的"这一问题，作为其纯粹理性批判的最终问题。(《哲学文库》，第37卷，第九版，1906，第65页。)

位：当人们在种种大相悬殊的方向上丰富和扩建了康德哲学之后，他有意识地追溯到康德哲学的基本思想，把它作为一个整体再现出来，补足为一个体系。若要为康德思想立足于其上的关键性认识提出名称的话，那么这些认识乃是：第一，"我"的自发性；第二，理性的自主性，不仅在普遍有效的意义下如此，尤其是在唯一有效的意义下如此。而这两项原则，即精神在"我"之中的个别性和精神在理性之中的普遍性，对康德来说统一为第三点，即统一在整体意识世界的精神组织的思想之中。

这些思想中的第一点，即"我"的自发性，由费希特以他自己的方式加以片面发展；在那里，他虽不见得无视，却也忽视了客观性的理性性质。第二点，思想，即理性的普遍有效性和唯一有效性，由谢林借整个现象世界加以片面发展，而在那里，主观性的优先地位虽未见得排除，却也被推往后景了。主客观的自由统一，首先由席勒从美学事物的概念方面宣布为首要的东西，而在黑格尔那里则获得了全面的发展。黑格尔的事业即是经验的唯心主义构造，它把整个现实作为精神的一种创造和启示建设起来，而精神就是我，是主体，是人格或达到自我意识的理性。

正像我们所说的，康德哲学自始就具备宇宙精神组织的这些概念于自身。只有对于肤浅的考察者，康德哲学借以显现的批判形式才会掩盖住它所依栖的唯心主义形而上学基础。更确切地看起来，批判方法恰恰揭示着这种形而上学的出发点。因为在理性批判中受到批判的是理性本身；而理性借以受到批判的复又是理性。理性借它自身为中介批判它自身。结果理性就是它自己的活动的主体、客体和中介。有一种观念把认识当作两种本质上相异的事物之间即认识着的知性同有待认识的对象之间的调解活动；而在上述洞见面前，这种观念就自行败退了。认识的研究只可能同时既是认识着的主体的研究，又是被认识的对象或为主体所意识的客体的研究。只有把认识真正当作认识来加以认识，把认识当作主客体的融合一体来加以认识，人们才能够对认识活动有所认识。理性的统一越过主客观的区别而进行把握。理性在它的一切所作所为中始终保持于自身。无物溢出理性的疆界；充其量是理性自身创造出某种皮相，似乎有某种东西溢出其疆界而作为不存在者。要找出某种认识的内容，而这种认识的内容却又不是认识的内容亦即精神的产物，那是不可能的；换言之，一切认识均是精神的自我认识。如果说，康德本人以引人注目的固执一再重复说："认识的唯一对象"就是"经验的领域"，而经验的意思指的又是时空经验，那么他就始终在反驳他自己。因为，他始终在讨论一种对象的认识，而这种唯一的对象始终不是别的，它恰恰是理性。所以，当黑格尔证明，一切经验都是精神自身造就的经验，都是精神借以达到其自身、达到自我意识和达到其实在的概念的经验，这时他恰只是完成了康德的开端。首要的东西不是区分和关系，不是像这类东西在意识中表现出来的那种样子；而是概念的整体性，是那种设定自身并随同自身设立宇宙的精神的创造不息的生动性，或如黑格尔自己所说的，是那种精神的"无限的否定性"。那唯一终极的经验，那绝对确定的经验，那无论如何也不能被其他任何一种经验所局限的经验，因为其他一切经验只有凭借这种经验才成为可能的——那就是：精神即一切实在[1]。

展开精神经验的王国，这实实在在就是康德的意图，所以我们要是说他的纯粹理性批判主要就是为了彻底了结有一个自在存在的自然那样一种假说而写的，这也不是过甚其词。因为这个假说当然随时随刻都遭到经验的反驳。就我们实际上同人们称之为自然的那种东西相遇的情况来说，它到处都是作为精神生活的、历史伦理生活的承担者和舞台或容器和工具出现的。只有把自然理解为本身即是精神宇宙的现实性的一个环节，自然才是可理解的。所以，正如黑格尔所云："科学或一般知识的根据和基地乃是在绝对的它在中的纯粹自我认识。"[2] 不科学的思维执着于它在，把它当作一种无思想的东西；认识论为了这种观念困恼不安，却又无法克服它。认识论是黑格尔饱受攻击的命题之一。他把自然的生成描写为理念要把自身设定为直接存在的自由决定，要在它在的

---

[1] 黑格尔，《精神现象学》，拉松编，1907，第156页（《哲学文库》，第114卷）。亚里士多德，《论灵魂》，3,8。

[2] 黑格尔，《精神现象学》，拉松编，1907，第17页。

环节中让自身自由地离弃自身的自由决定。他在这里提供的会是别的什么呢？——正是对这样一种思想活动的极为中肯的描写：这种思想活动的特点就是它思维着无待乎思维的东西，它把握着那种其本身不应是思想的东西的思想。而那种东西恰恰就是自然。要是说在费希特那里，这种它在本身还属于无足轻重之列，那么，它在黑格尔那里则始终被确定为理念，即使说它是在其它在中的理念。而这种理念也仍然是在理性整体内部的，并且发展着它自身之内的合理性，这种合理性使它在同主观合理性相关联并成为精神机体的一个环节；这个精神机体，我们称之为现实。正是在现实中而不是在什么非现实的理性抽象或构造之中，黑格尔找到了认识的对象和启示真理的场所。

二、辩证方法

在这里，我们可以标出划分黑格尔主义和马堡学派的区别了。纳托普在上引关于康德和马堡学派的讲演中虽也承认他的立场同黑格尔思想有某种亲缘关系，但却着重提出了他同黑格尔哲学的对立。但若我们专门来处理他同黑格尔的争议，那我们就势必先要广泛地排除黑格尔的种种表述在他那里难免产生的误解。所以，我们最好还是不用这些争论性的文句而用纳托普自己的提法来同黑格尔的思维方式加以比较。

尽管纳托普确曾努力只把精神的纯粹主动性作为存在与认识的根据，但人们在他那里仍然摆脱不了这样一种印象：可惜还残存着泥土，须得承受。按照纳托普的说法，哲学是一种先验的方法。同样按照他的说法，哲学又立足于经验的自主性。这两个命题之间的联系似乎是隐晦未彰的。哲学"超越于塑造对象的创造性活动"，它"把一切都引回到创造性认识的最终统一根据之上"。但此间仍留有一种非理性的东西，那就是理性的非存在（μὴ ὄν），它是无法由任何理性化过程穷尽的。据此，在存在和认识面前也就摆着两种抽象：一方面是理性，另一方面是理性的非存在。无论人们把它们看作绝对的还是相对的，反正它们是两种自为存在的东西，是两种各自在自身中得到反映而从不相互统一的东西。如果人们把它们看作两种绝对的东西，那么它们的关系就是真正非理性的东西和虚无的东西。如果人们说它们是两种相对的东西，那么它们的关系就成了绝对的东西；绝对者就是两种互不统一的自为存在者之间的关系，所以它要么是漠不相干，要么是不可解决的矛盾。

这种方法上的分裂始终未被抛弃，而是顽强地保存下来了。于是，从这种分裂中流淌出方法面对现实之际的不确定性。塑造对象的创造性活动——施于什么东西之上呢？施于理性的非存在；理性的非存在被塑造为对象，但这无非是说对它施加强力而已。因为是把非理性的东西改头换面当作理性的东西。这对非理性的东西显然就是一种不公正,塑造对象的活动就同有待塑造的东西的本质处在一种无法疗治的矛盾之中。这一矛盾实际上是以一种抗辩形式表现出来的:方法是无可争议的。塑造对象的创造性活动即被称作文化。于是提出了这样的问题:的确,究竟文化是不是某种合理的东西?也许正相反,文化无非是一种独一无二的大迷误而已?也许一切都如其出自自然之手的样子才好——诚然应当注意,这个自然不是马堡学派喜言乐道的那种"自然科学的自然",因为那事实上不过是思维的一种抽象罢了;这个自然乃是无拘无束的人们生活于其中的那个自然。如果理性要按照它自身来塑造本质上与它相异的东西,借此显示它自身,那么它的行动本身就是一个矛盾;理性的存在倒毋宁在于:理性的非存在永远保持其本来所是的样子。在这里倒还最可能找到合理性;与此相反,文化作为自然的背逆,毋宁说倒是非理性、倒置和败坏。

再者,如果非存在实际上从不曾为理性所穷尽,因而始终保持其为非存在,那么整体的理性化过程也就仅仅归结为无限递进的过程,归结为一种永不实现的应当。于是我们在这里得到的就是黑格尔称之为"恶无限"的东西,这是一种可以用数列来类比的外延无限性,无论向前还是向后追溯得多远,人们总还可以在这个数列上的任何一个数字之上或之下添加一个数字。值得注意的是,人们引称柏拉图来说明,这种不定型(ἄπειρος)意义上的无限似乎是终极的智慧,而我们却恰恰是从柏拉图那里学知:在无限之中潜藏着无理性,真实合理的无限是积极的无限,这种无限始终保持在界限(ὅρος)之中并为界限所规定,那就是在自身概念之中的生动性的无限可变性。

如果先验方法的任务说到头就是"证明塑造对象之可能性",那么它当下就恰恰是黑格尔意义上的哲学,就是在现实之后来到眼前的知识,这也就是世界的思想,只有当现实形态已趋成熟,当对象已经成形,它才会浮现出来。但若在这一现实之中始终有一种不可克服的非理性硬核,那么科学当然根本无法就现实之为现实的本来面目接近它,亦即无法就其包含着理性之非存在的面目去接近它。科学于是不可能解决它为自己所设的任务——证明塑造对象是可能的,亦即,因而也是合理的。因为,只要非理性的东西被视作同理性的东西单纯对立的否定面,那就不可能通过理性来证明非理性的东西如何可能以理性方式得到塑造。那么,科学也就只得背弃自己切近的规定性,从现实性脱离开来,从一种深思着现实的科学转变为一种创世活动,这种活动不再努力就世界在现实上所是的样子去把握世界,作为补偿,它按照方法的抽象结论,按照世界所应当是的样子去设计出另一个世界来。于是,科学用自然科学的自然取代了上帝创设人类于其中的生动自然,用哲学的道德取代了人类社会中实际存在的伦常,用理性的艺术学说取代了艺术中代代相传直至而今的美的启示,用解释推理的神学取代了天启宗教。它取消存在者,代之以自创的思想物,那不是现实的东西,而是应当存在的东西。这样看来,它当然就远远落后于黑格尔哲学的那种强有力的实在论了。

概括起来,我们必得说:纳托普意义上的先验方法达不到它的目标,因为它从对立出发而不是从同一出发,因为它始终拘泥于对立而不是去解决对立。对它来说,一切认识和一切存在都分裂为特殊的东西;对其中的每一种,它又需要一种特殊的逻辑。它摆脱不开二元论,虽然解救之辞就在口边。一旦吐出这解救之辞,它就回转到了自由的领域;因为那样一来它就变成了辩证方法。

大多数人至今还常在辩证方法面前畏葸不前,羞与为伍。但这只是出于误解罢了,因为人们为自己制造出种种关于辩证法的虚假观念,而不曾注意到实际上辩证法制约着我们之外与我们之内的一切事件。作为科学思维的方法,我们可以简简单单地用一个基本命题把它道出来:认识不是判断,而是推论。人们指责黑格尔,说他用辩证法否定了矛盾律。其实倒不如说恰恰是他第一次使矛盾律发挥正确的作用,因为他给予矛盾以存在和认识整体之中的合理地位。相反,认识论倒轻易否认了矛盾律。认识论在判断中寻找认识,但判断说的是:S是P。既然S总是S而P永远是P,那么谁在那里说S是P,谁就等于说矛盾持存着,矛盾是现实的。

认识论为这个问题忙得不可开交。它追问"S究竟如何可能是 P"的条件,它试图确定 S 和 P 的关系或关联,它对 S 如何与 P 等值这个谜苦思冥想。但在判断中,那简简单单就叫：S 是 P。于是,关系、关联或等值都仅仅归结到"是"这个系词上面。在判断中,这个系词实际上是主要的东西。只不过在这种系词形式之中并没有真正的约束力。只要人们是在判断的范围内活动,主语和述语就永不会集(zusammenkommen),从而认识和它的对象也就永不会集。摆在眼前的这个任务,康德曾预言式地以这样一个问题表述出来,而他的理性批判也就是从这个问题出发的：先验综合判断如何可能？尽管康德的答案披上了厚厚的稀奇的伪装,但通过他设计的范畴体系,他基本上已经给出了正确的答案。关联恰恰须从系词形式这种特殊的存在中解放出来,必须上升为它的真理,必须作为推论得到理解,而 S 和 P 在推论中都是作为环节存在的。黑格尔在他前不久还未印行的早期著作之一里曾从全体性概念出发,以下述形式表达了通向认识的这一步骤：生命是联系与非联系的联系[1]。这句话后来曾以更严格的术语表达出来：绝对是同一与非同一的同一[2]；后一句话也许可以通过前一句而更容易得到理解。辩证方法无非是把这一原则从方法上运用到一切思维问题上去。

---

[1] 赫尔曼·诺尔(Hermann Nohl),《黑格尔的早期神学著述》,图宾根,1907,第 348 页。
[2] 《黑格尔全集》,第 1 卷,251 页。

辩证方法的核心无非是从把一切特殊的东西设定为自身环节的有机联系的概念来认识一切特殊的东西。所以，实际上只有辩证方法提供出了宇宙的镜像，这个宇宙，就是我们内部具有的、作为意识内容的宇宙，就是使我们能够把我们生活于其中的现实性作为一种精神生动性加以把握的宇宙。这种方法紧扣概念的内在运动；这里所说的概念，是在我们自身之中即在思维着的精神之中同时又在宇宙之中展开的。辩证方法为思维开展出精神的整全，开展出自身活泼的理念有机体。康德本人，而且早就在纯粹理性批判里，就一清二楚地把这一理念有机体指明为他哲学的理念。他的先验感性论表明，他的思想还局限在休谟式的壳体之中；但人们若不愿始终停留在这里，他们自然会更清楚地把握康德哲学的理念。因为康德在"方法论"里以寥寥数语宣称："诸君不要执着于我为我的理性科学所做的描述，而当执着于诸君由此而发现的借理性加以论证的理念。"[1]而我们在这里就见证了莱布尼茨对休谟的全胜。在这里，康德把现实理解为目的和自由理智的世界，理解为恩宠的王国，而且它是奠基在理性的要求之上，而非奠基在某个个人感觉的心理需求之上的。黑格尔的辩证法从方法上说，在费希特那里就已有所准备；而它的意义，仅只在于贯彻康德提出的原本要求。

---

[1] 《纯粹理性批判》，《哲学文库》，第37卷，第9版，第687页。

三、认识体系

在实践理性具有优先地位的这一学理方面,黑格尔同康德也同样是绝对一致的,只不过他避免抽象地分割出一种理论理性与一种实践理性。自由是理性自身的本质。思与愿是同一精神活动的环节,它们总是互相渗透的。"应当"不依靠无休止地递进,自由随时随刻都在精神中实现着。黑格尔在历史哲学中有一段辉煌的文字是这样讲的:"理念是现在的,精神是不死的,这就是说,精神是不会过去的,又不是尚未到来的,它本质上就是现在的。"[1] 在现实之中,理性或自由的地位是在自由理智性的王国里,所以它是在这样一种历史中实现出来的——这一历史本身就是自由意识的进步,就是通往理性或自由的普遍实现的道路。国家和历史上的人格是两极,人类理性、各民族的精神就通过这两极不断向愈来愈新颖丰富的形态演进。那个"我"始终(而不是只有当它一旦使用了先验方法之后)在精神上处在同绝对者一致的状态之中,他在宗教里占据着同绝对精神与共的范围,而绝对精神既是他的自我的也是万有的活泼泼的承担者和创造者。美和真存在着,而不仅仅应当存在。美和真作为活泼泼的生成,作为其自身的持久产生而存在着;但它是在其界限之内活跃着,它实际上存在于此

---

[1]《黑格尔全集》,第9卷,第2版,第98页。

并通过自身的概念表现出来。

纯粹理性的体系就是在这一直观基础之上开展出来的。康德明明白白把体系当作其哲学的意向所在；但当黑格尔着手完成康德的意图之时，他却因此受责，这倒令人颇为纳罕了。说到"纯粹理性的哲学并不用于扩展我们的知识"[1]，黑格尔同康德是完全一致的。当然也不可能把这种哲学活动仅仅说成是"规定界限"，因为凡是要确定界限的人总必须把界限所限的区域描绘一番。康德自己说道："理性为其本性的倾向所驱使，唯在其圆圈的完成中，在一种系统化的整体中，始得安宁。"[2]那么，理性的这种本性的倾向可是一种非理性的倾向？反理性或非理性可是理性的本性？"合理的即是现实的"这一命题实际上深深植根在康德主义之中。这种存在着的合理性在方法上的证明现在由哲学提供出来。哲学并非创造出真理来，但哲学确把真理变成科学的概念。人类之为人类，无须乎哲学家也已生活在真理之中了。"荷马咏唱着崇高的诗篇，英雄临危不惧，勇毅之人尽其义务；我不否认，尚没有哲人之前，他们早就这样做了。"康德也是这样宣称的：处理涉及一切人的事情之时，自然并不对哲学家特施优惠。[3]不管人会怎样做，反正人绝不可能脱出合理性；人唯因此才是"智人"（homo sapiens）。

---

1 《纯粹理性批判》，《哲学文库》，第 37 卷，第 9 版，第 659 页。
2 同上，第 661 页。
3 同上，第 685 页。

而哲学使思维得以认识这种合理性。无论哲学同专门科学怎样不同（也许人们都能同意下述命题：使专门科学成为科学的，乃是它们之中的哲学因素），无论如何，是哲学这门系统概括的知识给出了所有专门科学的基础和结论。

我们当然须得细心区分系统（Systematik）和体系（System）。"体系"这个词近乎一种僵死图式的观念，近乎一个现成的构架，专门知识或多或少是被强行塞入这个构架的。这种图式的形式主义从不曾遇到过比黑格尔更尖锐的敌手。有人总喜欢在无论什么经验内容之上都覆盖上抽象图式；我们只需翻开黑格尔《精神现象学》的序言，读一读他对谢林自然哲学的作态提出的毁灭性驳斥，我们就可以知道黑格尔对所有那类尝试是何等厌恶了。诚然人们也常常指摘黑格尔，说他自己也这样处理问题。但这只不过是人们对他的方式感到陌生，人们不是从他本人的著作而是从第三手资料来评判他、指摘他的。为了对他当下处理的对象就其特殊的生动性和特有的意义加以把握，以便把这一对象的规定性实实在在地展现在进行考察的思维面前，黑格尔曾做出了多少努力，这在很多情况下显然是根本无法否认的。同时，黑格尔也曾失于吹毛求疵、故弄玄虚，这无疑是可以承认的。但却绝不能因此否认，他从不曾通过图式来处理问题，而是细微入里地努力按照每一个别情况的特有方式来调整其辩证法发展的。诚然，他处处遵循思想发展的一种规则,即正题、反题与合题这三步骤;但没有任何一个在方法方面动过脑筋的人会要在这里看出什么错误或过失来。因为这种三位一体恰恰是精神自身特有的形式,因为精神在这种形式中产生、设定和理解自身,所以也就在精神的它在中重新发现这种形式。

真理对黑格尔来说就是体系,那就因为真理是分化为生动环节的和永恒自我产生着的整体。他从不把体系理解为呆板的图式,乃至他同时把体系称作"所有参加者无不在此酩酊大醉的一席豪饮",又称作"透彻单纯的宁静"。[1] 所以,人们如果把黑格尔在对其哲学进行文字表述时所选用的分类形式简单地同他的体系相提并论,那么人们对黑格尔的思想是不公正的;如果人们把他在个别情况下用以开始表述的东西视作他整个体系的出发点和他的哲学原理,那就更不公正了。人们说:黑格尔体系是从纯有开始的,而纯有与纯无是同一的。谨告:这同黑格尔体系风马牛不相及。黑格尔的逻辑学教科书是从哪个纯有概念出发的?不然;他的体系是从精神整体性的概念出发并以这一概念结束的。只不过当他把这一概念作为体系加以分析的时候,他为了实效而从"有"这个概念出发,以此作为自己特殊的描述方式;这里的"有"不具备任何特征以与无相区别,因而它是

---

[1] 黑格尔,《精神现象学》,拉松编,1907,第31页(《哲学文库》,第114卷)。

最空洞的概念。至于这种表述方式是否合乎目的，人们自可持种种不同的看法。令人遗憾的只是，人们竟因此误入迷途，把黑格尔看作一个发展论者——他让整个世界从一个无差别、无规定的开端出发并进化为种种更加丰富的形态。

没有什么东西比这样一种外在的进化论离黑格尔更远的了。在自然领域里，他以全然古典的简明态度打发了嬗变观念。[1] 但发展之为概念的发展，对他来说绝不是仅仅从低到高单向上升的过程；他始终强调的是：这样一种发展已经先行设定了在自身的诸环节中特殊化自身的概念的整体。只有在精神哲学里，发展是在历史的基地上进行的，从而进步的思想才起到规定作用；因为虽说在这里，现实也随时随刻都承担着全部真理于自身，但却是由于合理的自我意识在数千年的漫长努力中所取得的进步，绝对精神才在客观性之中以及在主体之中随着自身的一切环节而得到逐渐完善的表现。在宗教史和哲学史中，尤其可以觉察到这种从未发展状态到分化状态的进步。当黑格尔按照同一观点来安排他的逻辑学进程之时，他可以宣称：哲学史的进程重复着逻辑学的发展进程。但是按照黑格尔的说法，逻辑本身则应被视作上帝在创世之前的思想，所以，无论把概念发展表述为下降的抑或上升的，从黑格尔的立场出发都是同样正确的。

---

[1] 《哲学全书》，拉松编，第209页及以后（《哲学文库》，第33卷）。

或者说得更正确些：因为概念的每一环节都包含有概念的整体性于自身，所以，表述用以着手发展概念的环节可以是表述的特殊诱因与目的所引到的任何一种环节。

在他的著作之一即《哲学全书》里，黑格尔通过严格的逻辑构造即通过遵循方法上的逻辑的构造，表述了其体系的整个范围。大多数人由此便误以为《哲学全书》的纲目直接表述出了黑格尔体系。黑格尔本人曾要预防人们陷入这种错误；他在那部著作的最后几节中并未把哲学或"被理解的现实"描述为一个简单的体系，而是把它描述为来自三个结论的一个结论。其中第一个是纯粹理性的体系，它所展开的概念是普遍的、已经由意识加以思考并准备停当的、达到了合理形态的本质性。这些概念调节着意识生活。这个体系就在《哲学全书》里。这个体系所容纳的意识内容已经通过具有严格方法的认识而从主观性上解脱出来了；这个体系在逻辑学中作为诸概念的概念建设起来并在自然哲学与精神哲学中指出这些概念如何塑造着、统治着现实。黑格尔本人把这个体系称作必然性的体系，当然是指逻辑必然性的体系。第二个结论是意识经验的体系，这个体系他也完成了，那是在他的杰作《精神现象学》里。在这里展开的也是整个被理解的现实，不过构成出发点的，不是扬弃了主客体对峙的纯逻辑，而恰恰是分成了主观和客观或分成了那个"我"和"我"的对象的现实生活的这种两重性。所以，现实是在这样一种形式中得到考察的，即按照意识处于现实之中的情况、按照意识吸收现实于自身的情况和变换现实的情况得到考察的;结果从意识的经历与创造中最终显露出自我启示的精神。就其布局来说,黑格尔的这第一部系统著作表现出同《纯粹理性批判》的结构有一种明显的亲缘关系,其实它所要解决的本质上也就是《纯粹理性批判》的问题。"意识"篇相应于先验感性论(诚然"自我意识"篇没有可类比的篇章),"理性"篇相应于先验分析,而"精神"篇相应于先验辩证法。或许,同必然性的体系相针对,我们可以把这个体系称作主观性的体系。第三个结论是精神本身的体系。这个体系的一部分即法哲学,黑格尔曾以成书的形式予以讨论,其余部分则以讲演形式予以讨论。在这里,现实是作为自我知晓的理性得到发展的;或者说它是作为现成的精神得到发展的。这一现实的精神在艺术、宗教和科学中实现着理念;它调解理念与现实,使它们相互渗透;它完成了塑造对象的创造活动;它形之于总揽在国家之中的伦理生活,不断完善通向自由的历史进步,而自由则超越时间,始终寓于精神王国之中。在这一发展中,自我理解到了自然与精神的同一,而其自身则成为绝对的一个环节。所以人们可以把这个体系称作精神整体的体系或自由的体系。哲学不可限于只从这些体系中的某一点出发去考察现实,而应当实际上把它作为这三个体系的全部内容的统一加以理解;只有这样,哲学对现实才是公正的。

所以，对黑格尔来说，哲学并不同现实齐头并进，以便批评现实、纠正现实。哲学尾随现实，以便领会它、沉思它，但同时也就借此使现实达到对自身的意识，把实在上升到理想。因此，像我们曾提到的，黑格尔把哲学称作孤耸的圣殿。哲学在文化进程的现实整体中央占据着特殊的地位，它不要求塑造现实，而只要求理解现实。当然，这种理解复又反作用于现实世界之中的意识活动，有助于意识在现实世界中适应得更巧妙，运筹得更自如，这是不言自明之事了。只不过，我们应谨防把最多只会是后果的东西当成了目的；我们不应忘记：按严格方法进行思维的努力永远只会是少数人的事业。因此，只要能在自己身周聚拢一小圈求知之友，在现实世界的生活之外还惠赠他们以生活的科学概念，哲学自可心满意足。至于哲学对世界现状和世界进程的直接作用，我们却不可诺之过甚。黑格尔有言，说要教导世界应当怎样，哲学总是来得太迟了。"哲学作为有关世界的思想，要直到现实结束其形成过程并完成其自身之后，才会出现。当哲学把一种生活形态的灰色绘成灰色的时候，这一生活形态业已变老；把灰色绘成灰色并不能让它重返青春，而只能使它得到认识。"[1] 人们不怀好意地从黑格尔那里引用这些话，要在其中看出某种对哲学的轻视。然而就是在这一点上，历史也证明了黑格尔是完全正确

---

[1] 《宗教哲学讲演录》，拉松编，第 17 页（《哲学文库》，第 124 卷）。

的。他自己的哲学实际上标志着在建设某种特定思维方式的过程中所达到的顶点，而这个顶点就刚刚处在陡然倾坍之前。有一整个时代随着那次倾坍而沉沦了。在那时，那种生活形态业已变老了。在多种意义下，黑格尔体系构成了那个时代的结论；他刚一去世，那整个时代就到了尽头。黑格尔和歌德的忌辰相隔不到半年；他们的死亡在 19 世纪的历史上刻下了至关重要的端线。从那时起，在现实中就开始了一团发酵般的骚乱，一种全新道路的寻求，一种政治历史奋斗的全新形式。在这个时代中，精神全然转向现实，几无哲学的地位可言。但恰恰因为"直等到现实成熟，理想才对实在显现出来；这时它把握住实在世界的实质，以一种理智王国的形态为自己建造起同样的世界来"[1]；所以，理想具有一种职责，把那种实在生活形态中留存下来的收获加以保存，把它当作酵母，投到一种新生活形态的变化进程之中去。在当前这场世界大战之中，实在世界的狂乱似乎达到了顶点；而一种新的生活形态自现在起将渐渐从这场狂乱中成熟，尽管它在艰苦的生长过程中也难免会喷出无稽的浮沫残屑——到那时，黑格尔的业绩也将因它留存下来的内容而重新开花结实。

黑格尔尽一个个人所能达到的程度完成了一项伟大的事业；按照理性在他那个时代所成的形态，他把作为

---

[1] 《宗教哲学讲演录》，拉松编，第 17 页（《哲学文库》，第 124 卷）。

现存现实的理性同作为自我意识着的精神的理性加以调解，他在伦理世界中同时也在自然世界中展示出合理性，并且在自由的和自我意识着的精神之中、在哲学理念之中证明这二者是同一的。这样一种观照是不会消亡的，因为它是人类原本生活在其中的真理。黑格尔本人用极为简单的话语道出了这层意思——人类生活的前提始终是理性在这世界上健行不息。这一前提同时又是更高的信仰和不可动摇的知识，它鼓舞着人类的精神创造，无论这种创造活动以艺术或宗教的形式存在还是借哲学之口科学地道出自身。黑格尔是他的时代之子，黑格尔哲学是他的时代在思想得到把握的形象；就此而言，他和他的功业属于历史，一再重复这些东西诚然是无用之事。而黑格尔在他那时代的整个意识内容里贯彻了宇宙的精神性和合理性的思想，贯彻了自我意识着的自我的无限自由的思想，亦即贯彻了在精神之中的至尊人格的思想；就此而言，他将永远保持为系统思维的巨匠与典范。我们可以肯定，只要人类生存、劳作在大地之上，观照着真实并试图接近永恒，认识的基地就将永远是黑格尔曾立足于其上的同一基地，也是在他之前一切伟大的真理见证人立足于其上的基地：太初有道，道与上帝同在，道即上帝。

我如何走向现象学[1]

海德格尔

1909—1910年那个冬季,我开始在弗赖堡大学学习神学。主要课业是神学,却也余下足够的时间让我攻读哲学。当时的神学专业本来也包含哲学课程。反正从第一个学期起,在我神学研究班的课堂上,胡塞尔的两卷《逻辑研究》一直摆在那里。书是从大学图书馆借来的。一次又一次地续借倒也不难,看来这部著作没什么学生对它感兴趣。也不知它怎么被弄到这么个不相干的环境里来的。

我此前就从一些哲学期刊中了解到胡塞尔的思想是由弗朗兹·布伦塔诺(Franz Brentano)决定的。早自1907年起,布伦塔诺的论文《论"存在者"在亚里士多德那里的多重意义》就是我哲学思考的主要帮助和引导。当然,我在哲学方面的那些最初努力是够笨拙的。当时我最关切的问题还相当模糊。它大概是这样的:如果说

---
[1] 译文原载于《海德格尔哲学概论》,商务印书馆,2014。——译者注

人们是在多种含义上言及存在者的，那么哪种含义是起主导作用的根本含义呢？什么叫存在？在文科学校的最后一年，我偶然见到当时在弗赖堡大学讲神学教义的卡尔·勃莱格（Carl Braig）教授所写的《论存在：存在论提纲》。这书是1896年他还在弗赖堡大学神学系当讲师时出版的。这本书每一大节末都有亚里士多德、托马斯·阿奎那和苏亚雷斯（Francisco Suárez）的大段引文，同时还附着存在论基本概念的词源解说。

我当时期望胡塞尔的《逻辑研究》能为布伦塔诺那篇论文激引起的问题提供决定性的助益。然而我却在白费力，因为我的路子走得不对头，而这一点是我很久以后才明白的。不过胡塞尔那本书还是让我着迷；在那几年里，我把它读了又读，虽然仍不很清楚到底是什么让我着迷。这本书的魔力甚至延伸到句子结构和扉页这些外表的东西上。在扉页上，我见到出版者马克斯·尼埃梅尔（Max Niemeyer）的名字。我现在还能生动地回忆起那扉页当时看上去是什么样子的。尼埃梅尔的名字和"现象学"的名字联在一起。"现象学"这个名词印在第二卷的副题上，不过当时对我还是陌生的。我那几年对"现象学"这个术语的理解和我对出版者尼埃梅尔及其工作的了解差不多一样又少又不确定。不过尼埃梅尔出版社和现象学这两个名字怎么会连到一处的，这不久就变得比较清楚了。

四个学期以后，我放弃了神学研习而专致于哲学，虽然我 1911 年以后几年仍然去听勃莱格所授的神学教义课。因为我对思辨神学很有兴趣,尤其因为这位教师每一堂课上都具体而微地展露出入木三分的思想力量。有时他允我与他一同散步,这时我才了解到谢林和黑格尔在思辨神学中的重要性,而思辨神学与经验派教义体系是不同的。从而,存在论与思辨神学在形而上学结构方面的离合进入了我从事探索的眼界。

不过这一领域时而退后而让位给李凯尔特(Heinrich Rickert)的研究班。李凯尔特的一个学生爱弥尔·腊斯克(Emil Lask)1915 年作为一个普通士兵战死在加里西亚前线。当时在研究班研讨的就是腊斯克的两篇文章。李凯尔特把自己大大修改过的第三版《认识的对象:先验哲学导论》题献"给我亲爱的友人"。这第三版也出版于 1915 年,人们认为这一版的题献证实了李凯尔特从他的这位学生那里受益匪浅。另一方面,腊斯克的两篇文章——《哲学逻辑与范畴学说:关于逻辑形式统辖领域的一项研究》和《逻辑形式主要领域的研究》——都十分明白地表现出胡塞尔《逻辑研究》的影响。

这些情况迫使我再一次钻进胡塞尔的著作。不过,这一次开头仍不让人满意,因为有一个主要困难我克服不了。造成这困难的是个挺简单的问题:称为"现象学"的这种思想方式如何行进、展开。这个问题使我不安之处来自胡塞尔的著作本身,因为初看上去这部著作有某种暧昧不明的东西。

这部著作 1900 年发表的第一卷表明，思想和认识的学说不能奠基于心理学，从而对逻辑学中的心理主义提出反驳。翌年发表的第二卷有第一卷的三倍厚。这一卷描述了对认识建构起本质作用的意识行为。那么说到底它自己也是一种心理学。第五篇涉及"布伦塔诺对'心灵现象'界说的意义"；这一篇的第 9 节读上去不是心理学又是什么呢？于是胡塞尔对意识现象的现象学描述就落入了他自己刚反驳过的心理主义窠臼。但若胡塞尔竟会弄出这样粗笨的错误来，那么意识行为的现象学描述本身还有什么意思？如果现象学既非逻辑又非心理学，那么现象学的内核究竟何在？莫非这里出现了哲学的一个新学科，甚至还是特别优越的一个？

我解不开这些疑问，不知何去何从。就连这些问题本身，我当时也无法像这里这样一清二楚地表达出来。

1913 年带来了回答。胡塞尔主编的《哲学与现象学研究年鉴》（以下简称《年鉴》）由尼埃梅尔出版。第一卷始于胡塞尔的论文《纯粹现象学和现象学哲学诸观念》（以下简称《观念》）。

"纯粹现象学"是哲学的"基础科学"，而哲学本身则打着现象学的印记，"纯粹"意指先验现象学。而认识着的、行动着的、估价着的主体的主体性则被设为"先验的"。"主体性"和"先验"两个术语表明，"现象学"有意地、决然地移向传统近代哲学。不过，"先验主体性"通过现象学取得了更原始、更普遍的规定性。现象学仍然把"意识体验"保留为自己的专题领域，不过现在以系统计划和具有保障的方式来研究体验行为的结构以及就对象性来研究在体验行为中所体验到的客体。

《逻辑研究》原本仿佛在哲学上是中性的，今在现象学哲学的整体规划中也就可以依体系找到其位置了。《逻辑研究》第二版在同一年（1913年）由同一出版者出版。大部分研究做了"深入改写"。据第二版前言说，第六篇"对现象学来说是最重要的"，但这一篇却在第二版中被抽掉了。然而，胡塞尔交由新期刊《逻各斯》第一卷出版的《哲学之为精确科学》（1910/1911年）一文，今也唯通过《观念》才为其纲领性论题获得了充足的根据。

仍是在1913年，尼埃梅尔还出版了马克斯·舍勒（Max Scheler）的重要研究：《同情、爱与恨的现象学：附假设陌异之我的存在的根据》。

由于上述种种出版物，尼埃梅尔成为哲学作品出版者中的佼佼者。那时候，常听到大差不差的判断，一个新学派正在欧洲哲学中兴起，那就是现象学。谁会否认这种说法的正确性呢？

但是这样一种说法只是从历史上着眼，并没有抓住在"现象学"中，亦即早已在《逻辑研究》中，到底有哪些东西生发出来。所发生之事当时未被道出，甚至今天仍难说得对头。胡塞尔自己的纲领式的说明和方法论上的表达也加深了一种误解，好像"现象学"否认从前的一切思想而宣告着哲学的新开端。

甚至在《观念》发表以后,《逻辑研究》所具有的无限的魔力仍牢牢抓着我。随着这种魔力而来的,就又是那种不安,不安而又不知为什么,虽然或可猜度,那原因大概在于仅仅靠阅读哲学文献还完成不了被称为"现象学"的那一思想方式。

一直到我在胡塞尔的工作地点亲识其人以后,我的惶惑才慢慢消失,迷乱才吃力地松解。

胡塞尔 1916 年到弗赖堡来继承李凯尔特的席位;李氏则到海德堡去继承文德尔班(Wilhelm Windelband)的席位了。胡塞尔教课的方式是一步一步地引导学生练习现象学地"看",而这种"看"同时又要求学生放弃不通过经验来利用哲学知识的习惯。但他还要求学生不得在对话中引用伟大思想家们来作权威。可是我越来越清楚地看到,不断熟悉于现象学的"看"越有助于对亚里士多德的著作解释,我就越不能把自己同亚里士多德和其他希腊思想家分开来。当然,我一下子还看不到我重新研读亚里士多德会带来什么要紧的后果。

从 1919 年起,我守在胡塞尔近旁学习和任教,一方面练习用现象学方法去看,一方面在一个研究班尝试以变化了的形式理解亚里士多德。这时,我的兴趣又重新偏向《逻辑研究》,尤其是第一版中的第六篇。这一篇详解了感性直观和范畴直观的区别;在我看来,这一区别的深远意义恰可确定"存在者的多重意义"。

当时第六篇研究很不容易弄到，我们这些胡塞尔的朋友和弟子就再三央求大师重版这一篇。尼埃梅尔对现象学事业真是热心，1922年再版了《逻辑研究》的最后一章。胡塞尔在前言里讲："情况如此，我只好依从喜爱这部著作的朋友们的愿望，决定让它的最后一章原封不动重新面世。"胡塞尔讲"喜爱这部著作的朋友们"，也是想说他自己在《观念》发表以后就不再十分喜爱这部著作了。在他学术生涯的新所在，胡塞尔思想的热情和努力越发转向《观念》所设计的系统建设了。故而胡塞尔才会在那篇前言里写道："我在弗赖堡的教学活动也促使我把兴趣转向普遍的问题和体系。"

在我的课程上和普通研究班上，此外也在高年级学生参加的研习工作班上，我都一周一周地研讨《逻辑研究》。胡塞尔宽宏大度，看着我这样做；但心底是不同意的。对我个人来说，为授课和研究班所做的准备工作格外有益，我从中学到了一点——这一点起初是种猜测而谈不上是有根有据的见地：意识行为的现象学所理解的现象的自身显现，在亚里士多德以及在整个希腊思想和希腊生存那里曾更原始地作为 άλήθεια 得到思考。άλήθεια 说的是在场者的无蔽状态，在场者的去蔽、自我显现。现象学研究重新发现出来以支撑思想的东西表明为恰是希腊思想的甚至也就是哲学本身的基本特征。

这一见地越是从根本紧要处对我变得清朗，下述问题也就变得越加紧迫：何以规定按照现象学原则必得作为"事情本身"来经验的东西？它是意识及其对象性抑或是在无蔽和去蔽之中的存在者的存在？

我就这样被领上了追问存在之途。现象学立场为此途洒下光亮，但我却重又因布伦塔诺引出的问题而不安，虽然这次的不安又与从前不同。然而追问之途比我所始料来得漫长。它令人多次停顿，绕行和迷途。在弗赖堡以及后来在马堡讲课时所做的种种尝试只是间接地指示着这条道路。

1925—1926 年冬季学期期间，马堡大学哲学系主任有一天走进我的书房。"海德格尔先生，你非得发表点儿什么啦。你手头有稿子吗？""当然。"我答道。于是主任说："可得赶紧把它印出来。"系里曾申请让我继承尼可莱·哈特曼（Nicolai Hartmann）的哲学主讲座，而被柏林部里驳下来，理由是我十年来不曾发表过任何东西。

于是我不得不把保护已久的著作公之于众。胡塞尔居间安排，尼埃梅尔出版社很快印出了该著作的前十五个印张，准备发表在胡塞尔的《年鉴》上。系里马上把两份清样寄到部里。可是这两份清样不久就被退回到系里，批注说"不足"。第二年（1927 年）二月，《存在与时间》全稿印发于《年鉴》第八卷，同时单独成书出版。部机关在这之后半年收回了否定判断，授予了讲座。

《存在与时间》的出版情况难免有点奇怪。不过由于出版事宜，我和尼埃梅尔出版社有了直接的联系。在我上大学的头一个学期，我从胡塞尔那部令人着迷的著作的扉页上仅仅读到过它的名字。这时以及此后，它一直在其出版工作中表现出认真可靠、慷慨质朴。

1928年夏季是我在马堡的最后一个学期，那时大家正在为胡塞尔七十诞辰准备祝贺文集。这个学期初，舍勒突然去世。他曾协助胡塞尔编辑《年鉴》，并在《年鉴》的第一卷、第二卷（1916年）上发表了他的伟大著作《伦理学中的形式主义与物质的价值伦理学》。这部著作应被认作像胡塞尔的《观念》一样是《年鉴》发表过的重要的著作。由于其深远的影响，尼埃梅尔出版社的远见和成就让人们刮目相看。

为胡塞尔所编的祝贺文集准时在他的生日那天作为增刊出现在《年鉴》上。1929年4月8日，学生和友人环围着祝贺我们的老师，这时我受托向他奉上这部文集。

此后十年我没有发表过较大的作品。直到1941年，尼埃梅尔出版社冒险印出了我对荷尔德林赞美诗《当节日来临》的解释。出版日期则未印出。那年五月份，我曾受邀到莱比锡大学以此题做讲演，出版社的老板赫曼·尼埃梅尔（Hermann Niemeyer）先生从哈勒到那里听讲。课后我们讨论了出版事宜。

12年后，我决定发表早期的讲稿，这时我选定了在尼埃梅尔出版社出版。它已经不再标注"哈勒(萨勒河畔)(Halle a. d. Saale)"了。经济上的大亏损，多种多样的困难，个人的痛苦经历，这一切使当时的老板把公司移到了图宾根去重新开业。

"哈勒（萨勒河畔）"——就是在这座城里，19世纪90年代，当时的无俸讲师胡塞尔曾在大学授课。后来在弗赖堡，他常讲起《逻辑研究》成稿的情形。他从不忘充满感激和敬仰地回忆起尼埃梅尔出版社。这家出版社在世纪之交勇于冒风险出版一个无名讲师的巨幅著作。这位无名讲师踏上了不寻常的思想道路，于是免不了疏远了当时的哲学界。而当时的哲学界也忽视这部著作，直到它出版十年以后为威廉·狄尔泰（Wilhelm Dilthey）器重。那家出版社当时无法预知这位作者的名字将要永远与现象学的名字联结在一起，而现象学则很快就要在形形色色的领域中决定时代精神——大半以没有明说的方式。

今天呢？现象学哲学看似过去了。人们把它当作以往的东西。它和其他哲学流派一起成了历史的记录。然而现象学就其最内在的东西来说却不是一个流派。它是思的可能性，呼应着有待思索之事的吁请。作为可能性，它有时发生转变，却因转变而持久。若这样来经验和保持现象学，那么这个名称尽可以消隐，以奉思之质的公开。而思之质的公开，则始终保持其为奥秘。

尼 采[1]

阿瑟·丹托

按寻常对于幸福的看法，尼采的一生算不上幸福；实在说，它是相当悲惨的：他在身体上和在情感上都遭受了极大的痛苦。在他多产的年代，他的思想一般说来无人知晓，而且除了极少数读者外，不为人赏识，且大都被误解了。及至最后，人们终于开始闻问他的作品——奥尔格·勃兰兑斯（Georg Brandes）1888年开始在丹麦讲授尼采哲学——但他却因精神错乱而与此后对他工作成就的承认隔绝了。就他身后的名声和他作品后来所具有的影响而言，他也难说是幸运的。

尼采（Friedrich Wilhelm Nietzsche）1844年10月15日生于德国的勒肯。他的名字取自当时普鲁士的国王，但后来尼采自己抹去了"威廉"二字，并且通常否认自己的德国血统：他喜欢将自己充作波兰人（且是贵

---

[1] 译文原载于：D. J. 奥康诺主编，《批评的西方哲学史》，第21章，东方出版社，2005。——译者注

族!)的后裔,虽然他自称为"真正的欧洲人"。他的书中充斥着反德的批判性言论,并且实际上他是有些亲法的。他父亲是一位新教牧师,在尼采4岁时就去世了。尼采先在波恩、后在莱比锡学习古典语言学,并给他的一位教授、杰出的里奇尔(Friedrich Ritschl)留下了深刻的印象。尼采在1869年被聘为巴塞尔大学的特聘教授,这在极大程度上得力于里奇尔的热心推荐。这时他才25岁,因此这项聘任显然说明了他是被认作最有希望的人才。在巴塞尔,他讲授古典语言学和古代哲学,并同其他一些人物结成了重要的友谊,其中包括研究原始基督教的弗兰兹·奥维贝克(Franz Overbeck)、历史学家雅各·布克哈特(Jacob Burckhardt);特别还有理查德·瓦格纳(Richard Wagner),他那时住在瑞士卢塞恩附近的特里布申。尼采把瓦格纳看作德国文化的代表人物,相信德国文化将通过他达到悲剧精神的伟大巅峰,其高度以前只在希腊出现过。这也是1872年发表的《音乐精神中悲剧的诞生》一书中那些措辞激烈的训示的一部分。在这一时期,尼采成为瑞士公民,升任为巴塞尔大学正式教授。1870年的普法战争中,他在普鲁士军队中当过随军看护,时间很短,结果也颇为悲惨。从1873年到1876年,他发表了一套丛书,题名为《不合时宜的考察》,其中包括:《大卫·施特劳斯:忏悔者与写作者》(1873),《论历史对于生活的利与弊》(1874),《教育者叔本华》(1874)以及最后一篇《瓦格纳在拜罗伊特》

(1876)。就在写这本书的时候,他对瓦格纳这个人以及其人对德国生活的影响已经完全不再抱有幻想。1878年,尼采发表了第一部格言体著作《人性的,太人性的》,从而使两人渐次扩大的裂痕明朗化了。

1878年,尼采以健康状况恶化为由从巴塞尔大学辞职,此后,他过着日益孤寂的生活,离群索居,调养自己搞垮了的身体。同时他辛勤工作,在1878年到1888年的十年间写出了他大部分著作。它们包括:《人性的,太人性的》一书的两个附录即《见解与箴言杂录》(1879)和《漂泊者及其影子》(1880)、《朝霞》(1881)、《快乐的科学》(1882)、《查拉图斯特拉如是说》(从1883年到1885年分四部相继发表)、《善恶的彼岸》(1886)、《道德的谱系》(1887)、《瓦格纳案》(1888)。1888年他还写了《偶像的黄昏》(发表于1889年)、《敌基督者》以及《尼采反瓦格纳》(发表于1895年)和《看哪,这人》(直到1908年才发表)。在这一时期,他还写下了大量手稿,后来,他妹妹伊丽莎白将其中的一部分收集在一起,以《权力意志》为名于1901年首次发表。尼采曾考虑将这一名称用于他自己主要的但未完成的系统性专著。此外,在先前发表过的著作再版时,他还增写了一些新的前言和附录。

1882年,尼采与一位女士过从甚密,在精神方面和智力方面,他都对这位女士极为倾慕。这位露·安德烈亚斯-莎乐美(Lou Andreas-Salomé)是那种智识上的冒险家。就像尼采同其他所有人的关系一样,他同莎乐美的瓜葛也是不顺利和不美满的,他的浪漫愿望最终化为泡影。尽管尼采在《看哪,这人》中暗示他颇受女人的青睐,但实际上他对异性肯定缺乏魅力,他长期的独身生活也不全然出于他自己的选择。事实上,他曾在许多不同的场合向各种女人求婚,她们总是很吃惊,并且轻而易举拒绝了他。但几乎有确凿的证据表明,尼采去世时不是一位童男,致他疯狂与死亡的病症是一种性传染病,这病看来是他在学生时代染上的,对他来说那几乎肯定是一段独一无二的艳遇冒险时期。

1889年1月,尼采戏剧性地陷入精神失常。在余下的岁月里,他几乎完全不能自理,而依托于他妹妹的监护。自此,他妹妹致力于使她的兄长作为一位圣人和先知闻名于世,致力于编辑和出版他的著作;这些工作成了她的终生使命。她自立为解释尼采思想的主要权威以及尼采教的高级祭司之类的人物。她在编辑过程中做了种种歪曲,这些歪曲很难只被视作无心之过。她修改、删削并重新编排了尼采的手稿与信件;无论她的努力对于尼采不断增长的声誉会起什么作用,反正对于学术肯定无所裨益。1900年8月25日,尼采死于魏玛。

尽管尼采的文风极尽警世的严厉,尽管他那种说教者的训示颇富挑衅的意味,尽管在一些容易被人误解的、过分张扬的段落中,粗暴、残忍和苦难得到赞扬而善意和慈爱受到谴责,尼采本人却决非粗暴之徒。所有证据都表明，尼采具有文静的人格、可爱的气质，能体谅人，彬彬有礼——他是一位谈吐和为人极富幽默感的、温文尔雅的人。他在饮食方面有些怪癖，在其他方面则颇为明理健全。当人们读到他在精神崩溃之前几个月里写成的《看哪，这人》中那些特别危言耸听的和自大狂的段落时，确乎可以感到他是临近疯狂了。但在同时，他也写出了《偶像的黄昏》，这也许是他哲学散文中最为经久的作品。在这篇文章里，就像人们在其他地方谈到尼采的生平和著作一样，我们谁都无法做出不加限制的断言。

* * *

哲学史上的一种时兴潮流是把尼采看作道德说教者，看作对宗教以及对当时社会制度的不妥协的批评家。虽说他确实是这样一些角色，但其实道德议论在他所发表的言论中只占一小部分，无论按哪种通用标准来衡量何为哲学家，尼采之为哲学家都当之无愧。因为，古今哲学家始终关注的那些主要论题和疑难，多一半他都思索得很深，而且往往很富创意，他对所有诸如此类的问题都有些议论可发，不仅涉及善和恶以及人应当如何生活，而且涉及真与美，心灵、肉体与物质，涉及有什么东西存在以及我们对有什么存在的知识，涉及科学、艺术及宗教，以及哲学本身。

他致力于从根本上对哲学活动做一种新的解释，他认为，在他之前的哲学家都曲解了他们自己的成就，以为自己给予事物以一种客观的描述，尽管事实上他们是把一个自己意愿的结构强加给了这个世界，而这个所意愿的结构是他们自己秘而不宣的道德成见的投影。相形之下，他认为自己在哲学中找到了新的出发点，而破坏性只是他的工作的一部分。但正因为这个原因，他确信人们将很难理解他的哲学。他反复强调他的思想是全新的，告诫他的读者要谨慎对待他的思想，而不要试图将他的论题同以往的那种概念结构混为一谈——他的任务实际上正是对那些概念结构提出质疑。但他是德国散文的大师、语言的艺术家、创造各种振聋发聩的成语和隽永警句的发明家，况且他又酷爱使用具有煽动性的和过分戏剧化的词汇，因而，哲学上幼稚的读者常常从他入手，以为"理解"他实在是太容易了。就他的信徒和影响来说，他是异常不幸的——这部分地是由于他自己的过错。凶杀以他的名义进行，无论是纳粹还是纳粹的敌人，都有人把他看作那场灾难性运动的哲学上的鼓动者，虽然若他目睹这场浩劫还不知会作何感想。人们把他当作知识上玩世不恭态度的和各式各样非理性主义的高级辩护士而加以援引——他鼓动了过去几代人中反叛的和附庸风雅的青年，他还是形形色色蒙昧主义者的庇护所。并且，哲学家群体——少数抱有同情的评论者除外——对尼采工作的这些解释通常装聋作哑，一言不发。

然而，另有一位较少喧扰、较多分析的尼采，他的工作很可以被视作对技术哲学运动的一项贡献，虽然这一运动的成员几乎没有人知道尼采是他们之中的一员。尼采独立发现了我们称作实用主义真理论的东西，他应当分享这一发现的荣誉。这种理论认为，一个命题是否为真，我们的标准是看这一命题作为工具在组织和预期经验之际是否有效：如果它"行得通"，它就是真的。但尼采不像他的美国同行，他缺乏耐性，也许还缺乏逻辑的严密性，没有去系统探究自己这一发现所隐含的各种问题，他也确乎不大理解自己做成了的事情。因为像许多革新者一样，他往往容易被那些他自己的发现本欲取代的观念所支配。尽管他显然持有真理的实用主义观点，却仍旧相信真理的符合论；他本应该意识到自己找到了一种新的真理概念，他却戏剧性地宣称"一切都是假的"。他的很大一部分哲学正是从这种自我误解产生出来的。

因而，人们无法在介绍他哲学的同时又完全忠实于他的种种意图。只是由于分析哲学在晚近的发展，我们今天才有可能在较大程度上弄懂他的哲学，而对于他的同时代人，甚至对于他自己，他的哲学即使不是不可理解的，也肯定是模糊不清的。在下面我将试图去重组他的主要哲学思想。从历史的观点看，把尼采描绘成一个平心静气、细致分析的哲学家，那当然是错误的。对于这种形象，他的作品是太过潦草了；他写得太多，讨论的专题太广，他的热度太高，色彩太浓，这些都和这一种形象不相符合。与他表面上的华丽辞藻和五光十色的表达相对照,他的思想结构却像他的生活一样,是颇为清醒、冷静的。然而,我将借助只要可能就采用他的原话这一方式来支持我对尼采思想的解释,我希望通过这种大量引证的方法,在某种程度上补救哲学史家此前在系统论述尼采思想时可能导致的曲解。

视角论

哲学家像普通人一样倾向于相信世界有一个客观结构,它先于我们对这一结构可能持有的任何理论而存在,而一种理论是否真实,则要看它是否正确地描述了这一结构。然而,这种客观和独立的世界结构的观念,人们有望成功地描述这一世界结构的想法,以及主张在世界和语句——这些语句断言关于世界的事实——之间存在着一种符合关系的真理理论,所有这些统统遭到尼采激烈的驳斥。大多数哲学家也许会同意真理的符合论是不充分的甚至是错误的,在某种程度上可以争议,但如我们将看到的,尼采赋予驳斥这类观点的重要性远远超出了大多数哲学家。当尼采说到真理时,他指的是上面指定的那种意义上的真理;他常常说"一切都是假的",这时他的意思是:句子和实在之间的所谓符合关系是不能成立的,如果真就是指这样一种符合关系,那就没有什么是真的。在有关人类知识的问题上,他是一个彻头彻尾的约定论者;他攻击那些主张世界上存在着客观道德秩序的哲学理论,而这些著名的攻击不过是他对主张世界上存在着某种秩序的任何理论所做的普遍攻击的一个突出范例。我们相信为真的,很可能是恰好能使我们以一种首尾一贯的方式生活的东西。他写道:"真理是那样一种谬误,少了它,某类特定的生物就无法生存。"[1]

而在尼采看来,(符合论)这种"谬误"是不利于生存的,而他既然是——用他的话来说——生活的"肯定者"(Aye-sayer),他便觉得自己首要的哲学任务就是去清除这种谬误,对这种真理观提出质疑,从而人类能去接受较好的东西。尼采的用意总是治疗性的和预言性的;我们若不从启迪激发之意来领会他的分析,我们对他的呈现就会大大走样。不过,这一点我以后再回过头来谈,在开始时,我先来澄清我在上面归之于他的那些主张。

尼采的分析在许多地方相似于休谟的分析。像休谟一样,尼采对看待事物的所谓"常识观点"也持有一种与众不同的态度。一方面,他认为常识严格说来只不过是一种虚构,因为它只是世界的无数可能"解释"中的一种;尼采争辩说,"正确的解释"这种观念毫无意义,因为没有一种解释是或者可能是真的。但也正因为这一

---

[1] 尼采,《遗著》,第 814 节。

理由，我们就不能比照所谓正确的实在观点而视常识的观点位低一等。但是哲学家们却经常做这种比照，发现常识观点残缺不全，中意于这种那种与常识大相径庭的关于实在必定如此这般的所谓正确观点。特别是有一种源远流长的传统，它主张实在世界大大不同于常识设想的那样，因为常识根基于感觉，但感觉不仅在原则上就有欺骗性，而且也不能通达实在的本身。就这一点而论，尼采宁愿去支持常识的观点，因为它在漫长的时间中千锤百炼，人能够在实际中以它为准则来生存：常识是一种有用的虚构，各种哲学的解释却不是——同时它们也不过是些虚构。"表面世界是唯一的世界：'实在世界'只是个谎言。"[1]

"实在的"（real）一词在尼采心目中专指哲学家用来指谓实在的那些特点：固定、统一和永恒，处在变化的东西、多样性和时间性之下并可以与它们相分离。尼采坚持说，感觉不说谎。他的意思不是错觉不会发生，而是说，发生错觉与这里的争点并不相干：感觉揭示"生成、消亡、变化"，就此而言，感觉说的不是谎话。[2] 尼采有时将哲学对于感觉特有的不信任归之于哲学对肉体和对动物性存在的一般蔑视：这是一种对生存的背离。再说一遍，常识是一种解释。但是"没有事实只有解释"[3]，

---

[1] 尼采，《偶像的黄昏》，"哲学中的'理性'"，第2节。
[2] 同上。
[3] 尼采，《遗著》，第903节。

并没有与某种解释相分离的自在世界:"似乎我们一旦抽去解释,就会留下一个世界。"[1] 他写道:"一个不用我们自己的存在、逻辑以及我们的心理偏见和预设归化的世界是不会作为自在世界存在的。"[2] 因此,指出常识之外另有种种可供选择的世界观并不是对常识的批判:问题在它们是否可行。常识的可行性难以置疑:我们靠它生存。尼采的问题是,尽管如此,我们是否仍然可能以生存的名义非难常识——而不是像大多数哲学家那样以压制生存的宗旨来非难它。尼采认为以生存的名义来非难常识是可能的,但为此要担很大的(且是明显的)风险。他因此感到自己的哲学是危险的。一方面要批判常识("群氓"的观点),一方面要保护常识免遭一切"否定生存"的哲学和宗教的批判,使得他的哲学不容易摆正立足点。

人们往往以为尼采是一位非理性主义的宗师,这种名声在很大程度上得自他颇有影响的早期著作《悲剧的诞生》一书中驰名的狄奥尼索斯狂热。在这里我不能清理这部讨论希腊艺术和文化的辉煌而迷乱的论著;但在这部书中,尼采明确无误地区分了无法无天的狄奥尼索斯主义和希腊化的狄奥尼索斯主义。他赞同的是希腊化的狄奥尼索斯主义,在他眼里——他认为在古希腊人眼里也一样——无法无天的狄奥尼索斯主义是可怖的。他

---

[1] 尼采,《遗著》,第705节。
[2] 同上,第769节。

还描绘了一幅骇人的图景来形容"如果没有出现某种形式的艺术,特别是作为宗教和科学的艺术,借以防治野蛮"[1]时所发生的情形。理性本身原不与生存相背,但人们往往以理性的名义贬抑生存。尼采非难理性,但只是在诸如爱利亚学派和柏拉图学派把理性视作本质上与感觉和激情相冲突的东西之时;只是在人们置我们通常待事物的观点于不顾,而且只是为了照顾据称是更加符合"理性"的观点之时,他才非难理性。实际上,"我们今天只是在这个范围内拥有科学:我们已经决定接受感觉的证词——我们拥有科学,为了使感觉更敏锐,为了武装感觉,为了学会通过感觉进行思考"。[2] 他接着又说:"其余的是难产或者尚非科学;我指的是形而上学、神学、心理学和认识论。或许还有,形式科学、符号理论:如逻辑学和那种应用逻辑学即数学。"[3]

鉴于人们对尼采的某些习惯看法,这是一个格外值得注意的段落。因为,虽然存在主义者和其他厌恶实证主义的人常常推崇尼采,事实上在许多主要哲学问题上,尼采的看法却与晚近逻辑经验主义的精神非常相似。众所周知,这一学派主张一种理论,认为只有两类命题具有意义,即:可以通过经验得到证实的命题和借助形式规则证明为真的命题。不属于这两类的无论何种句子都

---

[1] 尼采,《悲剧的诞生》,第 15 节。
[2] 尼采,《偶像的黄昏》,"哲学中的'理性'",第 3 节。
[3] 同上。

是无意义的，形而上学的说法在他们看来尤其是属于这无意义的一类。这与尼采的观点惟妙惟肖。尼采与当代分析哲学的亲缘甚至比这更深厚。他认为，以"理性"之名去设立实体，赋予"实在世界"以"整体性、同一性、永久性、实质、原因、物、存在"[1]，这整个倾向都来自我们语言固有的某些特性："语言源起之初属于一个心理学形式极其残缺不全的时代。当我们对语言的形而上学的基本假设开始具有意识，或简言之，对'理性'开始具有意识，我们就进入了一个粗俗拜物教的王国。……我恐怕我们无法摆脱神，因为我们还相信语法。"[2] 所谓的知性范畴——有些人例如康德认为它是不能从任何经验的东西引申出来的——实际上内嵌在我们的语言结构之中。讲到存在着一个永恒客体的世界这一观念，尼采说："我们说出的每一个词、每一句话都在对这种观念投赞同票。"[3] 所以，若说常识的观点是内嵌在日常语言之中的，若说尼采的论点是正确的：形而上学家们把他们语言的某些普遍特征错当作存在的原生迹象，那么他们恰恰就错在把自己对常识的否定建立在常识的假定之上了。而那个"真实世界"一旦被看作不过是个"显相世界"的普遍特征的一种大概复制，它立刻就被揭示为"一种变得无用的、多余的、因而是被废弃的观念。让我们抛

---

[1] 尼采，《偶像的黄昏》，"哲学中的'理性'"，第5节。
[2] 同上。
[3] 同上。

开这种观念吧"。[1] 同时，一旦摆脱了"真实世界"的概念，我们也就没有任何东西可让"显相世界"来对照了，并且，既然"显相世界"这一概念的意义只是从一种虚构的对照中引出的，所以现在它自己也就成了一个虚构的概念："在抛开真实世界的同时，我们也就抛开了那个显相世界。"[2]

人们可能认为，如果无用的观念由于这一理由遭到拒斥，那么有用的观念就将因这一理由得到肯定。但尼采却宁愿坚持说，尽管常识有其专门的效用，但它还是假的；而以为世界上有实在的和独立的实体那样一种观念，不过是一种常识的信念。"没有事物，"他写道，"事物只是我们的虚构。"[3] 但这种虚构在通常生活乃至在科学中，却不是我们能够轻易丢弃的虚构。"我们用其实并不存在的事物操作，用线、面、体，可分的时间与空间等操作。"[4] 这些概念有某种用处，但它们并不表示具体的实体，用尼采的话说，它们也不提供"解释"。原子的概念就是这样的一种实例："为了理解世界，我们必须能够计算；为了能够计算，我们就需要恒定的原因。因为我们在现实中找不到恒定的原因，我们就为自己发明

---

[1] 尼采，《偶像的黄昏》，"'真正的世界'如何最终变为了寓言"，第5节。
[2] 同上，第6节。
[3] 尼采，《遗著》，第776节。
[4] 尼采，《快乐的科学》，第3部，第112节。

了某些东西,例如原子。这就是原子论的开端。"[1] 人们很容易会以为尼采在这里说到的东西就是今天的哲学家们称之为"理论实体"(theoretical entities)的东西——这类实体通常观察不到,它们是由理论整体设定的一些部分,相应词项不能用观察语言明确定义,也不能用任何简单的方式还原为观察语句组。但尼采心目中有一更为广义的论题,按这一论题,凡指称具体实体的一切无不具有理论词项的作用:"我们为自己安排了一个我们得以生存于其中的世界——我们接受下体、线、面、原因和结果、运动和静止、形式和内容,以便进行这种安排。若无对这些事项的信念,没有一个人能够生活下去!但这绝不构成证明。生活不是证明。在生活的诸条件中,谬误也可以是一项。"[2] 所以,这些"信念的事项"是我们所使用的语言固有的,它们是"世代相传的,最后几乎变成了人类种族的条件"。[3] 因而,再说一遍,就"真"一字所要求的意思而言,常识尽管毫无疑问是有效的,它却并不是真的。尼采设想说:"不可胜数的存在者的理性不同于我们;他们绝灭了,但他们的理性却可能更接近真理!"[4] 尼采指的是如下这类的情况。我们考察一下"所有的 A 皆是 B"这样一种概括。除非一个人能无视

---

1 尼采,《遗著》,第 896 节。
2 尼采,《快乐的科学》,第 3 部,第 121 节。
3 同上,第 110 节。
4 同上,第 111 节。

区别，能把相似的东西认作同一，否则他永不会达到这类概括。但他仍然可能如事物所是的那样看到更多，看到世界上没有两样东西是完全相同的。然而，他的这种敏感会伤害他的概括能力，从而有可能让他比另一些同类更难存活下去，那些同类的感知较为粗糙，而他们那种成功的归纳恰恰是其较为粗劣的感知的果实。更有甚者，谁若真把世界看作纯粹流动，那他就几乎没机会存活下去了："推论时的每一个犹豫，对怀疑主义的每一次动心，都已对生存构成了致命的危险。"[1] 因此，我们的普遍概念图式由"谎言与欺骗"编织而成[2]，但它实际上不可或缺，于是我们称之为"真"。"人类的真理究竟是什么？它们是人的无可辩驳的谬误。"[3] 当然，所谓无可辩驳指的是无法依靠经验以及为了经验予以辩驳，或者说，至少是存活下来的人们的经验自然而然地与这些无可辩驳的谬误相适应。这些无可辩驳的谬误并不是康德意义上的先天直观形式，它们还不如说是知觉和语言的先决条件，这些先决条件随着有幸绵延下来的种族一起绵延下来，而且恰是它们促使这些种族得以绵延。"在时间的长河中，"他写道，"理智只产生出谬误。其中有一些被证明有益于种族的保存。什么人想出了或承袭了这些谬误，在他为自己及其后代进行的战争中就会取得更大

---

1 尼采，《快乐的科学》，第 3 部，第 111 节。
2 尼采，《朝霞》，第 117 节。
3 尼采，《快乐的科学》，第 3 部，第 265 节。

的成功。"[1]

让我们再次考察一下原因和结果的概念。尼采对它提供的分析同休谟的非常相似。但不同于休谟的是,休谟拿不准什么是发生之事的"隐藏的源泉",尼采则像自己一贯所做的那样,违背自己公开宣布的名言:我们无法正确言说实在世界是怎样的。我们的因果概念是由对诸事件之恒常连接的认识建立起来的:"某一样东西每一次都由另一样东西跟随着——当我们知觉到并希望去命名它时,我们便称它为原因和结果。我们多愚蠢!我们只能看到原因和结果的影像。而这幅图景使得我们不可能看到比恒常的先后继起更为基本的连接。"[2]但甚至就在我们说某种"东西"跟随着另一种"东西"时,我们已经无可救药地牵进我们看待世界的视角了。尼采争辩说:"事实上在我们面前的是一个连续体;我们将其中的一对片段孤立出来,正像我们把运动知觉为一些孤立的点,从而就不曾适当地看到运动,而只是推论出运动……在那个转眼即逝的瞬间之中有着无限多的序列。"[3]我们就这样把一种相异的秩序强加给世界,尼采用狄奥尼索斯的术语把这个世界说成是"全然永恒的混沌,这不是指没有必然性,而是指没有秩序、结构、形式、美、

---

1 尼采,《快乐的科学》,第 3 部,第 110 节。
2 尼采,《朝霞》,第 121 节。
3 尼采,《快乐的科学》,第 3 部,第 112 节。

智慧……"[1],因而"让我们谨防自己说什么自然之中有法则。有的只是必然性"。[2]

然而,尼采所说的"必然性"是什么意思呢?若不参照某种结构,我们又如何能说得上必然性呢?无结构的混沌会有什么影像呢?尼采说不存在法则,这时他常常指的是没有道德法则,就像他说没有设计(design)时,他所指的是没有神的设计或意图。所以我设想他是这样推理的:既然只有对照"设计"才说得上"机遇"(chance),那么,如果没有什么凭借设计发生,也就没有什么凭借机遇发生。然而,由于机遇是必然的反面,于是尼采就不适当地推论说,如果事情不靠机遇发生,那么它们就要靠必然性发生。也许他用"必然性"所指的不过是"不靠机遇"而已,因为承认机遇就会承认设计。但很难说这能给予必然性的观念什么更为正面的含义,除非牵扯到因果律,而尼采已经告诉我们因果律仅是虚构。如我们将要看到的,尼采全然弃绝决定论的观念。因而他的说法确实晦暗不明。

尼采提出种种反对形而上学的责难,但不难看到,他仍然明确依从关于世界实际上如何如何的论题并用它来反对常识的看法。但就世界实际所是的那样来描绘它,这项工作总是要付出代价的。因为我们在进行这项工作

---

1 尼采,《快乐的科学》,第 3 部,第 108 节。
2 同上。

时所不得不使用的语言总把我们同某种形而上学牵连在一起——这种形而上学在尼采看来必定是错误的,与事情所是的方式相乖离。但是我们没有其他的语言。后来,别的哲学家也觉察到类似的问题。例如,我们可以这样来看待罗素的尝试——他尝试找到一种逻辑上完善的语言,我们也许最终可以借助它把自己从"新石器时代的形而上学"中解放出来,而这种形而上学,罗素提示说,是日常语言专断的语法所固有的。尼采从未去寻找诸如此类的新语言,但有时狂乱地运用诗歌措辞,运用"酒神颂诗",这也可以看作在试图挣脱语言习惯的束缚。普通语言不足以容纳尼采自己的想象力,这又可以用来解释为什么他觉得自己的哲学难于为人理解。严格说来,它应当是不可能或几乎不可能为人理解的。当一种理论认为我们理智的结构本身尚是一个疑案时,我们又从何谈起对这一理论的理解呢?如果我们成功地用我们自己的语词理解了它,那么自然而然我们已经误解了它,因为我们自己的语词就是错误的。

最后,我们可以领会到为什么尼采觉得自己的哲学是危险的。使人们处在能够理解他的哲学的位置上,恰恰等于把他们摆到一种就存活问题来说颇为不利的位置上。尼采一而再再而三以种种方式说到,我们知道自己的所思无不是假的,"没有一样是真的",但同时他又认为,某种东西会是真的,假使我们能够把它说出来;那会是真的,至少,在对应于实在的意义上它是真的,但我们并没有什么办法描述实在。尼采仍然相信那种意义上的真理，尽管他已经想出了一种截然不同的真理概念即实用主义的真理概念；按照这一概念，语句只是用于组织经验与预期经验的或好或坏的工具。但他却不能使自己接受这种理论，而仍流为他曾奋起批判的真理和实在概念的牺牲品。他把常识、科学和哲学删减为一种解释，他说，我们自称知道的一切都只是解释；但他却绝少意识到他自己也只是在提供一种解释，而不是纯粹的真理。当他意识到这一点时——我想有时他确曾意识到——问题就解决得更好一些。

哲学心理学

尼采自视为一位心理学的开路先锋，是人类心智的"大森林和蛮荒地"的最早开拓者。[1] 他的作品以其包含的经验心理学之深刻见解而驰名，这些见解无疑具有首创性和洞察力。限于篇幅，我只能勾画出他在今天我们称作哲学心理学方面所做出的贡献，即他为心理概念所提供的逻辑分析。在这里，他的首要攻击目标是自我这一概念，他认为去悬设一个实体作为自我在存在论上是多余的，在形而上学上是有害的。不过，自我这个设置

---

[1] 尼采，《善恶的彼岸》，第45节。

是从语言的某些扭曲的结构特征之中,以及从我们在这方面的一种普遍成见——即把凡发生的事情都看作某种行为者的行动——之中自然而然地发生的。我们的第一桩错误就是把心理活动误认为一个特殊行为者(自我)的行动,第二桩错误则是把这样一种观念转用于整个世界;这具自我模型即使用来表征心理活动也颇不充分,而我们又把它无理地加以投射来形成我们的世界观念。尼采说:"理性一般地相信意志是原因。它相信自我是一种存在、一种实体,并将自我实体这一信念投射在所有的事物上。由此,理性首先造出了事物的概念……构想成原因的存在者又被想成进入了事物之中,塞到事物之下。'存在'的概念随着'自我'的概念而来,并且是从'自我'的概念推衍出来的。事情从一开始就铸成了致命的大错:意志是某种施作用的东西,意志是一种力量……今天我们知道意志只是一个词。"[1]他的论断大致如下:由于暗中接受了这样一种假定——发生的事情都是某种行为者造成的——于是,既然有思想发生,而思想又是某种活动,因而可以推论说,必定有某种相应的行动者存在。它就是自我。所以,这个自我是被推导出来的实体,而不是原始的资料。人们以为它是依靠一种意志的实行而起作用的,并把这种主张的色彩涂在我们的整个因果概念之上。但这些概念经不起推敲。"一个思想出现,

---

[1] 尼采,《偶像的黄昏》,"哲学中的'理性'",第5节。

这是'它'要出现,而不是'我'要它出现"[1],因而几乎说不上是我产生我自己的思想。再来说说意志概念本身:虽然哲学家们以为它"仿佛是世界上最为明白易懂的东西"[2],其实它一片晦暗。意志的现象学至为复杂;我们说到意志的活动时我们究竟在描述些什么,这远不是很清楚,然而"我们相信自己在意志活动中是起原因作用的:我们以为,至少在这一活动中我们抓住了行动中的因果关系"。[3]然而我们并未抓住什么,只是陷入了虚假因果的谬误之中。

尼采让我们注意这样一个事实:如果一个动作在我们的意料之中,而不是未曾料及的抽搐之类,我们就很可能相信是意志引起了这个行动,即身体上的某种动作。但实际发生的只是这个:我们已经习于预期自己的身体有某种或多或少可以预料得到的行为方式。这些行为方式或多或少不变地由某些反复出现的想法和感觉伴随着。于是这些想法和感觉就被认作那些由它们伴随着的行为的原因。但思维和行为二者都不加区别地由同一个词"我"来指谓。因而我们得到了这一观念:有一自我支承着"思维和行为"两者,有一个行为者在行使意志,并由此引发身体的运动,它既在指挥又在服从。这种虚构的力量进一步被视作自由,而我们就安憩于这种虚构

---

[1] 尼采,《善恶的彼岸》,第 17 节。
[2] 同上,第 19 节。
[3] 同上。

的自由。正是这样一种行动观念被投射到世界之中，于是事物的概念被塞到外表之下，而外表的变化则被认作事物的行动。如我们曾看到的，尼采怀疑事物这一概念。作为一个心理学家，他的任务之一就是去解说我们是如何编造出这样一个概念的。他似乎常常认为，谁要能发现这种解说，他也差不多驳倒了这一概念。他认为自由意志的概念产自一种"逻辑上的强奸"。

尼采不是一个哲学上的决定论者。他一贯坚持说，尽管原因与结果的观念在实际中确实有用，但却"不应像自然科学家所做的那样把它们加以客观化，……与盛行的机械论者的愚蠢见解合流"。[1] 原因和结果是又一人们没有看出而认之为真的虚构。恰当说来，它们对"交流和理解的目的"有用而不是对解释有用。"在自在的实在（in reality an sich）之中，没有因果链索，没有必然性，没有心理上的约束。没有结果跟在原因后面这回事，也没有'法则'统治这回事。是我们发明了原因、连续性、链接、相关、强制、数、法则、自由、根据、目的。因而，如果我们把这个约定性的符号世界硬加在自在(the an sich)身上，把它混同于'自在'，那么我们就像我们历来所做的那样，倒向了神话化。"[2] 他在一则未发表的笔记中写道，我们必须"抛掉……两个流行的概念：必

---

1 尼采，《善恶的彼岸》，第 21 节。
2 同上。

然性和法则。前者将一种虚假的驱迫（Zwang）、后者将一种虚假的自由硬加在世界上。'事物'并不依照法则或合乎规则运行。"[1] 流行的科学把世界设想为秩序井然的事物世界，在每一实例中，事物的行为都由充分的因果条件所决定，在尼采看来，这出于同一种思想习惯和语言习惯——这些习惯也造出了内在自由的概念。决定和自由两者都是被误认作事实的神话。但这样一来，与这一概念或那一概念相关联而引发的种种问题几乎就成为后代哲学称作"伪问题"的东西。关键不在于试图去解答它们，而在于说明引起这种种问题的概念自身究竟是如何发生的。我们也许可以继续使用那些概念，但我们必须认识到，它们虽曾经可用于并继续可用于某种交流和应对的目的，却绝不具有形而上学上的保证和"真理"性。只有这样，我们才可能继续使用它们而同时在哲学上具有免疫力。

但是尼采并非只关注心理概念的自然历史；他的心理学往往关切心理事实的自然历史，以及这些心理事实在人类生活中所起的作用。诸如笛卡尔这样的哲学家往往从内省的描述开始他们的探索，尼采却认为内省现象——我们不仅有能力思想而且有能力觉知到我们在思想——全然令人困惑不解。确实，我们具有这种觉知，起码有的时候具有它，但它要服务于什么目的呢？"当

---

[1] 尼采，《遗著》，第 776 节。

我们开始注意到这种觉知在何种程度上是可以省简的，这种觉知就第一次变为一个问题了。"[1]因为我们由内省所揭示的心理生活大概一直像它实际进行的那样进行着了，只不过我们或许未曾意识到它在进行："我们尽可以思考、感觉、意愿、记忆；同样，我们尽可以在'活动'这个词的任何一种意义上有所活动，而同时这些活动却无须有任何一种曾'进入意识'（以隐喻方式来说）。"[2]确实，我们的活动和思考的一大部分总在进行着了，无须我们对它们正在进行这一事实有所反思。于是问题便成为，既然反思实际上发生，那么它有什么额外的功用。因为"整个生活——这么说吧——不在镜子中照见自己蛮可以照常进行。实际上，今天的大部分生活仍然无须揽镜自照而照样进行，甚至我们的思维、情感和意志生活也不例外——无论这老派哲学家为此会多么难过。"[3]尼采几乎是这样来处理这件事情的：自我意识是为应对何种需求而产生的？这里所含的假设是，我们实际上所做的任何事情必定都是为应对于某种生命需求而产生的。

为了回答这个问题，尼采提出一种"极为大胆的假设"："（自我意识的）强度和敏感度是与一个人（或一个动物）的交流能力成正比的。交流的能力则与交流的

---

1 尼采，《快乐的科学》，第3部，第354节。
2 同上。
3 同上。

必要性成正比。"[1]他不是说只当我们需要交流时才反思，而是说自我意识这种现象是作为去满足物种内交流所需手段的一个部分得到发展的。这种自我意识一旦发展了，人们就可能去——用尼采的话说——"滥用它"，就像是，无论语言是为了应对什么需要发展起来的，反正一旦人们学会了使用语言，就可能废话连篇。这里令人感兴趣的一点是，反思看上去是个人的活动，本原上却是社会性的，是对社会需求的反应。遁世者、"野性未化的人"（wild-beast sort of man），既不需要它也不会去发展它。尼采的论点是，人是最容易受到伤害的动物，也是最需要自己同伴持续照护的动物。而这样一来，他们就必须能够表达自己的需要，以便于让别人来看顾自己，这就要求我们"认识我们自己"。思想并不需要我们意识到我们正在思想："人像所有的生灵一样不断思想着，但他不知道自己在思想；意识到自身的思想只是极小部分思想"。有意识的思想需要一种确认并表达其内容的能力。对于那个老问题，即没有语言能否有思想，尼采做了明明白白的回答：没有一种我们曾经意识到的思想是可以没有语词的，因为我们需要用语言去确认这种思想。但这样一来，我们也就无法靠内省去发现没有语词的思想。若不能用可理解的方式把我们的需要表达出来，我们将无法存活，而所有成功的表达必定是公共可理解的，因

---

[1] 尼采，《快乐的科学》，第3部，第354节。

而必定是用群体全部成员都能理解的语言来表达的。因此,"意识的发展是与语言的发展同步进行的","人只有作为一种社会动物才拥有自我意识"。[1]

那么,举凡意识中的一切,便无不是可为公共理解的,这正像我们用来对自己表达内省的那些语词,恰恰就是我们曾学会用来对别人表达我们需要的那些语词;它们必须能为他人所理解,这是我们之所以能把这些语词成功地运用于自己的内部状态的先决条件。"我的概念是:意识不属于人们的个性存在,而属于社群-畜群的本性……结果,我们之中无论何人,无论他如何愿意尽其最大的可能去把自己理解为个体性的,去'认识他自己',他带入意识的东西却总是'非个体'的,总是我们的平均状态……由于意识的这种特点,我们的思想……总被转回到这种畜群视角。"[2]实际上,即使"我们的行为归根到底是无比私人性的、独特的和绝对个体性的",然而"一当我们把它们转入意识,它们就不再如此表现了"。[3]

这种分析听起来颇富当代色彩:人们可以在维特根斯坦的《哲学研究》中找到反对"私人语言"存在或可能存在的论题,在斯特劳森(P. F. Strawson)等人的著作中找到尝试消除"他心问题"的论题,这些论题都与

---

[1] 尼采,《快乐的科学》,第 3 部,第 354 节。
[2] 同上。
[3] 同上。

尼采的见解颇多相类之处。例如，斯特劳森写道："不可能把人们的意识状态或经验状态归属于任何事物，除非同时把或准备把并能够把意识状态或经验状态归属于某些其他实体，而这些实体同人们将自己的意识状态归属于其上的那种东西具有同一的逻辑类型。人们把自己认作那些谓词的主词的先决条件是，他也应该把别人认作那些谓词的主词……如果仅仅是我的，那么就全然没有我的。"[1] 尼采大概会接受这些分析，但他恐怕不会同意像这些作家及其同代作家那样理所当然地全盘接受日常语言。他关心的是去修正和克服日常语言和常识，他写的东西没有一样完全脱开道德意图上的见解。"凡事只要变成了有意识的，"他写道，"也就变成了浅薄的、琐屑的和相当愚蠢的，也就成了普遍的记号（signs）——畜群记号。"[2] 如果这一分析站得住脚，从逻辑上人们就不可能表现自己独具的东西，无论什么东西，一旦进入语词，就被磨平了，就只能以最泛泛的方式为人所理解。字面上就已表明，一个人无法交谈（one cannot talk）。无怪乎尼采并未指望人们理解他本质上（就他的思想方法而言）新鲜而不合时宜的观念，他感到自己充其量是在对尚未出生的一代宣讲，他的思想也许能传给这些具有更高禀赋的人。在语言这个学科的整个历史中，人们很可

---

[1] 斯特劳森，《个体》（伦敦，1959），第 105、109 页。
[2] 尼采，《快乐的科学》，第 3 部，第 354 节。

以把尼采看作因受语言的限制而最深感沮丧的哲学家。尼采感到自己的思想将是陌生而可怕的,它之可怕是由于它陌生,然而唯当我们能够直面可怕和陌生的东西之时,我们大概才可能沿着一种健康的方向发展。尼采争辩说,我们称作"认识"的东西,是对于恐惧的一种反应:面对陌生的东西之时,人试图把它同化到预存的思想模式中去。有些东西甚至连哲学家也认作"熟知的东西"(das Bekannte),其实它们也只是"我们习惯了并因而不再感到惊异奇怪的东西。那些东西只是凡庸之物,只是随便被固定下来的规则,只是我们所熟悉的无论什么东西"。[1] 这不是尼采自己所要的东西。在"认识"的这种意义上,他不要求被"认识"。他尝试做的是两点:其一是,看待事物时的明显和通常的方式只是一种方式而已,而明显的东西同实情所是的东西满可以大相径庭,因此我们自以为知道的东西都可能是虚假的;其二是,只要我们能够把我们的视角恰如其分地"置于视角",让人们看到解读世界的另一种可能,就可能打开人们的心扉,使他们获得一种新颖的、也许是更好的视角。

朝着这个方向的第一个转机就是要使我们自己摆脱如下的哲学偏见:以为我们对自己的内部状态具有一种直接的和确定的知识,以为我们在这里做出的判断是不可修正和具有特权的。"错上加错!"尼采写道,"熟知

---

[1] 尼采,《快乐的科学》,第 3 部,第 355 节。

的即熟悉的,而熟悉的正是最难于'知'的,即是说,最难于把它视作一个问题,一个异体,一种外在于我们的东西。"[1] 然而我们的心理生活——我们总是炫耀自己富有关于它的知识——所一再证明了的恰恰是这一点。让我们先来看看梦。在睡眠时,"我们的神经系统因多种内部原因处于兴奋状态……于是就有成千上万的偶然情况使心灵惊扰并去寻找这种兴奋的原因。梦是对每一种被刺激起来的兴奋的表面原因的搜寻和表现"。[2] 让我们来看看尼采的例子:在睡梦中,某人的双脚被绑起来。由于这一刺激,他梦见有蛇盘在自己的脚上。梦者推断"这些蛇必定是我——睡眠者——具有这种感觉的原因"。[3] "我们常把尖锐的、突发的噪声这类事情化入梦境,睡眠者于是从后向前去解释它,于是他认为自己首先经验了这一噪声的条件而后才是声音本身。"[4] 一句话,梦境本来是某种刺激的结果,然而它却被我们认作这些刺激的原因。尼采说:"我认为,数千年来,人们在清醒时进行推理的方式正像在沉睡中推理那样。进入心灵的第一个原因……满足了他,于是便被视作真理。"

他断言,这是我们经常会犯的一大类错误。尼采把

---

[1] 尼采,《快乐的科学》,第 3 部,第 355 节。
[2] 尼采,《人性的,太人性的》,第 13 节。
[3] 同上。
[4] 同上。

它称作"想象式原因谬误",是"四大谬误"[1]之一。当"由某一给定状况产生出来的表象被误认作这一状况的原因"[2]时,我们就犯了这种谬误。它并非只发生在梦里,也不是原始的、已遭废弃的推理方式之残余。我们醒时也做同样的事情:只要我们保有"刺激了我们的因果本能"的感觉并进而去寻找这些感觉的理由。我们寻求动机,但动机正是想象式的原因。是感觉本身导致了我们给予它的解释,但这种解释却反过来被认作感觉的原因:动机恰恰是对一种感觉的解释。因而在那里就产生出"一种偏爱某类因果解释的习惯,这一习惯实际上忌惮甚至排除了对原因的深入追究"。[3](注意,尼采对"原因"一

---

[1] 另外三种谬误为:"倒因为果谬误""虚假原因谬误"和"自由意志谬误"。尼采在他的《偶像的黄昏》(Götzen-Dämmerung)这一晚期著作中讨论了这几种谬误。瓦尔特·考夫曼(Walter Kaufmann)教授为《袖珍本尼采》(纽约,1954,第463—464页)中的相关选文写了一些导论式评注,提出了一个重要之点:尼采是在与培根相同的意义上使用"偶像"(Götzen)一词的:"偶像"是妨碍人们看到真情的那类习惯性的信念模式。在数目上和立意上,尼采的"偶像"与培根相同,然而除此之外,尼采的"四偶像"并不对应于培根的"四偶像"。这本书的副标题是"如何用锤子来从事哲学",值得提到的是,一旦我们了解到锤子原是用来击打雕成的偶像(graven images——语出《圣经》)的,这标题听起来就不是那样凶险了。凶险的意味还会更轻淡些,当尼采以稍嫌滞重的条顿式调侃写道:"我们在这里用音叉轻击永恒的偶像,发现再没有任何偶像比它们更古老、更受人信任、更似庞然大物——同时更加空洞",于是我们"听到——作为回应——那个有名的空肠声响,表明它来自浮胀的空腔"(《偶像的黄昏》序言)。按尼采的分析,一切"知识"不过是习惯之事。"偶像"则是那些有害的习惯。习惯本身无所谓好坏,但却有好习惯和坏习惯之分。
[2] 尼采,《偶像的黄昏》,"四大谬误",第4节。
[3] 同上。

词的使用是前后不一的,就像其他许多概念那样,尼采一边拒斥,一边自己使用,而且他使用时的意义与他所指责的那种意义鲜有不同。)对这种犯错倾向的终极解释是这样一种普遍性向:我们不得不"将某些陌生的东西还原为某些熟悉的东西",而熟悉的东西"除了给人力量感之外,还使人感到轻松、宽慰和满足"。[1] 因为我们生来就觉得"随便什么解释总比没有解释要好些";而"因果性本能是以恐惧感为条件并由它刺激起来的"。[2]

因而我们对我们心理生活的解释,正像我们对一般现象的解释一样,与其说在求取深入的理解,不如说在求取慰藉:它们是愉悦的错误,温和地迁就我们,在关于自身、关于世界的真理前庇护我们。有些人,像尼采想象中的他自己,看得更诚实、更深刻;同这种人相比,再说一次,那些虚假的解释让我们大大得益。"一个普通人,就像他的同类一样,曾有并将始终得益。更高雅、更精致的人,独特的人,难于为人理解的人,却独尝寂寞,因与众不同而身陷不幸,罕得繁衍。一个人必须聚集一股巨大的反冲力,才能跨越这种自然的、太自然的同质化进程(progressus in simile),跨越这种人类的复制——复制相似、普通、平均、畜群特征,一句话,复制平庸!"[3] 而这就意味着迫使熟悉的东西进入陌生的光照之中,视

---

[1] 尼采,《偶像的黄昏》,"四大谬误",第4节。
[2] 同上,第5节。
[3] 尼采,《善恶的彼岸》,第260节。

之为问题。尼采在这一方向上最持久的努力所涉及的是道德观念。

道德与宗教

照尼采的观点,虽说我们那些最基本的信念都是假的,这一点本身却不是反对这些信念的理由。尼采评论说:"正是在这里,我们的新语言听起来也许最为奇怪。"[1] 他接着说,真正的问题在于"一种信念究竟在多大程度上支持和推进了生活,在多大程度上不仅维持了尤其是训练了一个种族。我们从根本上倾向于认为,最为虚假的信念(先天综合判断即属此例)正是最不可或缺的信念"。有些哲学家有时会认为自己的使命是去辨识存在的最初始的特征,其实,这时他们充其量不过成功地把此一个或彼一个概念明白表达出来,而这些概念"说到底只是某种预设的教条、某种遐想、某种'灵感',或至多是一种深心的欲求,只不过这种欲求经过了抽象和精练并借事后找到的理由加以辩护罢了"。[2] 因而,"就此而言,每一种伟大的哲学都是其创始者的自我表白,都是一种无意而成的传记,只是人们没这样来看而已。"[3] 而

---

1 尼采,《善恶的彼岸》,第 4 节。
2 同上,第 5 节。
3 同上,第 6 节。

这一点,尼采说,在道德哲学中再明显不过。

尼采反复强调,世界上没有客观的道德秩序:"没有道德现象,只有道德学家对现象所做的解释。"[1] 尼采自诩为第一个认识到"全然没有道德事实"[2]的人,他还促请每一个哲学家都采取与他相同的立场,"超越于善恶之上——把道德评判的幻象丢到身后"[3]。我们的道德法典和道德范畴不能用来描述世界,而只能作为同世界以及同他人打交道的工具。对道德哲学家来说,真正的任务是去理解而不是去从事道德评判,去做一个自觉的批判家而不是做流行道德见解的不智的牺牲品。考虑到尼采自己一直在毫不掩饰、喋喋不休地说教,他竟认为自己在别的哲学家失败的地方取得了成功,即他把道德看作了"一个问题",他客观地、超出善恶地去看待道德,这是有些令人惊异的。何况他的哲学一向被认为是自白式思想的突出样本,尽管他的正式态度是避免这种方式。谈到尼采,极为时兴的说法是他的哲学无法与他的生活分开而仍旧能被理解或具有意义。但尼采自己却会把这认作该受责备的,是他的缺欠而不是美德。至于他的说教倾向,他也许会自辩说:即使他未曾完全超出道德本身之外,至少,在那个时代和传统所定的善恶价值的意义上,他确乎已经超越善恶了。并且他还可以进一步说,

---

[1] 尼采,《善恶的彼岸》,第 108 节。
[2] 尼采,《偶像的黄昏》,"人类的'改善者'",第 1 节。
[3] 同上。

他的说教倾向及对流行道德系统的反对和批判是建立并紧密联结在他对道德判断的地位和功能所做的总体性客观分析之上的。在此，我将努力去勾画这一总体分析的主要特征，指出他那些众所周知的道德论题在哪里与这种分析联在一起。我不准备严密地论述这些道德论题本身，因为它们是那么为人熟知以至于无须赘述了。

道德是一个强制性的作用机制，这不仅因为道德禁止某些行为方式而鼓励另一些行为方式，而且其运作加固了我们理解世界和解释世界的流行模式。照尼采的分析，道德的这种作用是间接的，主要的运作方式是压抑某些特定种类的力量，即"生命所依赖的激情"（lebenbedingende Affekte），而从这些力量出发也许会形成种种新的视角。"所有老道德妖孽都异口同声主张人应扼杀激情（il faut tuer les passions）。"[1] 但若"生命要进一步发展，这些激情就必须进一步发展"。[2] 这并不是说尼采赞成全然听任（laissez-aller）感情的支配。他写道："每一种道德都带着几分专横反对自然本性，以至反对'理性'。"但他又补充说："但这并不是反对道德的理由。"[3] 首先，因为激情有时"仅仅是毁灭而已，它们会

---

[1] 尼采，《偶像的黄昏》，"哲学中的'理性'"，第1节。
[2] 同上。
[3] 尼采，《善恶的彼岸》，第188节。

因自身蠢笨的重力而把自己的牺牲品一道拖垮"[1]，其次是因为，之所以涌现出许多使生活值得去生活一场的东西，道德压抑是起原因作用的："无论什么东西，只要它属于自由、敏锐、大胆、欢快和主人般的坚定，无论它在思忖中还是裁断中，或者在言谈中还是劝服中，在艺术中还是在伦理行为中，只要世界上有或曾有过这种东西，它主要是靠了'这类任意法则的专断'才成为可能。确实，认真推敲起来，这种专断就是'自然'，就是'自然的'，任何放任倒并不自然。"[2]因此，关键是要去"升华"激情而不是去根除它，尽管这要担某种风险。然而，"只是为预防激情和欲求的蠢笨以及它们带来的不快后果，就去绝灭激情和欲求，今天在我们看来恰恰只是最扎眼的一种——蠢笨"[3]。

有两类主要的道德视角：主人道德和奴隶道德。后者生自恐惧和匮乏。在任何特定的群体中，总有某些个体由于具有他们同类所缺乏的性格特点而趋向于统治其余的人，而那些不得不遵从他们的人则怨恨和惧怕这些领袖人物。这两群人各自为"好"字赋予了不同的含义。对主人来说，"好"指他们恰好具有的那些素质，由于这些素质他们才在群体中享有优越的地位。好的反面是

---

[1] 尼采，《偶像的黄昏》，"哲学中的'理性'"，第1节。
[2] 尼采，《善恶的彼岸》，第188节。
[3] 尼采，《偶像的黄昏》，"哲学中的'理性'"，第1节。

"坏"（Schlecht）。主人在这个意义上是"好的"，而那些不"好的"的人便是"坏的"，这是个分析命题。而对奴隶来说，"好"的意思正恰是主人道德词汇表上"坏"的意思。这个"好"（或"善好"）和"恶"（Böse）相对照，而"恶"这个词的外延相当于主人语言中的"善好"。主人可以既是好的（在主人的意义上）又是恶的（在奴隶的意义上），但他们不会既是好的又是坏的。奴隶可以既是善的（在奴隶的意义上）又是坏的（在主人的意义上），但他们不会既是善的又是恶的。因为如果他们是恶的，那么他们就是主人而不是奴隶了。主人喜欢用好来称呼"好胜、蛮勇、报复心、诡诈、贪得无厌、权力欲"[1]这类品质，以及一般说来他们在自己身上所欣赏的无论什么品性；他们是"价值的确定者"[2]，并把他们自己的价值观加于这个世界。奴隶惧怕具有这类品质的人，将这些品质以及具有这些品质的人称作"恶"，把"善"限定在下列品性上，如"怜悯、热心、乐于助人、忍耐、周到、谦卑、友好……"[3]奴隶软弱无能，无法将自己的语汇加到这个世界上面。因而，就像已经指出的，他们的道德基于软弱而不是强健。

在《道德的谱系》一书中，尼采大肆渲染这些区分。这本书的标题也已经透露出他的某些意向。这些意向部

---

[1] 尼采，《善恶的彼岸》，第201节。
[2] 同上，第260节。
[3] 同上。

分地是要表明诸道德体系是随着时间的推移并由于特定的社会环境而发展的,并非上天所赐;它们源自人意而非神意;如果它们竟需要辩护的话,那要看它们在人类生活中有哪些用处和后果,而非诉诸外部的权威。这些观念对于 19 世纪也许比对于我们这个世纪要更为惊悚。

当人群受到外来威胁时,主人这种类型无疑对人群是有用的;但在和平时期,它却被人惧怕,被那些在凶险时期曾受到它的勇武精神卫护的人们惧怕。因为那些造就好战士的品格一直延续到和平时期,当向外使用它们的途径被阻断时,人们就会觉得它们是种威胁。而恐惧被奴隶方面的怨恨弄得复杂化了,他们渐渐对自己先前的保护人采取了敌视的态度。不过,那是一种不能用主人借以释放其积极进取冲动的健康方式发泄的敌视。在奴隶这方面,这种敌视只有通过迂回的渠道发泄。尼采论证说,在历史上,这一渠道就是:使主人这一类型把起源于奴隶的无力状态的那一套价值系统接受为自己的价值系统。强者于是也渐渐不再赞许主人的正典中原本恰恰是当作"好"的那套品格,反而认为它们该受指责。他们落到了那般田地,对自己所采用的态度就是奴隶对他们采用的态度;他们被驱迫到了奴隶的视角上去。"价值的这种价值转换"于是引发了血统贵族方面的强烈自恨感。这一切是怎么发生的呢? 尼采回答道:这是宗教的功劳、神父的成就,即那些"最不中用的人"的成就。[1] 借用宗教作工具，那些籍籍无名之辈所怀的怨恨（ressentiment）得以进行大规模的报复。我们的道德法典，尤其是基督教的道德法典，看似强调仁慈与友爱，实则源自对所惧怕的对象的恐惧和仇恨，是这两者合作的产物。基督教的爱这一概念"产生于沸腾着仇恨的烧锅"。[2]

毋庸置疑，尼采崇尚的是主人类型。他容许在主人的本性中有一种野蛮的成分："在所有那些出类拔萃的种族中都有食肉的猛兽，那个一望便知的金毛野兽。"[3] 因为纳粹率先占住了尼采，把他宣布为自己的先驱，从而使"金毛野兽"这个短语声名狼藉，所以值得对这一点稍加评注。首先，金毛野兽（blonde bestie）指的很可能是百兽之王"雄狮"，假使狮子碰巧是黑色的，那么对近来在伊斯兰边缘地带的种族骚乱，尼采就会多出一层含义，而对北欧日耳曼人来说，他则是可憎之人。无论如何，对尼采来说，"出类拔萃者"并非单单用在雅利安人身上，它也包括"罗马人、阿拉伯人、日耳曼人、希腊贵族、荷马英雄、维京人"。[4] 他所用的"种族"一词也并非指上列这些人群中的每一个成员；在罗马人、希腊人、阿拉伯人等之中都有奴隶和主人。像我们将要看到的，主奴之分在他看来确有某种生物学上的基础。

1　尼采，《道德的谱系》，第1篇，第7节。
2　同上，第11节。
3　同上。
4　同上。

但同时，尼采也并非因为这一类型的人有兽性而赞许他们。尼采只不过打算把它作为某种内在地可欲的东西的不可欲的伴随物接受下来，这有点儿像他对激情的态度：激情有可能是愚蠢的，但这一点并不是根除激情的充足理由，但另一方面也不是保有激情的充足理由。

甚至弱者也并不在意对他人施加痛苦：这是"人性的，太人性的"。人类从来不曾觉得残忍的景象令人厌恶。这一话题尼采颇议论了一番，而且很少见地有点儿逞口舌之快："目击受苦是愉快的。去加诸痛苦甚至更加愉快。这话说起来狠，但它表达了一个有力而古老的公理，一个人性的、太人性的公理……没有残忍就没有庆典；人类最久远、最古老的历史就是这样教导的。甚至在惩罚中就含有某种十分喜庆的东西。"[1] 我们很多建制就是为把残忍合理化而存在的。尼采援引这个事实作为例证：对一个损害了别人的人确定一定量的刑罚显然被认为是一种充分的补偿。尼采在自己的一段著名文字中曾说过，无可置疑，没有残忍就训练不出男子汉。人是一种做出（并信守）诺言的动物，这牵涉到获得一种"意志的记忆"[2]。但"离开了流血、苦难和牺牲就无法获得这种记忆……有多少鲜血和颤栗隐伏在所有'善事'的基底"。[3] 因此，在强者和弱者之间的差别归根结底并不

---

[1] 尼采，《道德的谱系》，第 2 篇，第 6 节。
[2] 同上，第 1 节。
[3] 同上。

在于两者在精神纯洁性上根本有别或有程度之别。差别主要在于强者有能力释放自己对他人的侵略性而弱者没有。但这是一个决定性的差别。因为其结果是弱者的心灵"遭到毒害",他们不得不找到宣泄敌意的迂回途径。我们已经提到他们得以成功地宣泄敌意的一条途径:借助于宗教之力让健全者把残缺者的伦理当作自己的伦理接受下来。

这产生了一种惹人注目的心理现象。首先,强者并不因为接受了这种道德而有损其强。只是他们的冲力转入了不同的渠道而已。尤其是,他们不再无所顾忌地以暴烈的方式去释放自己的精力。但是因为"所有的本能不向外释放就都要转向内部"[1],于是出现了尼采称之为"内在化"(Verinnerlichung)的过程,与之相随,"开始出现了后来人们称之为'灵魂'的那种东西":"整个内在世界本来很窄小,仿佛幽禁在两层隔膜之间,但因人的外部行为被禁止了,这个空间就获取了它的深、宽、高。"[2] 更有甚者,"因为缺少了外部的敌人和阻力,人被迫进入禁忌重重的隘道和伦理的规范之中,不耐烦地撕扯他自己,控诉、咬噬、残害他自己。似乎要去撕碎什么人,他拼命撞击自己囚笼的铁栅……人把自己弄成一

---

[1] 尼采,《道德的谱系》,第 2 篇,第 16 节。
[2] 同上。

个刑堂，一片莫测的、危险的荒野"。[1] 这种自我责罚就是良心责备（schlechtes Gewissen）的现象，尼采给它贴上了不祥的标签："人类身上最严重的、最灾难性的痼疾，直到今天仍然未被治愈：人因其自身并在其自身中罹此疾患。"[2]

人们可能推想，尼采会采用现今某派心理疗法支持者所取的立场，为了心理的健康而赞成无选择地宣泄对外的侵略冲动。虽然他后来的名声足以使人以为他会走到那一步，但是他这一次仍然不曾走得那么远。他确实说"良心责备毋庸置疑是一种痼疾"，但他立刻又补充说："说它是一种痼疾，这是在这种意义上说的，即妊娠也是一种疾病。"[3] 人们会回答说，无论在哪种意义上说，妊娠都不是一种疾病，那么尼采的下面这段话可说是同意这一点：随着良心责备的出现，人类"唤醒了一种益趣、一种张力、一种希望乃至一种信念，那就是：某种东西正随着人而被宣告出来，被准备妥当，仿佛人不是最终目的而是一条道路、一个契机、一座桥梁、一项重大的许诺……"[4] 的确，尼采的查拉图斯特拉就是这样宣告有关人的讯息的（我将在后面去谈它）。既然我们知道尼采信奉超人的理想，既然出现良心责备是超人这种

---

1 尼采，《道德的谱系》，第 2 篇，第 16 节。
2 同上。
3 同上，第 19 节。
4 同上，第 16 节。

可能性在历史上的必然条件,那么就不能认为尼采是在完完全全地诅咒良心责备,甚至不能认为他是在完完全全地谴责奴隶道德,全面赞许主人道德和金毛野兽的过度野蛮。不过,他的确反感那种死抱着良心责备不放的态度。因为持这种态度的人喜欢漫无边际地夸大他们自己的卑微,这主要是由于他们在接受宗教时也接受了一整个神学的包袱。而这套神学里包括了一个完满的上帝,他们自己的存在都是欠这个上帝的。既然他们欠着这笔债,既然在神圣的善和他们自己的卑微之间的不平衡无法消弭,于是他们就把自我责罚的痛苦这一特殊的重负加在自己身上,从而使那笔债务多少减轻一点儿,那种不平衡多少得以减缓。(我们在上面已经看到,按人类法律的逻辑,人们是怎样用痛苦清偿债务的。)即使如此,事情仍毫无希望。

"这是一种意志的疯癫、精神的失常。……人的意志要去发掘自己的罪过和卑微,无可赎补的罪过和卑微;……人的意志要去树立一种'理想'——'神圣上帝'的理想,以便于人能够保证他自己是绝无价值的。人是一种何等疯狂而可悲的动物!"[1] 查拉图斯特拉的名言"上帝死了"就是要去驱除这种无须有的罪过,用另外一组仁慈的对照,即人是什么和人会是什么,来取代那种产生有罪感的人–神对照,这并不是为了使人能够沾

---

[1] 尼采,《道德的谱系》,第 2 篇,第 22 节。

沾自喜，而只是为了恢复人的尊严感。

有一点是必须强调的，即遭受良心责备的只是强者。它是力量引出的症状，只不过这时候这种力量转向内部去反对它的拥有者。弱者没有承受苦行的禀赋。尼采认为苦行是有魔力的。他的理论说：人的心理能量无论经过多少转化总还保存如故，因而，无论可资利用的渠道有哪些，强者都不能不把他们的力量表现出来。"要求力量不把自身表现为力量……其荒唐有如要求孱弱把它自身表现为力量。"[1] 有人以为这样的要求能被满足，这又一次是源于某些陈旧的思想模式和某些把人引入歧途的语言结构特征，按照这些模式和特征，我们会把力量当作某个行为者的活动，就如我们把一阵阵闪耀当作闪电的活动那样。尼采认为，后面这种看法源自这一事实：我们说闪电在闪耀。然而，闪耀和闪电无法分离，闪电就是闪耀。与此相当，强者就是他们的所作所为：他们不会既是强者却又不以强健的方式行动。所以，要强者善罢甘休、无所作为是在要求不可能之事。出于同样的理由，弱者并不是自己选择了禁除暴力行为，虽然他们也许会让自己以为事情是这样。而一旦他们认为这在事实上出自他们的选择，他们就有权要求"猛禽要为它们

---

[1] 尼采，《道德的谱系》，第 1 篇，第 13 节。

身为猛禽负责"[1]。自由选择的概念就这样筑入了我们的语法。连用一个主词和一个动词这样的语言结构——例如，某物 a 做某事 x——让我们以为"a 不做 x"虽然不是事实却可以是事实，因为 a 是一回事而做 x 是另一回事，从而可以有 a 而同时它却不做 x。但尼采的论点是：a 就是做 x，因而如果 a 不做 x，那么 a 就不能做 x；如果 a 事实上做 x，那么它就不能不这样做。但是做 x 的方式有许许多多，昨天的野蛮人今天会是苦闷的隐修士，他的力量转而反对他自己。于是，我们的伦理宗教体系是为残酷另辟了通道而不是消除了残酷。只要不消除生活本身，残酷就不可能被消除，因为生活本身就是残酷。

"生活本质上就是占为己有、伤害、压制异己和弱者。生活是压迫、生硬，把自己的形式强加于人……生活就是权力意志……占为己有并非只属于反常的、有缺陷的或原始的社会：它本质上属于有生命的东西，是生命的一种基本机能。它是权力意志的结果，而权力意志就是生活的意志。"[2] 在尼采那里，"权力意志"（will to power）是一个核心的、统摄性的概念。他虽然喜欢使用这一概念，但却很少对它进行分析；因而尼采用这一概念指的是什么并不是很清晰。然而很可以认为，它是生命事物的决定性特性。尼采有时还暗示，它是所有事

---

[1] 尼采，《道德的谱系》，第 1 篇，第 13 节。
[2] 尼采，《善恶的彼岸》，第 36 节。

物的特性[1]：每一事物主掌和改变环境的驱动力。它不等于 conatus，即每一事物维持自身完整的那种倾向："自我保存只是它的一种经常出现的间接后果。"[2] 顺便提一句，就是因为这个缘故，尼采激烈地反对达尔文，尼采的立论是：除非在例外情况下，我们的斗争不是——可以这么说——为了维持一种低限的生存（a marginal existence）；生活不是为存活斗争，而是争优胜的斗争，"生命的普遍面相既不是匮乏也不是饥馑，倒很可以说是富足与丰沛……哪里有斗争，哪里就是在为权力而斗争"。[3] 那么，生命同样也不能被刻画为与自发的趋乐避苦倾向相一致的效用最大化："权力意志是最基本的情感形式，所有其他的情感都只是它的衍生物……人并不追求快乐，倒是当人得到了他所追求的东西之时，快乐随之出现，快乐随附而来，快乐不发动任何事情。"[4] 把这一术语的用法稍加扩展，就可以推得：残酷是生活的必然伴随物。活着，就是要去压倒某些东西，如果 A 压倒了 B，

---

1 尼采在有一处提出了一个命题，把它确切地视作一个形而上学假设："所有主动的力都可以定义为权力意志。"因为"意志本然地只能作用于（affect）意志"，也许，"从内面来看"，世界正恰是"权力意志，而不是任何别的东西"。（尼采，《善恶的彼岸》，第 36 节。）尼采在一段很长的时间中零零星星地加工这一雄心勃勃的命题，在这一题目下给后人留下了一大堆极端晦涩凌乱的笔记，其中很大一部分在他死后由他妹妹——以颇为可疑的方式——编辑成书，题名为《权力意志》(*Der Wille zur Macht*)。

2 尼采，《善恶的彼岸》，第 13 节。
3 尼采，《偶像的黄昏》，"不合时宜的漫游"，第 14 节。
4 尼采，《遗著》，第 750 节。

那就是 B 被 A 压倒了；这对于 B 而言，就是残酷的。

要不是因为道德机制和社会抑制，再加上宗教的加持，弱者自然而然地会在强者的权力意志面前溃败。但尼采认为，强者即使存在，也是罕见的例外："人类像任何其他类型的动物一样产生出芸芸众多的先天不足、疾病、退化、萎弱以及不可免的苦难；成功的例子在人类中只是例外。"[1] 此外还有一个不幸的事实：各个种族中最出色的代表往往没有存活下来，或者虽然存活下来，却融不进社会。"种族并不向着完满生长，"他痛惜地说，"弱者总是压倒强者。"尼采倒不是在缅怀某种自然状态——强健的野兽在那里胜过了那些权力意志不够充沛的同类。他在《悲剧的诞生》中就已经对无节制的兽欲加以拒斥——它过于狂乱可怕，不值得多加思忖。所有这些苦难都没有意义。但是，把猎手和猎物合一的苦行理想却给予苦难以某种意义，使得苦难具有某些积极价值。"人这种动物在此以前没有意义。他在大地上的生活没有目的。'人为了什么？'是一个没有答案的问题。人不知道如何去辩解，去解释，去主张他自己。"[2] 这一点是太清楚了：基督教的理想是敌视生命的，它"与生命的基本前提正相反对"。[3] 对所有宗教大概都可以如

---

[1] 尼采，《善恶的彼岸》，第 62 节。
[2] 尼采，《道德的谱系》，第 3 篇，第 28 节。
[3] 同上。

是说。但即使是一个反对生命的意志,它也还是意志,而"人宁肯意愿无,也不愿无所意愿"[1]。人所反对的不是受难而是无意义地受难,就宗教给予受难意义来说,它也并非全是灾殃。

苦行的理想只是人类推崇的一族理想中的一个,按照这一族理想,人,以及人的整个生活,同某种超越的、据说极有价值的存在比起来没有什么价值。因此,人在对宗教信仰持高度批判精神的同时,仍有可能沾染了宗教对人类生活的贱视。在理性或真理的名义下采取一种反宗教的立场,不过是宗教生活观所体现的同一种态度的牺牲品。因而,苦行理想比初看上去有着更广泛的应用。关于这样的批判者,尼采说:"这种理想是他们的理想","这种人从根本上说并不是自由思想者,因为他们仍旧相信真理"。[2] 正是在这里,尼采自己对知识和真理的见解同他的道德观念联系了起来。他在《快乐的科学》(1886年增订版)的一个关键段落中主张:只要我们仍旧相信真理,我们就依旧是虔信的(fromm)。这就是相信有一个独立于人类创造物的"实在"世界,而"只要人们肯定了这个'彼岸世界'——哦哦,他们不就必然会因此否定它的反面,即否定此岸世界,否定我们的

---

[1] 尼采,《道德的谱系》,第3篇,第28节。
[2] 同上,第24节。

世界吗？……就连我们这些如今明于事理的人，这些不信神的反形而上学的人，也是从那由数千年的信仰点燃的火炬上得到火种的，这信仰是基督的信仰，却也是柏拉图的信仰：神是真理，真理是神圣的"。查拉图斯特拉大声疾呼：上帝死了，而如果上帝就是真理，那么真理也死了。尼采在上面所引的话之后补充道："但假若这是信仰的不断贬值，假若再没有任何东西证明自己的神性，那应该如何呢？……假若上帝却是我们最持久的谎言，那应该如何呢？"在《道德的谱系》中，尼采总结道："从我们否认苦行理想的上帝那一刻起，另一个问题就冒出来了，这就是真理的价值问题。真理意志（will-to-truth）需要一种批判，要以实验的态度提出质疑。"[1] 我们已经看到，这是尼采自己在哲学上的批判性使命。他自己的观点是：没有"真的""实在的"世界，"显相的"世界就是唯一的世界。同陀思妥耶夫斯基的名句遥相呼应，尼采写道："没有什么是真的，什么都可以做。"（Nichts ist wahr, alles ist erlaubt.）而这就是"精神解放"——"因为真理的信仰已受到警告"[2]。如果一切都可以做，那么就能为人类的生活找到新鲜的理想，人生也得以恢复自己适切的尊严。如果世界是，这么说吧，我们造出的世界，如果除了这个世界之外没有别的世界，

---

[1] 尼采，《道德的谱系》，第 3 篇，第 24 节。
[2] 同上，第 25 节。

那么我们就能造出另一个世界,就能随之重造我们自己。尼采觉得他本人,且通过他还有全人类,如今豁然向广大无垠的种种可能性敞开:"在探索者面前,怪诞之事无不可能。这个海洋,我们的海洋打开了。也许还从来没有过如此波澜壮阔的海洋!"[1]

超人和永恒轮回

迄此,我们涉及的主要是尼采哲学中否定性的、破坏性的方面。可以肯定,尼采有一套有关世界、真理、知识和人类心理的肯定性的理论暗中贯穿在他的哲学中。尼采认为应该取代掉那些他曾企图推翻的理论,但他似乎又不情愿或不可能写下一套前后一贯的建设性的理论,因而我们不得不依靠那些暗示和字里行间的提示重新构造这种理论——这些暗示和提示补全了那些极少出现的明明白白的、正面肯定的论述。尼采认为各种认识论伦理学(epistemo-ethical)的主流观点压在我们身上使我们瘫痪,并预言一旦摆脱了这些压力,我们就会有一个光明的未来。然而当我们想要知道这个光明未来的内容之时,尼采即使真是这样一位道德先知,却也始终没能满足我们的愿望。他的著作之一,即他视为自己

---

[1] 尼采,《快乐的科学》,第 343 节。

杰作的《查拉图斯特拉如是说》以将会有什么东西展现在我们面前为题来陈述他的特殊见解；尽管如此，上述那种游移和含混依旧存留着。不难看到，为什么会有成群的精英至上论者、奇谈怪论者、反智者、无知无识者、兽性和本能拥戴者涌向尼采的这部书以及他的各种著作来发掘自己所需。他们当中却没有一个人打算听从尼采在每一转折处都提到的警告和限制。《查拉图斯特拉如是说》几乎悲剧性地体验了自己的副标题——"为所有人而又不为任何人的书"。我们没有独一无二的秘方来破解他的信息，我们在这里能做的也只是强调没有这样的秘方，点明尼采的教诲在本质上是含混的。

历史上的查拉图斯特拉（琐罗亚斯德）相信世界是善恶之间互相冲突的舞台，认为恶是一种客观的力量。尼采的查拉图斯特拉当然不相信这个。但是，既然是查拉图斯特拉最先犯了这一基本错误，尼采说，那么他就应该最先去纠正它。[1] 据称，这就是尼采挑选查拉图斯特拉作他哲学代言人的理由。

查拉图斯特拉宣告了一切价值的相对性：

> 查拉图斯特拉见过许多国家、许多民族。于是他发现了诸多民族的善与恶。查拉图斯特拉发现在这大地上，没有哪种力量强过善与恶……

---

1 尼采，《看哪，这人》，"为何我即命运"，第3节。

> 我发现,太常见了:一个民族认作善的,另一个民族视为草芥和毒疮;我发现,太常见了:此地名之为恶的,在彼处戴上帝王的冠冕……
>
> 是啊,正是人类给了他自己全部的善与恶。是啊,善恶不是获取的,不是发现的,也不似天堂的声音降临人寰……
>
> 迄今为止有千百个目的,因为有千百个民族。缺的,只是一副轭套,套住千百条脖颈。缺的,只是那唯一的目的。人类迄今还没有目的。[1]

查拉图斯特拉把向人类提供这"唯一的目的"视作己任,而超人[2]学说就是为这一目的服务的,"看呢:我教你们做超人!"查拉图斯特拉吟道:"超人是大地的精意。"[3] 但除了拿超人同另外一类人,尤其是同"末人"(der letzte Mensch)相对照之外,实际上尼采对于超人并未予以专门的描述。说到这个"末人",他同任何别人一样,只要快乐就行:"我们发明了幸福!末人说,眨巴眨巴眼

---

[1] 尼采,《查拉图斯特拉如是说》,第1部,"一千个目的与一个目的"。
[2] 我使用"superman"这个熟悉的词汇来对译尼采的"Übermensch"一词,部分地是因为它较为通用,部分地是因为任何一个候选的译词都不见得好多少,至多具有某种消极的价值——避开了"superman"一词的某些纯然附加的含义。"overman"一词不怎么雅驯,意思也不清楚。"higherman"一词也许会是最准确、最少唐突的。但我还是取保守态度沿用了"supernan"一词。
[3] 尼采,《查拉图斯特拉如是说》,"前言",第3节。

睛。"[1] 而查拉图斯特拉像尼采一样,全然不满足于人只是这副模样:

> 人将被克服。你们为克服他做了什么?
>
> 凡生灵必创造某种高于自身的东西。在这洪流中你们甘为退潮、退化为禽兽,还是翻然去克服人?
>
> 人是一条绳索,系在禽兽和超人之间,一条绳索,高架在深渊之上。
>
> 人之伟大,在其为桥梁而非鹄的;人之可爱,在其为 Übergang(过渡)和 Untergang(消亡)。[2]

Übergang 和 Untergang 很难在译文里保持尼采行文的韵脚。但它的意思相当简单:我们只有靠毁掉仅仅是人的存在,才能迈向更高的阶梯。这一概念在本质上就是歌德《浮士德》中的死亡和生成(Stirb und werde)概念,或是《圣经》中谷粒的死亡和生长概念。所以,在某种意义上,尼采所追求的东西同苦行理想所追求的东西几无区别,那就是对我们自己的某种蔑视,即认为我们的价值不在于我们所是的东西,而在于我们通过努力所会是的东西。尼采的理想与禁欲主义的理想之间的不同点在于:尼采对于人的不满,细细听来,并不是无可转圜

---

[1] 尼采,《查拉图斯特拉如是说》,"前言",第 5 节。
[2] 同上,第 3—4 节。

的，也不导致愈来愈甚的自卑自贱。因为尼采并不是把我们当下的所是去和某种我们无法加以比较的、不可企及的理想化了的标准作对照，而是把我们和那种只要努力去实现自己的潜能就可以达到的理想作对照。但要上进，我们就必须摆脱我们自己身上的那种"人性的，太人性的"东西。

不过说了这么多，依旧很难看出那些潜能到底是什么。查拉图斯特拉举出几种他所赞赏的人，但这些人[1]也都是过渡性的人物，是"铺路者"而非超人。在不同时期，尼采先后表示过对诸如博尔吉亚[2]、拿破仑和歌德等人的敬仰；我们曾提到他对本能健旺、体魄强壮的"主人"类型人物鲜加掩饰的倾慕，那些人身上充溢着旺盛的权力意志。尽管他们非常可能展示了尼采所倾慕的这种那种品性，但把任何这种典型人物当作超人都是一桩错误。查拉图斯特拉说道：

> 狂荡的心胸，冰冷的头脑：两者在哪里相聚，哪里就卷起狂飙，这"救主"。
>
> 是啊，这一起一起迷眩的狂飙，当真比世人称救主的更雄伟，更尊贵！
>
> 还有你们，我的弟兄，如果你们要找到通向自

---

[1] 尼采，《查拉图斯特拉如是说》，"前言"，第4节。
[2] 博尔吉亚（Cesare Borgia, 1475—1507），意大利枢机主教，著名政客，达·芬奇保护人之一。——译者注

由的路径，必为这比救主更雄伟者所救赎！

尚未有过一个超人。我见到的两个，一丝不挂，巨人和侏儒：

他们彼此还太过相像。是啊，即使这巨人，我也觉得——太人性了！[1]

假如我们愿意，我们可以把这认作超人的一幅肖像：火热的心胸加上冰冷的头脑减去人性的、太人性的东西。而这一形象在某种意义上与狄奥尼索斯精神和阿波罗精神交汇而成的希腊悲剧在其鼎盛时期的成就遥相呼应。查拉图斯特拉，可想见就是尼采自己，呼吁说，我们牺牲自己（Untergang）以便造就一种更高级类型的人（Übergang）。这种消亡和过渡的机制就是权力意志。但我们究竟要采取什么切实步骤来进行，他缄口未语。他只是从否定的方面说，当代的制度看来有害于超人的形成，它冷却心胸又迷醉头脑，还留下了一堆人性的、太人性的垃圾。

关于超人的训示强烈地提示了尼采赞同这样的观点：人有可能达到越来越高的水准，而超人就是人类向它趋就的极限，正像人性的、太人性的东西趋向零点。从这里出发，人们也许会推出对某种创造进化论的赞同，只要可供人类利用的基本物质条件在任何特定的时间都

---

[1] 尼采，《查拉图斯特拉如是说》，第2部，"教士们"。

不至于过分恶劣就行。不过，人类也可能退化到连上进的机会都不再存在的田地：一切都被拉平，一切都彻底地变得平庸。尼采当然不会无视这种可能，实际上他视之为紧迫的危险。是的，这就是"末人"的危险。尼采认为这种危险使他的训示具有某种紧迫感：

> 是时候了，人去为自己建树一个目标。是时候了，人去栽培他最高希望的萌芽。
>
> 为此，这土地尚够肥沃。但有一天终会到来，贫瘠、衰竭，从中再不能有巨树生长。
>
> 哦！这天来了，人们不再射出渴望超出同类的箭，弓弦忘掉了飞矢的鸣响！
>
> 哦！这天来了，人不再能孕育星辰。哀哉！最卑下人众的时代来了，他们再不会去鄙视自己。
>
> 看吧！我为你们昭示末人。[1]

打个比方说，熵在增加着，但这并不是不可避免的。这样我们得到一幅有其上限和下限的人类历史画卷，向上还是向下，这要由我们决定。但我们发现正是在这里，我们难以使这种观点同尼采的另一种论点协调一致，那就是永恒轮回学说——尼采珍爱这一理论也许超过他的任何一种其他想法。

---

[1] 尼采，《查拉图斯特拉如是说》，"前言"，第5节。

粗略地说，永恒轮回的观念是指现在实际上发生的无论什么事情都曾无限多次发生过，并将无限多次重复发生，而其发生的方式都与现在发生的方式完全相同。因而，严格说来其实并不存在"末"人，倒是有无数次的末人。并且严格说来也不存在独立的尼采其人，倒是有无数个完全相同的尼采们，彼此为镜像，贯穿于时间的长河中。就像教人们做超人一样，永恒轮回的学说也是由查拉图斯特拉教诲的：

> 你会说："现在我死去，消失。"你会说："一瞬间，我是虚无。"灵魂有死，一如肉体。
>
> 但是我纠缠在其中的因果绳结周而复始——再一次创造了我。我自身属于永恒轮回的原因。
>
> 我又来了，与这太阳、这大地、这鹰、这蛇一道——并非来到新的生活，并非更好，也非近似：
>
> 我永恒地一再来到这同一的生命，连同它全部的伟大和渺小，并且一再训示这万物的永恒轮回。[1]

这里且不去讲这个观念有许多内在的困难，只要想到尼采似乎赞成的那种激进的约定论，而且在《查拉图斯特拉如是说》发表以后似乎仍旧赞成这种约定论，我们就很难了解这个观念究竟是怎么回事。事物据称只是

---

[1] 尼采，《查拉图斯特拉如是说》，第3部，"痊愈者"。

虚构，是把固定性任意投射在无标记的洪流（flux）之上；即便有事物存在，按其本性，也不会有两个是相同的；法则只是约定，完全是人的发明；世界里并没有原因和结果；所有这些命题，虽有些小小修订，却似乎是尼采一再加以坚持的。他把轮回说当作种种假说中最科学的一种，并且当真在科学中为它搜寻证据。然而，依照他对科学的看法，这一"法则"作为科学的一部分就应当是一种约定的虚构。然而，轮回的观念使他深为激动，所以我们必须试着确定，他究竟有什么理由来支持这一学说，设若这些理由是有效的，那他对于这一学说的态度又究竟如何？即是说，从实用主义态度来看待这个问题，我们必须弄清楚这一学说的真或假对尼采会有何种不同影响——尽管他很少考虑到这一学说可能会是假的。在尼采最初几次提及这一学说时，曾有一次相当清楚地透露出他的想法：

> 某一天或某一夜，倘使一个精灵悄悄跟着你，在你绝对孤寂的情况下，对你说："你所过的和你曾过的生活必是你原曾经过的，且经过了无数回；这种生活中不会有任何新东西，每一痛苦与每一欢乐、每一想法与每一哀叹、在你生活中无分巨细不可言说的一切，都无不再回返到你，以相同的顺次和序列……这永恒的沙漏将一而再再而三翻转重来——你，尘埃中的尘埃，随之翻转重来！"你难

道不会因这精灵对你这样说而跌翻在地,切齿诅咒它?但也许你会经历一个巨变的时刻,这时你对它说:"你是神明,我还未尝听到过比这更为入圣的名言!"[1]

在尼采发表的作品中,这一学说总的来说是以这样一些怪诞的语汇来表达的,或者只有暗示,或者有些晦涩的陈述,没花费特别的努力进行论证和证明。也许尼采后来渐渐相信自己已经证明了它:常有这种情况,某位哲学家提纲挈领地表述出某种理论,后来在他的著作中就径自把它设为前提,甚至没有再做出更详细些的阐发。不过,尼采确实留下了某些意在提供论证的段落,它们撰写于1881年左右,也就是他在写作《快乐的科学》的时候。以下的摘录也许是尼采在他的《遗著》中对这一理论最为详尽的阐述:

> 能量的总和(All-kraft)是有限的,而不是"无穷无尽的":我们要谨防在概念中的这种过度!因此,尽管能量的状态(Lage)、联合、改变和转化(Entwicklungen)为数极大,事实上无法度量,但仍然,它们都是有限的而不是无限的。然而这一总能量在其中运行的时间却是无限的。这意味着能量

---

[1] 尼采,《快乐的科学》,第341节。

永远是同一些能量并且永远在运行。在现在之前已经逝去了无限的时间。这意味着一切可能的转化必定都已经发生过了。因此,现在的转化是一种重复,引发转化的也是一种重复,由转化产生的也是一种重复,如此循环往复一再重复!能量状态的总和(die Gesammtlage aller Kräfte)总是一再重现,一切都发生过无数次。……[1]

这是一段极为晦涩的文字,其中曾两次出现的"因此"也颇令人费解:这两个"因此"是行文上的还是一种逻辑关系呢?我想是后者,因为这段文字是当作论证拿出来的。但它说到底只是薄弱的论证。我们试着来重组这个论证。我们先列出尼采认为各自为真且相互关联的三个命题:

(1)宇宙中的能量总和是有限的。
(2)能量状态的数目是有限的。
(3)能量是守恒的。

这些命题显然是相互独立的。(3)之为真可与(1)之真或假共存,反过来也一样。又,即使(1)和(3)皆为真,(2)也可以为假。尼采似乎认为(2)是由(1)

---

[1] 尼采,《尼采文集》(莱比锡,1901),第12卷,第51节。

得出的，但实际上并非如此。他肯定没有明确规定"状态"一词的用法，而没有这一限定确实就很难弄清（2）是真的还是假的。但依照对"Lagen"（状态）一词的一种完全自然的解释，完全有可能（1）和（3）为真而（2）为假。让我们设想一个能量守恒系统，其总能量是个有限的数额，比如说 6 吧。总能量中有一部分为动能。再让我们设想动能增加则势能相应减少，其情形是动能趋近于 6 而势能趋近于 0。变化可以是无限接近却始终未达到这两个极限，于是，原则上可以有无限数目的动能"状态"，在每一特定时刻，动能的大小都不同，每一个动能总量的大小都不会重复出现。在这一模式里，（1）和（3）会是真的而（2）会是假的。因而我们必须认为（2）是独立于（1）和（3）的。[1]

但是（1）（2）（3）合在一起如何能推出任何一种状态（Lage）都发生无数次呢？回答是：不能。我们还需要：

（4）时间是无限的。
（5）能量无限延续。

---

[1] 古代的宇宙循环论有时主张原子的数目是有限的，由此推出原子组合的数目也是有限的。这当然是无可指摘的，但尼采把原子论认作一种虚构而予以抛弃。他用以替代的是总能量（All-kraft）和状态（Lage）。从"和是有限的"显然无法推出"部分是有限的"。数列 1+ 1/2 + 1/4+1/8... 的和是一个有限数字 2。但由它却不能推出这一数列中项的数目是有限的。

现在，让我们假设一共只有 A、B、C 这三种能量状态。再假设每一种都在某段有限时间以前首次发生，比如分别发生在 t-3、t-2 和 t-1。假如在这三者中，A 最早首次发生，发生在 t-3。那么在 t-3 之前，我们的模式所设的三种可能状态就没有一种能够存在。但是从（4）推得，在 t-3 之前必定有时间。从（5）推得，在 t-3 之前必定有能量。而从（3）推得，在 t-3 之前和 t-3 之后，总能量是相同的。然而根据我们的假设，A、B、C 是仅有的能量状态，所以，只要有能量存在，这三种可能状态中就至少有一种必定存在。因此，这三种状态中至少有一种必定在 t-3 之前存在，否则——意思还是同一个意思——这些状态中就没有一种会首次发生。因此，它们中至少有一种必定曾发生了无数次。但是我们并不知道它是三者中的哪一种。而且，撇开这一点不谈，到此为止我们至多能证明的不过是，它们之中有一种曾发生过无数次，而这与其余两种只发生过有限次数的可能性并行不悖。

假设在 B 发生之先 A 曾发生过无数次，那么 B 就标志着时间上的一个分界点，在这一点之前，A 曾无数次发生。但是说 A 发生了无数次却没有任何别的事情发生，这是什么意思呢？说它是一无限延续的事件不是更适切些吗？尼采会排除这种说法，因为这构成了一种均衡，他的看法是：一旦达到均衡，均衡就将永远持续下去。如果贯穿无限的只有 A，那么就不会有任何东西导致变化，因为除了 A 之外什么都没有，而要从外部引进某种东西就会破坏（3）。因此我们需要补充：

（6）变化是永恒的。

最简单的变化将是 A 与 B 这样一对事件的交替。根据我们的模式以及（1）到（6），我们可以证明，至少有两种状态曾经发生过无数次。而这仍旧与三种可能状态中有一种只发生过有限次数这一点不相矛盾。现在假设我们有一无限的交替…A-B-A-B-A-B-A-B…而在一新的交界点上发生了 C，那么，C 在一段有限的时间以前曾首次发生。迄此，尚无任何事情与这种可能性相矛盾。但是，倘使我们做些补充，如：

（7）充足理由律。

那么，我们也许能排除 C 具有首次的发生。这说的是，现在 C 必须要有一充分的条件才能发生。这个条件不是 A 就是 B，因为只有 A 和 B 是我们的模式所认可的。既然 A 和 B 各自都发生过无数次，那么无论它们之中的哪一种是 C 的充分条件，C 都必定发生过无数次。

通过反复运用这些条件，我们能够给我们的模式增加任何有限数量的能量状态，并且证明，任何状态都不曾有首次的发生。同理，在将来也不会有任何状态首次发生。我们恐怕不会把这视作对不能从无中(ex nihilo)生有的证明；因为我们的(3)(4)和(5)在很大程度上已经假定这一点了。

我们可以再用混合先天命题和经验命题——这些命题中的每一个都独立于其他命题，每一个都能单独地被否定——的方式来重构尼采的论证。但在此不宜做进一步的讨论了，我们要转到另一个问题上来：为什么尼采认为永恒轮回这一学说如此重要。

首先，这一学说与历史整体过程趋向于某个目标并具有某种"意义"的观念不相容。因为，设若 G 为这一目标，那么，G 要么永不会发生，要么发生过无数次。因此，接受这一学说意味着拒斥关于历史的某些宗教性解释。另一方面，这一学说并不是这些解释之外的唯一选择，它和"每一重复的发展均有一目标"这种可能性是相容的。

其次，这一学说可以支持某种类型的乐观主义。因为不可能存在持恒不变的状态，不存在能 A-A-A-A... 来刻画的无限，因此，"末人"并不当真构成查拉图斯特拉所设想的那种危险。然而，根据同样的评判标准，这一学说也能支持某种类型的悲观主义。可厌的形态将一再发生。不过，按大乘佛教的某些宗派的讲法，每当宇宙循环的周期到了一个危机时刻，总有一位佛降生；尼采也是如此，一次又一次，每当人类降到最低点时，就有一个尼采出现，加诸他的同类新的驱策。我们都要死去，又都再生，且再死去，这要紧吗？答案是，不要紧。要紧的是努力，是权力意志，是克服的欢乐，这并不是因为它们将带来什么，而只是因为它们自身。当我们像西西弗斯[1]一样看到我们必将一而再再而三地重复同样的事情，一切目标就会从根本上变得不再那么重要。而人就应该"相应地"因为努力本身而珍爱它。"说到人类的伟大，我的格言是爱命运（Amor Fati）：人不应希冀事情是另一个样子，在永恒的全体之中，无一事前移，无一事推后。"[2]

尼采在写作《快乐的科学》的那个时期写道："我的学说讲的是，你们要这样生存，竟至你们必须渴求再度这样生存。这是你们的职责。无论如何你们还将再度生存。无论谁，只要奋争赋予他最伟大的情感，那就让他奋争。只要静息赋予他最伟大的情感，那就让他静息。只要守序、追随、服从赋予他最伟大的情感，那就让他服从。他只须明了是什么赋予了他最高的情感，不惜任何手段！为了永恒，值得这样！"[3] 去如此行动（或去如此存在），就像你将愿意无数次以同样的方式去行动（或存在）。按照这种方式，人们也许会感到自己摆脱了怨恨。

---

[1] 西西弗斯（Sisyphus），希腊神话中科林斯国王，以狡黠著称。被罚推巨石上山，石每近山顶又滚下，复推上山，就此重复不止。——译者注
[2] 尼采，《看哪，这人》，"我为何如此聪明"，第10节。
[3] 尼采，《尼采文集》（莱比锡，1901），第12卷，第116节。

每个人认可他自己,我们每个人就将互相认可。用存在主义的话来说,这是向本真生存的呼吁。虽然确实难以解释,为什么离开了永恒轮回的学说就不能做出这一呼吁。但尼采似乎觉得,这一学说的确排除了另一种不一样的生活的可能性,就说天堂中的或地狱中的生活吧。与那另一种生活相对照,尼采争辩道:请想一想永恒轮回学说将会让人何等心扉洞开啊! 他补充说:"让我们把永恒的形象印上自己的生活。"[1]他让我们想一想"永恒惩罚的学说曾带来了何等的后果!"[2]而"此生就是你的永恒之生"。[3]

---

[1] 尼采,《尼采文集》(莱比锡,1901),第12卷,第124节。
[2] 同上,第119节。
[3] 同上,第126节。

存在主义[1]

麦金太尔

克尔凯郭尔（Søren Aabye Kierkegaard）1813 年生于哥本哈根。他在父亲的严格管教下长大成人。他父亲相信自己在上帝面前罪孽深重，因此少年克尔凯郭尔比大多数孩子更早地、更强烈地习知罪过与悔罪的观念。他在哥本哈根大学逐渐熟悉了黑格尔主义，但他很不喜欢这种主义。后来他在德国深造，放弃了为获得路德教牧师职位的必修课程。经历了一连串事件后，他终于解除了同瑞吉娜·沃尔森（Regine Olsen）的婚约，从此便献身于他自信为其神圣使命的事业：即表明怎样才能做一个基督徒。他经常使用化名，并经常对自己的作品进行抨击，从而有意地把自己的活动尽可能做得与个人无关。尽管如此，他在哥本哈根还是由于自己的怪意奇行而渐为人知，幽默报纸《海盗》（*The Corsair*）把他

---

[1] 译文原载于：D. J. 奥康诺主编，《批评的西方哲学史》，第 28 章，东方出版社，2005。——译者注

画成了漫画，安徒生也讽刺过他。人们曾用极其可疑的证据断言他是个驼背，对他那种内向而又好争的天性，也曾经流行过种种可疑的心理学解释。在临终之前，他着手进行一场反对丹麦国教的公开论战，并拒绝路德教牧师为他施行涂油礼。他在政治上是个保守分子，支持对1848年群众运动的镇压，死于1855年。

海德格尔（Martin Heidegger）1889年生于巴登的梅斯基尔希；他受教于弗赖堡大学，是胡塞尔的学生。在他的第一部著作中可以看到他的天主教教育。这是一部根据胡塞尔思想而进行的司各脱（Duns Scotus）研究。1927年出版的《存在与时间》就是题献给胡塞尔的；他在那里做出了自己的尝试，力图超出胡塞尔的学说。1933年希特勒上台。海德格尔加入纳粹党，成为弗赖堡大学的校长，并在一次就职演说中拥护新政府。当时他否认自己与胡塞尔的关系（胡塞尔是犹太人）。他不仅赞誉摧毁学术自由的活动，并且还参与了这一活动。后来，他自动去职退隐，从而结束了这段为期不长但令人不快的插曲。纳粹统治的其余时期以及1945年后的一段时间，海德格尔隐处山间。此后他重返讲台，把他的学生限制在一个狭小圈子里。他发表的著作用的是极为隐晦的语言，而另一方面，批评讨论是极为自由开放的，这两个极端共同反映了一种特殊形式的哲学生活。

萨特（Jean-Paul Satre）1905 年生于巴黎。他在巴黎和柏林攻读哲学。有一短时期在勒阿弗尔的一所公立中学任教。1939 年加入法国军队。这一时期以其战俘生涯告终；正是在这一时期里，他决心成为一个为民主事业奋斗的作家。他战前的哲学著作及第一部小说《呕吐》（*La Nausée*）体现了海德格尔的影响与科耶夫（Alexandre Kojève）所授的黑格尔课程的影响。他战时与战后的戏剧对罪过、责任、自由等问题表现出富有想象力的关切。战后时期，萨特的主要事业是《现代》（*Les Temps modernes*）杂志。他是一个小型独立的社会主义政党的奠基人之一，这个党于 1948 年与共产党联合，但又在冷战的压力下解体。他从不是共产党员。他因共产党令人困惑的理论及其政治上、道德上的失败而对它进行批评，但他常把它视为法国政治中唯一的激进力量。他显然更喜欢一种飘然无定的生活方式，也就是所谓咖啡馆的生活，而不是资产阶级安乐窝的生活方式。他的著作有时是未完成的：许诺的种种第二卷难得出现。《自由之路》（*Les Chemins de la Libertè*）系列小说的最后一部虽经宣布，但似乎从未落笔。有一段时间，他是加缪的挚友，但在冷战时期他们分道扬镳。西蒙·波伏娃的回忆录中保存着有关青年萨特的精彩叙述。

* * *

"我不是存在主义者"——雅斯贝尔斯这样说,海德格尔也这样说。一方面,连这些关键人物都拒绝接受存在主义者的称号;另一方面,他们的追随者却又把它加给圣奥古斯丁与梅勒(Norman Mailer)或帕斯卡尔(Blaise Pascal)与格里戈(Juliet Greco)这些彼此迥异的人物。因而,要想为"存在主义"找到一个普遍适用的定义就几乎不可能了。能为所有这些被叫作存在主义者的人所共有的特征,也许连一样也找不出来。即使简要地陈述出那些关键人物中的某几位所共有的教义,对我们肯定也不会有多少用处。任何公式,即使其广度足以包容克尔凯郭尔与萨特的思想,包容海德格尔与马塞尔(Gabriel Marcel)的思想,即使它对我们的意图来说又足够精要,但若离开了这些思想家各自为它提供的解释,这个公式仍然会是没有意义的。就以"存在先于本质"为例吧,它就像大多数脱离了上下文的哲学名句一样,恐怕会有太多的解释。而且,就因为用这样的公式来定义存在主义,人们才得以为了论战而把陀思妥耶夫斯基与阿奎那都描述成了存在主义者。那么我们将如何着手确定这片领域呢?

有些作家——例如巴雷特(William Barrett)——曾试图把存在主义描述为反叛理性主义运动的一部分。这一反叛运动反对启蒙运动,反对演绎形而上学,反对马克思主义，反对实证主义。但这充其量只是危险的片面真理。它为强调差异之处而无视相似之处。萨特的社会哲学是启蒙运动的嫡传之一，他的伦理学同盎格鲁－撒克逊分析哲学的伦理学亲缘至近，他的晚期著作公然自称是马克思主义的。克尔凯郭尔的英雄是苏格拉底，实证主义似乎广为称道雅斯贝尔斯。这种就历史性质来加以描述的方法消除并无视事情的复杂性。不仅如此，每一个主要的存在主义哲学家之所以被标记为存在主义者，总有一部分是因为他自己强调出了什么东西是他的思想所特有，而不是为其他人所共有的。费希特说过："哲学如其人。"存在主义哲学活动的一个标准就是当事人被带入了画面，他的哲学之所以得到推崇，部分地就因为这哲学是他自己的。而天启式的宣告，与自我戏剧化这些可悲的倾向，也由此而来。

所以，讨论存在主义的时候，要确定主要是哪些人规定了一种特殊的理智连续性，从而选定一张名单，就难免会有点儿专断。这些名字中有些是自然入选的：克尔凯郭尔、雅斯贝尔斯、海德格尔、萨特；有些则由于他们同更重要的名字的关系而入选，例如布尔特曼（Rudolf Bultmann）与加缪。从何时何地开始却不成问题：时间是1813年，地点是哥本哈根，事件是克尔凯郭尔的诞生。

克尔凯郭尔对基督教与伦理学的解释

克尔凯郭尔认为他负有一项独一无二的使命,这种意识把他的生活与他的著作连接起来。他同他受罪孽感折磨的独裁主义的父亲的关系,他被解除的婚约,他对基督教与教会的两难处境——他在自己的著作中表达出了对这一切经历的心得体会,而这也就是在履行自己的使命。后面提到的那类两难处境的形式致使他得出结论说:只要涉及人的存在,真理就不可能由客观的考查或论证加以把握。在数学与自然科学中,客观考查与论证确有其地位。但涉及为何生活的问题,它们就没有用了。在这种场合下,理性论证所能做的无非是介绍某些选择,提供某些可供选择的事物。他的著作所取的形式部分地就是这样一种介绍。他用笔名隐藏起如下事实:分别力主那些相反相克的选择的,其实是同一个人。要获得真理,我们只有在种种教条之间进行选择,而我们对这些教条并不能提出在逻辑上具有强制作用的论证。因为举凡论证,无不是从前提导出结论,而这些前提却又有待证明。如果这些前提本身就是从某些在先的前提导出而来的结论,那么那些在先的前提又需得证明。这样,我们无可避免地会达到某一点,在那里所需的不是论证而是决断。

在克尔凯郭尔自己看来,这一学说最重要的应用在于对本真基督教的描述。他否认"基督教的反对意见来自怀疑"。他认为这些反对意见来自"不甘听命、不愿服从、对一切权威的反叛"。由此可知基督教护教主义是一种错误。但它还不只是错误，它是基督教本身的一种矫饰；对于具有日常理性的人或哲学家，基督教必须显得荒唐悖理。不过，我们若把这种荒唐悖理认作不过是一种非理性主义那就错了。相反，克尔凯郭尔断言基督教之必然显得荒唐悖理，乃是从我们不得不加以选择的两种可能的真理与理性观点之中的一种推导出来的。《哲学残篇》勾勒出了这两种观点。该书从柏拉图《美诺篇》里苏格拉底提出的悖论入手：我们如何可能认识事物？要么我们已经认识了要去认识的事物，要么还不认识要去认识的事物。但若我们已经认识它，那就不会才刚去认识它；若我们还不曾认识它，那我们何以得知我们发现的事物就是所欲认识的事物？苏格拉底对这一悖论的解决是，实际上，我们从来不是去认识我们以前一无所知的事情，事实上，我们倒是回忆起自身曾有一度知道而又忘却的事情。真理沉睡在我们内部，我们只需把它明呈出来。克尔凯郭尔在苏格拉底的这一学说中看到了自柏拉图迄黑格尔的哲学假设：人的理性中不包含有把握真理的能力；而在某一特定场合下使真理明呈在我们眼前的东西则是偶然的（恰巧是这位导师把它点明而不是那位导师）；教导就是把原本已经存在的东西点明出来。然而，克尔凯郭尔争辩说，我们不止可以设想这样一种可能性，我们还可以设想对真理陌无所识，并且人类理性的资源不足供我们把握真理。那么，真理就一定是由一位导师从外部摆到我们眼前的；这位导师能够使我们脱胎换骨，终致使我们能够从他那里接受真理。这样一位假定的（ex hypothesi）导师必然不只具有人性。然而假如他要来教导我们，那他将以什么面貌出现呢？他必得以一个人的面貌出现，这样一个人——他影响我们，不是靠他的仪表或权势（否则那就不叫教导我们而是眩惑我们了），而只靠他自己与他的教导。因此，他必然要以一个仆人的面貌出现。于是，克尔凯郭尔从这一假设演绎出上帝现形为人发布启示的必然性。克尔凯郭尔说过，关于人类理性同真理的关系有两种可供选择的假设；他强调说，他所做的无非是追寻两种假设之中的一种所导致的结论，这就更增强了其用反语方式掩蔽起来的对基督教教理的暗喻。至于他所追寻的那一假设是不是真的，他无法擅言。他不过是任我们要么去选择柏拉图风格的或黑格尔风格的哲学，要么去选择基督的启示。

《哲学残篇》一书的文笔很漂亮，这可能使我们忽视其中一个真实的要害问题，那就是柏拉图在《美诺篇》里用中心例证所证明的真理，乃是几何学的真理，而克尔凯郭尔恰恰对这种真理不感兴趣，这正是他思想的一个特点。仅仅注意到这一点，他对这两种选择的描画就丧失了折服人的力量。不仅如此，因为我们即使选择了基督教，在克尔凯郭尔看来，我们所选择的又是什么，这仍然是个问题。基督教是什么？基督教是内在性，而"内在性是个人在上帝面前对他自己的关系"。由此又衍化出基督教所设的受难方式。对于信仰者，基督教是受难之事，因为它将把他带到一位上帝面前；在那里，对信仰与行动的命令侵凌于他的日常生活标准，而按这些标准判断，侵凌于其上的命令恰是荒诞不经的。内在地接受这种荒谬，这并不外在地表现出来；信仰的仆从外表看起来就像是个税吏。在《恐惧与战栗》里，克尔凯郭尔考察了那种超出公众日常道德标准的行动；然而这种行动却同信仰的内在性相协调，因为它服从于一种神圣的旨意。显然，他心里想到的是他自己和瑞吉娜·沃尔森解除婚约一事，他把这件事解释为他要去从事一项神圣的使命；而实际上他讨论的却是亚伯拉罕与以撒的故事。上帝命令亚伯拉罕牺牲他的儿子，这一命令不仅有违心愿，而且有违义务。上帝命令亚伯拉罕牺牲以撒，而亚伯拉罕却爱以撒，这便是此事所以是一种牺牲的原因之一。但是，亚伯拉罕还必须同时破除义务。他对上帝的信仰能够使谋杀变成神圣的行动而非一种罪行，于是在最高的人类良心与貌似荒谬的神圣旨意之间就有了一道裂罅。但若说在这里克尔凯郭尔所强调的是伦理事物与宗教事物的分界线，那么在别的一些地方，特别是在《非此即彼》那部书里，他又对宗教事物与伦理事物大致相同看待，以便把这二者或单把伦理事物同他称之为"美学事物"的范畴相对照。美学生活是一个在自己的快乐之外别无标准的人的生活。这种人的敌人是痛苦，尤其是厌倦。伦理生活是义务的生活，是具有道德标准的生活，这些标准不容个人情趣破例。浪漫的爱情是美学生活的典型，浪漫爱情唯随倾慕之情而存，且又永远飞逐新的满足。婚姻则是伦理生活的典型，它服从于不可推卸的约束与义务。在《非此即彼》里，美学生活的案例是由某匿名"A 君"提供的，伦理生活的案例则由某位年事稍长的"威廉法官"的信件提供。这两个案例互不相关，因为"A 君"是站在美学立场上对美学生活与伦理生活进行判断，"威廉法官"则站在伦理立场进行判断。然而又没有一种判断标准能高于美学立场与伦理立场双方，能有的无非是读者自己的选择。关于这点，读到《非此即彼》时却不能不产生怀疑。

因为，克尔凯郭尔一方面坚持说伦理生活与美学生活之间的选择是终极的，不可能由标准摆布，因为这种选择本身就是标准的选择，但另一方面他对这两类生活的描写又不是中立的。他所描画的美学生活本质上是这样一种生活——遨游其间令人兴高采烈、满怀希望，然而实际达到终点便兴味索然。所以，美学生活所涉及的是一些可能性，这些可能性一旦实现便失其要领。然而，只因为它们不会不以这种结果实现，所以克尔凯郭尔才能把心灵的最高美学状态描写为"富有想象的内向性，它唤醒了诸种可能性，这些可能性充满激情，充满着用失望把万有葬入虚无的辩证力量"。相反，伦理生活的要点不在于将来而在于现在,不在于可能而在于现实。所以克尔凯郭尔在同一段落里把伦理生活描写为"清静刚直而又无止无休的坚毅之情",它"从事牢守谦和的伦理工作"。[1] 他坚持说他把"A 君"写得比"威廉法官"更聪明,这时他的确在无意中透露了他相信其中一例可以比另一例显得更有说服力。不过,问题不仅在于这种选择的描写不曾框在中立的术语之内,还在于他时常明确断以一种选择可以比另一种更为正当。有时候他说人们所做的无非是选择而已,有时候他又说人们在进行选择的时候必须态度认真、情感充沛,这才能保证选到正当的一方。于是乎克尔凯郭尔等于同时要为两种观点辩护:其一认为在美学生活与伦理生活之间进行选择时并无标准,其二认为在某种意义上我们可以说一种选择比另一种选择更为合适。我们可以假设,当他说伦理生活将更为人所愿的时候,他是从伦理观点发言的;而当他说选择无标准的时候,他则是同时从无伦理观点和无美学观点发言的。这样我们也许能够补救他的不一致之处。但我们不清楚事情是否就是这样,即:当他说到自己的"观点"时其实说的是动机而不是谈"观点"。在这一点上,他可能具有的不一致之处归根到底只是两难处境的一种实例——凡认真理为主观性的人都一定会陷入这类两难

---

1 克尔凯郭尔,《最后的非科学性的附言》,D. F. 斯温森、W. 劳里英译,普林斯顿出版社,1941,第 228 页。

处境。这种两难如下。

如果我主张真理是主观的,那么我将给这个命题的否定式何种地位?如果我提供论据驳斥这一否定式,那我等于承认存在着某种标准,根据这种标准便能证明真理的真确性。如果我拒绝提供论据,因为我认为在这种场合下归根到底既无论据亦无标准可言,那么我似乎陷入了如下观点:就真理而言,任何充满主观情感的观点都同别的观点一样具有保障,其中也包括认为真理不是主观性的那种观点。克尔凯郭尔不正视这种无法回避的两难处境,结果他终于落入这种困境之中。这一困境的缘由之一在于,他把主观事物与客观事物的区别,同当事人的立场与批评者或旁观者的立场的区别等量齐观,从而混淆了问题。

克尔凯郭尔热衷于强调,个人要把他在世界中的地位理解为一种不偏不倚的旁观者的地位,或是一种理想的而非个人的旁观者的地位,就不可能不造成虚矫。个人永远是而且必然是参与者。所以,个人的生活就是一连串决断。美学阶段、伦理阶段与宗教阶段之间的关系并不是那样的:好像追求某一阶段的个人总发现他恰恰被他所追求的东西的逻辑(力量)推动,而向着另一阶段过渡。然而,在《精神现象学》与《逻辑学》中,黑格尔描画人生诸相续阶段的时候恰恰是这样说的。克尔凯郭尔相信,黑格尔能够这样做,而且不得不这样做,因为他所描画的个人被纳入构成宇宙的理性体系之中,因为他所描画的哲学家既然把这一体系看作无时间性的整体，从而就成了不偏不倚的旁观者。显然，这既是克尔凯郭尔自己对黑格尔思想的解释，又是他不得不反对黑格尔思想的原因。

克尔凯郭尔与黑格尔的关系

对克尔凯郭尔来说，黑格尔是成熟期著作中的黑格尔，特别是柏林时期的黑格尔。黑格尔主义是一种把宇宙理解为相互勾连的一套逻辑范畴的哲学。这些范畴代表了绝对理念合理的自我发展的不同阶段。人类历史的每一时期都是某种这类阶段的体现，思想史，尤其哲学史，乃是理念逐步自我意识到自己的合理本性。任何东西一旦在理念系统的发展联络中得到理解，它的发生就不是偶然的或任意的。黑格尔哲学就是这种联络的合理的整体性解释。理性论证是一切事情的裁判，因为理性与实在完全是一致的。理性的狡计甚至于使那些反对理性的人也服务于理性的目的。这就解释了，在黑格尔看来，哲学家在何种意义上客观地面对实在，并把实在视为一整体。对克尔凯郭尔来说，这种哲学观殊无可能，因为哲学家也处在他所言及的实在之内。哲学家必然从一种特殊的、有限的、偶然的立场来发言，他的真理不可能是非个人的、客观的或必然的。他不可能既在他所言及的宇宙之中作为当事人,又作为一个旁观者来把握这个宇宙。但为什么不可能呢?当事人往往可以明智地从他的立场出发,尽可能不偏不倚而非个人用事地看待宇宙。若说我们永不能超越自己的直接观点,这作为经验事实来看根本就不是那回事。不能超越自己直接观点的当事人往往不如那些能做到这一点的当事人成功。假设克尔凯郭尔打算让人们在通常意义上听取他的话,那么他所说的显然不对。他又怎么会这么说呢?答案肯定是,他的词汇深受其试图加以驳斥的黑格尔主义的影响,他所用的"客观的""主观的"这类术语离开了黑格尔主义的文本就无以得到理解。然而他既然借用某种黑格尔的语汇来攻击黑格尔的观点,就会陷入某种倒错的黑格尔主义。而这不仅是语汇问题,同时也是实质问题。因为在形形色色的人类经验的画廊里,即在《精神现象学》里,已经可以找到克尔凯郭尔的人性概念。克尔凯郭尔笔下的人是真理的异体,他不得不寻求真理;而真理既是在他之外的一种客观实在,同时他又只有通过对自己主观内在性的经验去领会真理。这样一来,他就极其忠实地复制出了黑格尔称之为"不幸意识"的那幅画面,虽然他的忠实肯定不是有意的。[1] 他原想驳斥黑格尔,结果却停留在黑格尔的某项学理之上,而黑格尔本人曾把这项学理认作向黑格尔主义哲学发展的一个阶段。克

---

1 《精神现象学》,第四节,B。

尔凯郭尔相信自己的思想表达了纯正的基督教的立场，而黑格尔则把自己所描绘的这类态度看作在历史上与基督教同一的阶段；既然如此，两人的一致处或许就不足为奇了。然而，在这里停留一下还是值得的，因为黑格尔的观点后来竟被发现留存于存在主义作家那里，从而他的观点或许能帮助我们理解存在主义思想的某种不稳定性质。

黑格尔的出发点是，人在理性与知识方面的增长不是简单的叠加过程，而是矛盾与超越矛盾的过程。人的主体在这一过程中通过异化（Entfremdung）向同化（Aneignung）运动。在某些情况下，人们不曾如其本然地认识人类社会生活与思想的产物，而是错误地赋予这些产物独立的力量与实在性。所有这些情况都包括在异化概念之下。尽管这些产物实际上同我们有切肤之亲，它们却显现为异化物。人们对道德法则所持的态度就是一个例子。实际上道德法则表达了人的理想与规范。它是某种由人造成的东西。然而人们把它看作客观的权威，外在于自身，而他们是根据这些法则得以裁判的。但是，随着我们理性的不断进步，我们就认识到这些人为事物的人的特性，而当我们完全地占有了真理，就能看到以往的错误意识在我们的进步中乃是一个必然的异化阶段。黑格尔的这些概念影响深远，然而它们又具有内在的不稳定性。因为这些概念要把两种可能性合在一起。一种可能性是把世界看作一个整体性的理性体系；

另一种可能性则是把世界看作偶然事物与任意事物的王国，个人在这里得不到指引。要想同时面对两种可能性就会把两种都毁了，我们若要把世界理解为整体性的理性体系，而我们自己只是它的一个有限部分，并因而我们对它的看法必然是有限和褊狭的，那么，就为这个理由，我们必须舍而不再主张自己的哲学具有完善性与终极性。然而在这种情况下，我们就不曾把握到一个终极整体性的体系，因此也就没有根据去主张确有这样一个体系，或去主张宇宙确有这样一种体系性质。反过来，我们若想把自己作为在黑格尔的"异化的"意义下加以理解，那么我们就必得赋予"不是异化的"或"不再是异化的"这类观念某种意义，否则我们就不能给"异化的"这类术语任何意义。在黑格尔的术语里，异化被定义为不是其所能是，不有其所能有，不知其所能知，由此而得异化能被克服。它们必然不可能是终极的词汇，只能是合理地、系统地克服异化的某种可能进程之中的一些阶段。所以，如果人们接受了黑格尔的那些提示，说我们不可能系统地、合理地认识宇宙的概念，那么他们将被迫承认这种认识是可能的；反过来，如果人们肯定黑格尔的体系，他们又会被迫断定他们既然是有限的存在者，所以就不可能占有这个体系。

所以，黑格尔的这些概念是不稳定的：如果有人使用它们来否定合理的、系统的知识的可能性，那么他在使用这些概念的时候就会弄成一种类似黑格尔体系的东西；但若有人执意认真使用体系概念，那他归根到底就不得不放弃这类体系概念，或者他就不得不像黑格尔在《逻辑学》里所做的那样，否认制造体系的人本身的限度，否认他只是这个体系的一部分，从而逃脱出来。认真的黑格尔主义者将被迫地主张绝对的超历史观点。黑格尔在《逻辑学》里解释说他所表达的思想乃是上帝的思想；这时他用以展开自己观点的方式使他看上去全都是克尔凯郭尔会予以斥责的东西。然而，当克尔凯郭尔把人们完全变成真理与神圣事物的异体时（除非通过非理性的选择来把握它们），他所展开的东西恰恰是黑格尔两难论证的另一面。于是就有一种根本的不稳定因素进入了克尔凯郭尔及其概念继承者的思想之中，这种不稳定因素在于他用黑格尔的方式来建造体系。

这种摆动在克尔凯郭尔本人那里已经相当明显了。他热衷于反对体系，但他实际上是最生硬地建造体系的思想家之一。尽管他责备黑格尔说，在黑格尔那里，可得而言道的基督教不过是黑格尔体系允许言道的东西而已。但这种责备用到他自己身上也是完全正确的，克尔凯郭尔用自己的哲学观点来表达基督教，于是就完全成了他所要反对的东西了。因为他所愿强调的是基督教不仅不为道德冲突所动，而且也不为理智冲突所动，而他又是靠指出基督教不能由理性加以辩护来强调这一点的。作为一个基督徒，这不是达到某种结论，而是做出了某种选择。不过，既然一切宗教信仰与道德信念都同样缺乏终极的理性证明（其中既包括各种争胜的宗教信仰，又包括无神论信仰），那么，基督教之无根据也就没有什么与众不同之处。基督教只不过作为宗教信仰与道德信念这一大类的成员之一包含有这种无根据状态。有的怀疑论者指出基督教没有根据，以此攻击基督教信仰。但若上述主张确实在理，它对这类怀疑论者就已经做出了理性的回答。基督教当然没有根据。它还会是别的什么样子呢？所以，在一个怀疑论的时代，克尔凯郭尔的论证反倒使基督教比较更易为人信仰。他对护教论的敌意并不妨碍他著作的客观效果同他本来所愿得到的效果大相径庭。而这大致就是克尔凯郭尔的命运。他蔑视教授、院士，但他的著作落到他们手里，他们用这些著作来贯彻某些与他初衷迥异的目的。

然而，克尔凯郭尔还不仅落到学院护教论者手里成了猎获物，而且也成了学院现世主义的猎获物。这一点颇为触目，却又不难理解。一方面，克尔凯郭尔自己的生活尽可以像易卜生在《布朗德》里描画的那样，是一种宗教性的自我戏剧化；但另一方面，克尔凯郭尔型的宗教把宗教内容减低到了最小限度：基督教在于内在性；信仰的仆从外表看起来则像一个税吏。做一个基督徒，内在地站到上帝面前，这又造成了什么不同呢？他对这个问题没提出答案，这就使人们可以轻而易举地把他的中心论题加以现世化。

克尔凯郭尔对畏惧的分析

要理解克尔凯郭尔所谓的基督教的内容是什么,一个主要的困难就在于他关于内在状态的心理分析,而这些内在状态若能得到领会就只是现世的。例如,他在《畏惧概念》里提出的课题是原罪,但他同意说原罪作为事实是超出解释之外的。他所提供的是诸如自由、禀赋、命运、个体性这样一些概念的盘根错节的分析,尤为突出的则是对畏惧的分析。一开篇,畏惧就进入了讨论。[dread(畏惧)是德文 Angst 的译名。在法文中,乌那穆诺(Miguel de Unamuno)把它译为 agonie,萨特把它译为 angoisse。精神分析学派所使用的 anxiety 近乎这种意义。] 亚当在堕落之前是无辜的。但——"无辜即无知"。处在无辜状态之中的人尚未被"规定为精神"(也就是说,他不具有人类特有的知觉与理智)。他无忧无扰,心平气和,除了一点——还有着某种别的东西,而人或许就会成为这种东西。这种别的东西是什么?它还不存在。它是虚无。但这虚无驱迫着人并产生畏惧。畏惧不是恐惧。克尔凯郭尔断言恐惧总有某种确定的对象。相反,畏惧则没有这样一种对象。畏惧的对象是虚无,"唯能造成惊恐的一种虚无","自由作为一种可能性呈现在它自身面前"的一种虚无。他又把畏惧的对象描述为"本身即是虚无的某种东西"。

到此为止,我们看到了以戏剧性的说服方式对一种可以认识的心灵状态的描述。不过他如何用这种描述来澄清他所专述的原罪课题呢?他声称,说到原罪的时候,他不仅是在说亚当,而且是在说整个人类。他的确声称:"人是一个体;而作为个体,人既是他自身又是整个种族……"但是我们马上就会想起一些问题:每个个人都不得不堕落吗?罪孽是通向无辜的唯一选择吗?我们不能除去无知而仍然善良吗?克尔凯郭尔对有关原罪的各种深奥问题无不具十分耐心,但他却完全不能忍受这些平常的问题。对这些问题中的一个:"亚当若不获罪,将发生什么?"他回答说:"无辜之人决不会想到问这样的问题,而有罪之人问这样的问题就犯了罪。因为他由于自己美学上的猎奇而打算搅浑事实:他自己把罪过带进世界,又因罪过而失去无辜。"克尔凯郭尔佯装不知他这样就不得不把约翰·加尔文(John Calvin)也算到美学上的猎奇者之中,因为加尔文确实打算认真说一说"si Adam integer stetisset"(如果亚当始终纯洁无瑕)将会发生什么。我们拿加尔文来对比一下只是为了弄清楚克尔凯郭尔打算在何种范围内避开这些笨拙的问题,把它们当作反叛的标志而非怀疑的标志,当作罪孽的标志而非问题的标志。这种处理方法意味着只要问题一涉及罪孽观念与畏惧观念的特殊宗教内容,我们就茫然碰壁,了无所知。剩下的就是把畏惧分析当作人类状况不可分割的一部分来看待。我们可以用这种分析来干什么呢?

克尔凯郭尔先把畏惧阐述为一种极其特殊的情绪,

转而又把它阐述为一种委实很普遍的东西；这种转变的途径就是困难之所在。有时候畏惧同其他一切情绪尖锐对应，有时候则其他一切情绪都有转而成为畏惧形式之虞。如果他要强调的是畏惧的负担性质，就出现前一种情况；如果要强调的是畏惧的无所不在，则出现后一种情况。结果，不由我们不信，克尔凯郭尔竟会告诉我们说：在孩子身上，可以在"寻求冒险，渴望怪异与神秘"这类形式中找到畏惧。为什么畏惧一定无所不在？理由可能有二：首先，克尔凯郭尔希望在畏惧和人类生活的某些至为核心的特征之间建立一种联系。自由与可能性必然牵涉到畏惧，而自由与可能性又是人类生存的必然特征。于是我们发现他在建立一个先验框架，人类的一切实际经验都必须屈就其中。这项事业本身倒没有什么不体面的地方，问题只不过是他的框架是个令人压抑的框架，而这种压抑既不舒服又会把人导入歧途。

我们把他的观点同休谟的观点对照一下，就能部分地弄清克尔凯郭尔在做些什么。"当人在心情快乐时，他适宜做事情、交朋友或从事于任何种类的娱乐；他自然而然地专心一意地去做这些事情而丝毫不想起宗教。在悲伤和丧气之时，他所能做的无非就是沉思默想不可见的世界的恐怖，让自己更深地陷入苦难之中。"休谟像克尔凯郭尔一样把宗教同恐惧联系起来。不过休谟是要因此把宗教同一种特殊的精神框架联系起来，而克尔凯郭尔则要表现出这种精神框架无所不在。对这个世界上的义务胜任愉快,对休谟来说构成了幸福的规范,而对克尔凯郭尔来说则是人们要把自己的畏惧藏到看不见的地方,是一种绝望的尝试。它只是一副面具、一套伪装、一种闪避。

我们如何才能解决克尔凯郭尔与休谟之间的争端呢?这肯定不是一件干干脆脆经验上的事情。我们所需的是一种坚实的标准,可以区别心理实在一方与单纯的合理化、矫饰与伪装一方。这就要求一种尚未彻底而令人满意地进行过的概念研究。正因为缺乏这种研究而不是因为有了任何明白建立的标准,才使我们对克尔凯郭尔的全部概念心理学表示怀疑。一方面是为描述我们的内部经验所必需的概念的先验阐述,另一方面是他自己的私人经验的改写,克尔凯郭尔就笨拙地徘徊在这二者之间。他论述的弱点就在于我们不曾充分得到任何一个方面。他的个人生活荒唐地限制了他对可能性的感觉,而这些可能性原本是开放着的。他对大部分人类生活一无所知。有些东西原可以成为个人生活的动人复述,然而他那种想要道出人性本身的愿望,在这些东西上面笼罩上一层抽象的气氛。他的《日记》往往比他公开的著作更加澄澈照人,这不是偶然的。但若说他几乎覆灭在自传体的希拉险礁与先验概括的卡律布狄斯漩涡[1]之间,

---

[1] 希拉(Scylla)是希腊神话中的海妖,化作意大利海滨的险礁;卡律布狄斯(Charybdis)则是一个无厌的女人变成的危险漩涡,同希拉相对,在海峡的西西里岛一边。这段著名神话常借喻为进退维谷的处境。——译者注

那么他在这里却也聚集了某种力量。因为他所提供的篇章的确既是戏剧性的，同时又涉及"人人"。至少我们在他那里可以同时看到强烈的目的性与心理学洞见的禀赋，尤其当他讨论特殊例子的时候更是如此。我曾尝试表明他对体系化思想的态度是模糊的，他对个别事例的关注使他免于陷入原可能发生的庸俗化，但他的某些后继者却一下子陷了进去。所以，依次考察一下对克尔凯郭尔课题的庸俗化与本然的运用是值得的。本然运用的首个实例是海德格尔。说到庸俗化，我们只需转向卡尔·雅斯贝尔斯。

雅斯贝尔斯对克尔凯郭尔的运用

如果说克尔凯郭尔用来攻击形而上学体系制造活动的那些概念到头来背叛了他，变成了他原本打算消灭的坏东西，那么他毕竟是因为不智而成了自己的概念（或不如说黑格尔的概念）的牺牲品。但是卡尔·雅斯贝尔斯（1883—1969）相当有意识地把克尔凯郭尔的概念用来服务于同克尔凯郭尔相左的事业。因为雅斯贝尔斯之所以对克尔凯郭尔产生兴趣，乃是要去解决克尔凯郭尔本人绝不会加以关注的那类问题。雅斯贝尔斯是一个心理医学的执业医师，他在对精神疾病进行分类的时候，开始把它们同基本生活态度联系起来，同时也渐渐不满于他认作当时哲学对这些态度的看法,他同样也不满于他认作科学心理学家对心理疾病以及对正常人格的态度。他看到的哲学都热衷于提供对宇宙的客观叙述,它们事先便确信这种或那种世界观(Weltanschauung)的合理性,而反对其他各种世界观。所以,哲学便陷入了一种观点,以为一切问题都可以借纯粹理性之光得到解决。他看到的心理学都热衷于对种种不同人格(无论正常的还是病态的)的缘起提供一种整体上是决定论的、因果的叙述。这两种叙述都具有同一个忽略之处,同样都须得到克尔凯郭尔式的矫正:它们都忽略了基本的选择。我们不得不在各种不同的世界观之间进行选择,理性不会为我们进行选择。一个人的人格实际上所是的那个样子,是科学的精神病学唯一能够看到的东西;而对这种实际所是的人格的研究,忽略了这个人曾可能变成另外的样子,而且也忽视了基本的选择,正是这种选择曾拒斥种种其他可能性而为这个人实现了某一种可能性。所以,雅斯贝尔斯在经验自我背后看到了一个真正的自我,这个自我的情境本质上是克尔凯郭尔式的情境。这种本真的自我在雅斯贝尔斯称之为临界状态的情境中向我们暴露出来。所谓临界状态,就是畏惧的瞬间、罪过的瞬间、意识到死亡的瞬间。因为这些瞬间迫使我们意识到选择的必要。到此为止,情况的发展离克尔凯郭尔的路数还算不远。但离开了这一点,那就不仅仅是把克尔凯郭尔的思想拿来派上新用场的问题了。毋宁说,虽然字面上还称颂着克尔凯郭尔，但他所憎恨的每一样东西都卷土重来了。

因为，雅斯贝尔斯对科学和对理性主义形而上学的态度，实际上都同克尔凯郭尔大相径庭。克尔凯郭尔天生不信体系，这使他把一切思想都看作必然是残缺不全的。雅斯贝尔斯则相信哲学可以是把握存在之为存在的尝试，可以是把握"大全"的尝试。他在名义上反对体系，但他不在乎人们称他为体系制造者。实证主义错了，因为它以为自然科学是无所不包的。唯心主义同样也提出了整体主义的主张，要求包罗精神（Geist）的领域。它们之中的每一个只要退一步承认自己的看法只是部分真理，那么在一种更广阔的综合中，大家都会有存在的余地。除非一种哲学观点主张它自己是终极的和排他的，否则就没有一种哲学观点是错的。在这一点上，克尔凯郭尔做出了任意而无标准的选择，雅斯贝尔斯则重新引进了超越的客观实在这一概念。这是一个在整个哲学史上始终受到关注的概念。雅斯贝尔斯为什么非得说到实在不可呢？他为他要说的东西所设的主要标准，似乎是其他一些哲学家同意的东西（但肯定这不是其他所有哲学家都同意的东西）。他的观点是哲学史上有很多人曾经选用的观点，现在克尔凯郭尔已经完全被撇在脑后了。"本真的自我"不是由它的选择引为规定的，它的任务是去解释超出单纯经验事物的某种实在的标志。这里有两个关键的术语，它们是"交往"（communication）与

"超越"(transcendence)。前者指示出对"有其他人存在"的意识,后者则好像是上帝的一个化名。雅斯贝尔斯本人是新教徒,但他对超越者的描述太一般化了,因此相当含混,摇摆于柏拉图主义、犹太教和基督教之间。不过在这一点上,我们不得不承认雅斯贝尔斯那部分流畅的叙述恰恰是由于其流畅才必然是不忠实的。我把他的思想还原到宗教平面上,但他的很大一部分思想不能做此还原,因为它们是用极为丰润的德文写就,完全不容翻译。况且,他明确地相信哲学最终必须由反义词来表达,由各种争胜的观点相反相照地表达。他倾慕尼采,恰恰是由于尼采思想的那些矛盾性质。像其他存在主义哲学家一样,他对思想的形式方面满不在乎。[在这一点上,克尔凯郭尔在有限的程度上是个例外,他曾热衷于研究特伦德兰堡(Friedrich Adolf Trendelenburg)所译的亚里士多德的《逻辑学》。]所以他也不承认一个体系若容受矛盾就等于允许任意品评。也许部分地就是因为这些理由,雅斯贝尔斯文化上的解救办法才这样空洞无物。他认为一种平庸的科学主义的精神框架正在碾轧西方世界,解救的办法则是一种精神贵族式的办法:把外部社会所反对的真理内在地汲取进来。然而这种内在性的内容是什么?克尔凯郭尔的隐蔽信念丧失了它的所有特殊性。即使在克尔凯郭尔那里,要把握"在上帝面前存在"的意义何在已属困难了。但若要把这种意义现世化、普遍化,那就等于眼睁睁看着它挥发殆尽。在克尔凯郭尔那里，我们也许会怀疑，解救办法说到底是缺乏内容的，尤其我们自己若不是基督徒的话，而在雅斯贝尔斯那里，内容的缺乏则是有目共睹的了。

海德格尔如何受益于现象学

如果说雅斯贝尔斯对克尔凯郭尔加以庸俗化，那么海德格尔则是在本来意义上对他加以运用的。不过，既然克尔凯郭尔只是海德格尔的来源之一，我们也可以不从这里入手。我们可以只从海德格尔对胡塞尔现象学的批评入手。现象学植根于布伦塔诺（1838—1917）的研究工作。布伦塔诺对源自英国经验主义的联想主义心理学加以批评，他尤其不赞成那种认为精神活动是由单个的实体（洛克的观念、休谟的印象与观念）机械地联结而成的观点。在洛克或休谟看来，命题是观念的结合，情绪是一种内心的事件（休谟写道："感情即是原始存在的东西。"），意志是一种内部印象。对布伦塔诺来说，这种观点忽略了精神生活的决定性要素——精神生活的意向性。判断活动总是做出这种或那种判断的活动，它对某种观念取某种态度。观念本身又总是关于某些事物的观念。情感是对某些事物的情感。布伦塔诺借用了一个经院哲学用语"intentio"，把这某些事物叫作"意向性对象"。他处理问题的方式使人觉得他似乎接受了经验主义者们对精神世界的描述,只不过他一方面增加了他们的项目表(观念不是精神生活仅有的终极要素,此外还有判断),另一方面则扩展了他们对观念属性的看法。然而,在精神状态上加上意向性这一项,实际上却是一种远为激进的做法,它标志着同传统经验主义的决裂。

信念、情绪、欲望,这些不仅仅是有时发生有时不发生的某些内部事件。它们具有对象,且参与了某种理智的程序——在这种程序中,联系不再是恒常结合所具有的联系,而是规则与概念、理由以及意图所具有的联系。("是什么让你信了这个?""你为什么生他的气?"以及"你要这个干什么?"这些问题不要求因果性的回答。)尽管信念、情绪与欲望所需要的概念阐发彼此大不相同,但它们都指向对象,这一点是共同的,而这些对象都可能存在,却都非必须存在,这些对象都部分地是由名称和摹状词的持久使用而规定下来的。信念也许是关于某种我误以为存在的东西的,情绪也许是关于某一误传到我这里的事件的,欲望也许是凭托于有关对象性质的某种错误信念的。然而,在所有这些情况下,若要使信念算得上是个信念,情绪算得上是种情绪,欲望算得上一项欲望,那就得有某种东西作为对象来照面,而这就是布伦塔诺所说的"意向性对象"。[这个 intentional(意向性的)与英语 intentional(故意的)的通常用法没有联系。]

布伦塔诺所关切的中心问题是研究判断活动、信念活动与诸如此类活动的性质。因此他实际上醉心于概念研究，他后期的现象学著述往往接近于维特根斯坦与赖尔（Gilbert Ryle）这类哲学家所使用的概念分析方法。不过布伦塔诺的第二项课题就把现象学同一切概念分析分开了。因为维特根斯坦与赖尔本质上都是反笛卡尔主义的哲学家，而布伦塔诺则希望给予内在意识内容一种独特的笛卡尔式的优先地位：我们在内在意识这里具有清晰性与确定性，或曰"明证性"（Evidenz）。所以，我们可能怀疑关于外部世界的判断，但在我们对自己的内在自我进行判断的时候，是不会有任何怀疑的。

胡塞尔（1858—1938）对布伦塔诺的两个主要课题都有所发展。他在其早期著作中展开辩论，反对数学中的心理主义，后来他发展出一整套"本质的科学"。他的逻辑研究无论就严格性还是普遍性而言都超出了布伦塔诺。但他保留了布伦塔诺的两个基本观点，求助于"明证性"的做法也一直延续到他晚年的"先验的现象学"。对早期的胡塞尔来说，现象学不致力于存在命题。它阐发的是本质而不是存在，是概念而不是对象。它说的是假使有什么东西具有如此这般的方式，那它就一定会是什么样子，至于究竟有没有以这种方式存在的东西，则始终不予过问。晚期胡塞尔则力图道出：意识的意向性行为与意向性对象若是其所是的样子，那么意识必定是个什么样子。他力图在笛卡尔以我思开辟的道路上新发端绪。胡塞尔的早期现象学就已经引导他得出一种学说：

对象的本质就在于成为"为了"意识的对象，成为同心灵状态相关的东西。他进而认为凡不是当下经验的东西都是由意义构成的，而意义就是意识的意向性对象。于是，虽然布伦塔诺的意向性学说极端反对唯我主义，但胡塞尔的说法却愈来愈变成一种唯我主义的，或至少是一种康德主义的看法，它以为终归是意识以某种方式造成了被感知世界。

这里对布伦塔诺与胡塞尔的叙述是很不充分且大为走样的，但这却是讨论海德格尔所不可或缺的引子。之所以不可缺，既是因为海德格尔从胡塞尔那里有所接受，也是因为他对胡塞尔有所批评。他的着手方式是尝试深入到胡塞尔与笛卡尔所提的东西后面去。他们曾问道："意识如何能获知意识之外的世界？"胡塞尔的做法让人觉得似乎下面这一点是很清楚的：研究心灵的意识状态是一回事，研究在世界之中的意识是另一回事。但这种二元论从何而来？什么使我们成为二元论者？这提出了"我能知道什么"这样一个问题的"我"是什么？为了使这个"我"能够提出这个问题，又须有什么东西对"我"是真实的？在海德格尔看来，虽然笛卡尔宣称他发起了一个新开端而胡塞尔宣称现象学是无前提的，究其实，这两人一开始就都不曾去揭示他们的二元论，反而把这种心与物、意识与世界的二元论当作毋庸置疑的。海德格尔自己则尝试从真正原始的东西入手，从而一开始就如其本然地起步。这一企图引导他铸造出一个新的哲学词汇并宣称它不受其前的理论活动的影响。由此，每当他称呼那个提出了笛卡尔式问题的"我"，他就以它在世界之中最原始的模式来称呼它——Dasein，字面上就是"此在"。在世的"存在"的模式是什么？那是一种朝向事物的一般活动，伸展而及乎对象。意向性描述出了一切知觉。认识是把握世界的一种方式，然而这种方式不如某种更普遍化的对事物的捕捉来得基本。在这里我们逐渐形成概念。种种事物被把捉为有用性、工具、用具、来到手头的东西。这些事物的概念比 Dasein 即人的存在晚一步。更后一步，我们又碰上抵制使用的和不合我们用途的东西。我们就这样建立起自己的种种范畴。

于是乎，并非仅仅一种而是两种哲学传统都遭拒绝：不仅从意识出发而后达于世界是错误的；而且，尝试通过诸如原因与实体这类应用于事物世界的衍生概念来把握此在的原始实在也是错误的。要么我们把此在把握为在世的存在，要么我们就根本无所把握。但这真的是对笛卡尔二元论的胜利而不仅只是字词上的胜利吗？海德格尔的《存在与时间》一书远比不曾读过此书的人们一般所公认的为优。而读此书的巨大困难正在于，海德格尔实在太经常地利用他对传统哲学术语的也许不至讹误的领会来任意发明新词汇。(这些词往往是用连字符把某些单音节词联成复合词，这样就给人一种印象，觉得那又像是形而上学家的老奸巨猾，又像是幼儿园孩子的天真愚直。）发明新词汇成了解答古老问题的替代品。不过，还是来说海德格尔的关键词汇吧——Dasein 究竟是什么？在这里，他引入了对克尔凯郭尔的解释，也引入了对其他基督教作家特别是对奥古斯丁的解释。

《存在与时间》中的此在分析

"Dasein ist Sorge."——此在即关心，即关切。（Sorge 是拉丁词 Cura 的一种译法。）此在是被共同关切的东西。然而，我们的关切的主要特征在于我们的有终性，在于时时刻刻相续的时间之流耗蚀着我们的存在。我们并非只为此刻生存着。人的存在敞向未来。我们面对可能性，充满着"畏惧"（Angst）。这里海德格尔紧紧追随着克尔凯郭尔的畏惧分析。"常人"[日常语言有时用"人们如何如何"来代替"我如何如何"，海德格尔即从这种用法中创造出"常人"（das Man）这个词，用以表达无人称状态]生活在匿名状态中，不就其未来的现实倾听自己的存在，而只让自己作为芸芸众生之中的一个单元来照面。常人就用这些方式来躲避畏惧。只有通过面对我的存在的整体性，就人的存在而言也就是面对自己的死乃是可能性的极限这一事实，我才能克服畏惧。良心与罪过都在这里发生作用，因为良心告诉我我可能是什么，而罪过告诉我我可能曾是什么。除非我持续地作为一个知道自己将会死去的人来生活，否则我就无法逃脱非本真的、偶然的和被耗损的生存。所以，选择"常人"非本真的生存还是选择本真的生存，这一决断就摆到了我面前。可见，海德格尔的此在阐述即是《畏惧概念》与《非此即彼》的混合。放到我们面前的选择不再是开启真理的钥匙；我们面临的是一种详加论证的系统本体论，或至少是这样一种本体论，而选择本身就包含在其中。这一本体论就是"畏惧概念"的本体论——不过没有上帝。这倒不是说海德格尔曾明确否认有上帝存在，而只不过是说上帝不在场。有人认为海德格尔是一个无神论者，他在人前曾对此严加驳斥。然而，他把一切取自奥古斯丁与克尔凯郭尔的概念都现世化了，这样一来他就摆脱了从克尔凯郭尔神学中产生出来的问题。海德格尔所无法摆脱的，却是他同时从胡塞尔与克尔凯郭尔两人那里继承下来的问题。

在这些问题中，第一个是海德格尔所谓人的存在的孤独。他当然承认有其他人存在在我的世界中，但他人的存在绝不可以触动此在概念。不过人的存在归根到底还是社会的，我们从他人提供的镜像中习知自己，我们最先使用的语言不是自己发明的，而是我们不得不习受的。海德格尔自己的语言理论并不与此相悖。他强调相互理解的语境，在特定关系中，沉默也可能像说出的言辞一样具有意义。然而，同其他个人的关系之中没有任何一点涉乎本真存在与非本真存在之间的区别。这就使我们很难理解本真存在的内容究竟说的是什么。这个概念是空洞的,一如克尔凯郭尔的内在性概念。一方面是让我们选择本真存在的热情教诲,另一方面是这个概念的空洞性,而这二者的结合应该使我们对海德格尔式的任何行为方式都有所准备,只要这些行为至少是经过选择的、是牵涉到对死亡之沉思的。这样,我们就不会对海德格尔曾经一度成为纳粹分子感到惊异了,这倒并非因为《存在与时间》传下了什么国家社会主义的遗毒,而是因为这本书不曾提供一种人们可以依之对国家社会主义或对其他任何一种非理性主义加以批判的立场。

第二个问题是:逻辑上的和人类学上的原始概念是以哲学假定的方式给定的,一如胡塞尔的二元论那样。布伦塔诺担保内在感知具有原始性,这种原始性就是海德格尔担保此在所具有的原始性的先声。海德格尔从未澄清过为什么某些概念该是原始的而另一些却该是第二位的和衍生的。如果他认为原始概念就是我们事实上(在儿童时期,或在原始社会)首先获得的那些概念,那么就事实而论他恐怕是大错特错了。如果他认为他的原始概念是必须首先获得的那些概念,那么,不仅就种种事实来看这种主张颇为怪诞(因为,不发生的事情怎么会是必须的呢?),而且他也不曾为自己的主张提出什么论据。的确,相对而言,《存在与时间》没包含多少论据。

更糟的当然是海德格尔关于人生的阐述,若非空无意义,则是明显错误的。克尔凯郭尔已把畏惧概念加以普遍化，成了某种难以界定的东西。海德格尔的畏惧则根本无法界定了。若非萨特对他大事更新，海德格尔未必具有现在这样的重要性。所以，我们现在须转而论述萨特。不过，要理解萨特，我们就必须把他放到我们所复述的这段历史的整体之中来看待。

萨特的本体论

萨特是在布兰施维克（Léon Brunschvicg）唯心论的一潭死水与柏格森（Henri Bergson）的成见中受教的。这两个人在两次大战之间极其突出地标志着法国的学院哲学。后来萨特自己相继改读海德格尔与黑格尔，并受梅洛－庞蒂（Maurice Merleau-Ponty）这类现象学作家影响；这些东西合在一起为他发展的各个阶段提供了素材，在每一阶段，他都重新提出了以往存在主义的一个课题，但他把这些课题放在全新的语境中，于是就等于改造了它们。他从海德格尔那里接受了基本本体论。世界被分成两类存有：être-en-soi（字面意思为"自在的存在"）与 être-pour-soi（字面意思为"自为的存在"）。前者是事物的存在，后者是人的存在。事物简简单单地存在着，它们就其本身言即是完整的。人的存在是不完整的，人向着未来敞开着，而这个未来是尚未成形的未来。这个未来的虚空必得由当事人的选择来充实。当事人面对其未来的虚空,不仅感到海德格尔所谓的烦,而且也感到基本性的厌恶。不过,他同海德格尔的区别远比这一点来得深远。

在萨特的第一部小说《呕吐》里,主人翁罗根丁(Antoine Roquentin)面对着生存的全部无意义状态。这种无意义在于如下事实:事物不过存在着,它们没有理由像它们所是的那样存在,它们是偶然的,它们是荒谬的。我们若要使存在具有意义就不得不矫饰。我们讲过去的故事,这些故事杜撰出从不会有过的统一性。那么就没有办法赋予生活以意义与统一(从而还可能赋予尊严)吗?我们可以像资产阶级名人(罗根丁在地方画廊里看到过这些人的肖像)那样逃避我们生活中的无意义状态。这些人矫饰人的存在,伪称它是坚实的、决定好了的,好像人类存在就是填充上预存的角色,存在好像只不过是把决定好了一切的本质填写出来罢了。然而人的本质并不在他的存在之前预先存在。存在先于本质。那么,有什么办法既能逃避失重又能逃避虚伪呢?《呕吐》只给了一个暗示。也许有一项艺术作品,有一首歌或一本书,可以像几何图形一样摆脱偶发性而存在。对这种可能性没有什么明确的指示,为了详细叙述萨特意指的会是什么,我们必须转向《存在与虚无》。这里就变得清楚了:生活之缺乏意义是同萨特的无神论联系在一起的。

上帝这一观念是自相矛盾的。因为一种存在者不可能是自在存在与自为存在的混合，而这正是上帝这一存在者的观念。作为一个做出选择与决断的存在者，上帝必定"自为"地存在着；作为一个完整自足的存在者，上帝必定"自在"地存在着。他必须具有人的自由又具有物的完满。这一对上帝概念的批评十分中肯。不难把这一批评从萨特的术语中抽出来，把它作为那个关于命定论的老问题提出来，传统的上帝概念怎样才能避免这样的指责呢——某些事物还未被决定，这对上帝是必须的；一切事物都已被决定，这对上帝也是必须的。但萨特无意于单单去建立无神论的真理。他所希望的毋宁是显示：自足而富有意义的上帝概念的理想包含着不能成立的理想，并没有这样一种理想可供我们借以衡量人类生活，借以发现人类生活之偶然与无意义。人不得不生存而无充分理由，因为上帝是不可能的。上帝是人无用且无望地渴望成为的东西。

所以，对萨特来说，人性的本质内容就在于人性是一项尚未被决定的谋划。它向着未来敞开，它是须得填写内容的意向性形式。萨特迈出的这一步实际上就是胡塞尔企图靠笨重的康德式论证所迈的一步。萨特靠着简简单单的断言就迈出了这一步。胡塞尔希望从分析意识的意向性形式出发，进而说出意识实际上是怎样的或必定是怎样的。萨特则断言意向性形式恰恰就是意识所是的那种东西。他利用这一出发点既对心理学的情绪理论又对弗洛伊德的情绪理论进行批评。既然情绪具有意向性，那么我们在解释它的时候就必须把它的意向性对象带入画面。我们必须把情绪解释为指向某物的，而这某物就是意识的一个对象。我们无法做到的事情是把在先的生理状况或无意识的记忆与动机这两类东西收进我们的解释，因为它们不像情绪那样属于意识王国。

所以，按萨特描画的样子，人绝对不为他的生理组织所决定。行动没有原因，它不过是未经预定的选择的结果。在人类行为中确有一些常规，这是因为大量人类行为在于按照特定的角色与日常俗套混日子；我们对待这些东西好像对待《呕吐》里的资产阶级的价值，就仿佛它们是我们不得不沿之行进的既定渠道似的。我们就好像自己是被决定的那样去行动，就好像某些选择是无可避免的那样去选择。我们这样做是企图欺骗自己与他人，我们因自欺而负罪。自欺无所不在地出没于萨特的世界。咖啡馆的侍者在干活的时候扮演着一种角色——侍者角色。一个姑娘拒不向自己承认她会成为引诱者的目标，她把自己所做之事当作一连串自生之事而非一连串行动，好像每一情节都自然地随另一情节发生，而她自己不用负任何责任——这个姑娘也被提出来当作自欺的一个范例。自欺是如此广泛，结果我们简直弄不懂无动机的行为(acte gratuit)这个概念有什么内容了。的确，在萨特的系列小说《理性时代》(*L'Age de Raison*) 中，第一主人公马修就以绝望的模糊心情追求着一种真正能够属于他自己的行动的可能性。他死于 1940 年，死于反对德国人最后的无望的抵抗运动,他是否达到了这种可能性此时仍然悬而未决。小说的这种模糊状态看来乃是概念的模糊状态的必然结果。因为萨特似乎一方面把自欺当作纯粹偶然的人生性质,仿佛它是可以去除的;他确实还催促我们远离这种性质。然而他又把自欺这个概念同作为社会承认的或可以承认的角色来生活这一概念联系在一起,如此就几乎把自欺变成了人生的必然特征。而这与《呕吐》的哲理是完全一致的。如果人类存在的实在将是无意义的、不连续的、不一致的,那么生活或行动的任何一致性都必然是虚伪。如果我们面对现实之际必然会被烦与厌恶克服,那么向虚伪退却就会成为标志人生的中心特点。萨特的问题在于他恰恰不愿接受这一点,他要把我们从这里拯救出来。在他的著作里,拯救之方姗姗来迟,当它终于出现的时候,原来是黑格尔与克尔凯郭尔的虚妄联合。

萨特的人类关系画面

黑格尔首先登上舞台,提供了一种人类关系的模式。萨特极为严肃地接受了黑格尔在《精神现象学》里提出的看法:"自我意识是自在自为的,因为它是为另一个自在自为的自我意识而存在的;也就是说,它所以存在只是由于被对方承认。"这样一来,他就打破了海德格尔的人的孤立状态。而且,他还从黑格尔那里接受了在《精神现象学》的同一部分中提供的主人与奴隶的辩证法,并利用这种辩证法构造起一种心理学,在这里,人们之间的爱总是退化为统治与被统治。他能够这样做,因为他在我作为主体(我为我自己所不得不是的东西)与我作为客体(我为他人所不得不是的东西)之间看到了一种终极的区别。萨特有一种怪诞的现象学分析,说的是一种东西在被注视的时候如何变成一个对象。如果我把某个他人当作我目光的对象,那么我就必然把他当作了某种东西,而这种东西现在对于我来说乃是一个对象。这样做的时候,我等于把自己强加到他人身上。我表现的不是爱情而是施虐狂。如果我为了矫正这种情况而要使自己成为他人目光的对象,那我也同样毁灭了爱的可能性,因为现在我转而成为受虐狂。我们被囚禁在施虐狂与受虐狂的圈子里,出路安在?萨特有时似曾暗示我们有可能找到出路,但在《存在与虚无》里,他从不曾特别指出出路该是什么样子的。它就像克尔凯郭尔的拯救一样,始终没有内容。或至少可以说,只有当萨特转向伦理学与社会学的时候,它才获得内容。

《存在与虚无》中关于人类自由所说的东西也是含混的。自由是一种负担。"我们被罚为自由的。"萨特在 1940 年后被关在德国集中营里,后来又参加法兰西抵抗运动。在这一段时期里,他极其严肃地下决心要成为一个为民主而战的作家。他从那时起所专注的一项主要工作,就是尝试把人性内部的自由同政治自由联系起来。在战后的一篇短文《存在主义是一种人道主义》里,萨特争辩道,一切道德原则都依据于个人的选择,德行并无客观根据。如果我认为某种考虑在道德上是具有说服力的,那是因为我选择了这样去考虑,即把它考虑为具有说服力的。没有也不可能有任何标准凌驾于这些选择之上,因为我们的基本选择就是标准的选择。客观主义道德理论的信从者是自欺者的另一个例外。他们希望把决断之责推诿给别人或其他事物,其实这种责任是他们自己的责任。不过,当我选择的时候,我是这样选择的——就像一个人,他不是寻求为他自己这样一个特殊的个人立法,而是为作为任何一个人的他自己立法。我把自己带到我所选定的某种普遍原则之下,这种做法使我必须视自己为全人类的立法者,必须把自己的选择活动的实施限制在一定的行为方式中,以期不侵害他人以同样方式进行选择的自由。道德选择的普遍形式决定了德行的内容:尊重每一个人的自由。如此这般从道德形式中化生出道德内容,这当然不会止于让人对康德缅怀一番而已,它还罹致了康德的命题曾经遭受到的所有批评。也许,道德判断为了具有合乎道德的资格,必须始终具有某种非人称的形式,例如,"在这类境遇下任何人都应当……",即使是这么回事,为什么就推导出了我的判断又须具有那样一种内容,即这些判断责成人们尊重一切人的自由?"人皆须尊重所属阶级的自由,即使以其他阶级的自由为代价亦不足惜"也是一个始终一贯而可理解的判断；事实上，很多政论家提出的就是这类判断。从存在主义的前提出发并不能得出民主的理想。

在萨特的后期著作中，这一点依然晦暗不明。不过，关于我们要从什么东西那里被拯救出来，以及我们要如何自救，他倒提供了较为明确的阐述。这类阐述植根于萨特新进自称的那种马克思主义。对那些记得大战刚过，就在萨特与正统马克思主义者们之间爆发的那场哲学辩论的人，这样一种马克思主义是颇为惊人的。1946年的萨特所描绘的人摆脱了一切因果决定性，就其选择而言则是无条件、无限度地自由的。皮埃尔·那维（Pierre Naville），作为马克思主义者，曾指责萨特企图把人完全同自然分离开来，指责他"对物的轻视"。卢卡奇以为萨特的自由概念所描画的并不是人性中必然的和本质的特征，倒是没有根基的资产阶级知识分子在当代的不坚定性。萨特在许多方面同法国共产党保持着政治上的一致，但这不曾使他免于哲学争议。那么，当萨特自称为马克思主义者的时候，他在何种程度上犯了180度大转变（volte-face）的罪过呢？不过是在最表面上而已。萨特的那种被迫进行选择的个人乃是克尔凯郭尔的个人经过现世化以后的翻版，而克尔凯郭尔的个人恐怕又是跳出了历史辩证法的黑格尔的不幸意识。况且，当萨特的个人进入与他人的联系之时，正如我已指出的那样，这个个人的关系样式是从黑格尔所谈的不幸意识的异中抽出来的。但若不把某种类似于黑格尔异化概念的本质提示出来，那就很难乃至不可能使用异化概念。萨特往往把他所谓人的困境表现为一切人的本性所必然具有的困境，然而他的描写极容易滑入某些偶然性质的描写；这些偶然性质是人类生活的一种形式所具有的，并且是可以消除。于是萨特在其《辩证理性批判》(*Critique de la Raison Dialectique*)里提出了一整套表述，在这里，自欺以及一般的人类虚假关系，都属于阶级分化社会的生活，尤其是属于资本主义的生活。

不过，在描写我们的现状之时，关键的术语不再是"自欺"，而成了"系列化"。我们社会的惯例和僵化使我们系列化了：系列化的一个好实例就是一个排队的人，就他本身来看，他只是一个系列中的一个单元。系列化将由这样一个团体加以克服——这个团体凭借纪律严明的统一性，这统一性由于承诺一种规则而得到约束，侵犯这种规则将被处以死刑，将创造出一种崭新的社会形式。萨特在《辩证理性批判》中编造的政治科学幻想几乎不值得加以注意，真正令人感兴趣的是他尝试建立一种社会学，这种社会学把自由与活动观念当作严肃的理论概念来对待。马克思吸引萨特的东西恰恰是"人造就自己的历史，但……"这样一种观念。晚期马克思主义使他感到失望的东西，则是经济决定论的机械使用。但是他自己的社会学由于缺乏对事实的耐心而大受其害。这种社会学只有两个方面值得我们关注。

第一个方面是萨特的一般主张：存在主义与马克思主义是相互补充而非相互对立的。从萨特提出这一主张的形式来看，这一主张实是可疑的。因为他所要做的无非是让存在主义提醒马克思主义者，注意到个别人的存在还附带具有特殊性、偶然性与选择的力量；否则马克思主义者就会变得太先验、太缺乏弹性、太决定论化了。但既然萨特在关于决定论的论战中从不曾适当地抓住概念要点或事实要点，那就很难估价他所说的有什么价值了。他嘲笑要把福楼拜还原为第二帝国的一种社会产物的那些尝试，但他从不曾足够详尽地说出，革新过的萨特式马克思主义者将会如何议论福楼拜。此外，他从不曾明白区分概念上的东西与经验上的东西，而在他的工作中本来很需要做出这种区分。早期萨特把某种自由与某种偶然性加给人的存在本身，他殊难避免的结论就是自欺。即使说自欺似乎不是不可避免的，萨特也仍然没有指出自欺的提法在何种广度上依赖于经验概括，所以他似乎仍然没有为他的主张打下基础。晚期萨特把我们的系列化的命运加给人类存在的偶然性质，这些性质属于资产阶级社会而非属于人本身。但他这一次似乎仍不是从经验概括引出他的主张，倒是从概念的考察中引出这些主张。无论在早期著作还是在晚期著作里，萨特的那些冗长的例证都嫌太多；它们又因他没有足够清晰地对概念加以分析而遭受损失，虽然他说他正为这些概念提供例证。解决这些困难的线索也许在他的小说与戏剧里面,他的例证往往近于想象力的小型作品。也许把他的哲学论证当作对小说与戏剧的要点的阐发要更好些,而不是相反。那么,那些例证也许是作为哲学著作的精髓出现的。这一点或许又例证了存在主义的一个恒常课题——同抽象性相对立的具体性这一课题。至少在法国,存在主义首先激发起文学的想象力并欣然成为文学时尚。这一点不仅萨特为然,加缪与马塞尔也是一样。

通俗化作家:加缪与马塞尔

为什么我不该自杀?加缪的哲学论文《西西弗神话》始于这个问题,并主张说这个问题就是一切哲学问题中最核心的一个。传统哲学能够用以估计这项主张或者用以回答这个问题的种种看法都得到了干脆利落的处置,亚里士多德的一些说法被误解了,传统理性主义的主张被否定了;而唐璜、卡夫卡、陀思妥耶夫斯基之类人物却占据了舞台。加缪论证的本质很简单:人生面对着相异的宇宙,人生的价值没有立足之地,而人生的意义正在此中。我们若既不屈从于基于虚伪的希望,也不因这类希望的幻灭而屈从于绝望,我们就找到了人类努力的真义。我们面对着充满荒谬的世界,那里由偶然性统治着,并且没有充足理由。在现代世界里,谁找到了人类努力的真义,谁从传统理性主义(无论这种理性主义是宗教的还是反宗教的）的虚伪慰藉中脱身，谁就是荒谬的人。这样的人存在于陀思妥耶夫斯基的角色之中，他是卡夫卡的英雄，他在加缪的小说中得到研究。实际上，加缪的小说比他的哲学著作有趣得多，然而这些小说也就展示出了加缪的观念的存在主义外衣不过是外衣而已。这些观念本身是古老而熟悉的，因为加缪实际上是启蒙运动的继承人，是一个老派的无神论者，只不过这个老式的无神论者写作的环境变了：有神论在这里不再能成为主要的敌人，它老早就失败了。于是他就关注于在新背景下研究老问题：无神论的尊严与德行的性质（《鼠疫》与《沉沦》），以及下面这种危险的性质：这种危险来自从启蒙时期起人们把反叛宗教、反叛暴政的价值加以绝对化与神圣化的倾向（《反叛的人》）。

若说加缪在自己的存在主义词语背后原是一个传统的无神论者，那么马塞尔在自己的存在主义词语背后就是一个传统的有神论者。实际上，若不是马塞尔被迫介入了同萨特的无神论的论战，人们是不大会把他算在存在主义者之中的。他本来是罗伊斯（Josiah Royce）的人格唯心论的信徒，他对希望与失望之类状态的现象学分析很少得力于胡塞尔。马塞尔从事的工作同雅斯贝尔斯大致相同，虽然马塞尔从不曾建造一个体系，因为他的哲学是认真反对体系化的。马塞尔在他称之为问题的东西与称之为奥秘的东西之间做出区别。问题是自然科学的特征，我们对问题所涉的事情可以持客观的态度，这些事情在我们的个人存在之外。我们可以吸收一切与料，可以提供确定的解答。奥秘是错综的，在这里，我们自己就构成了问题的一部分，我们无法站到一旁而持客观态度。在这里不可能有确定的解答。于是，哲学与宗教既然以关心奥秘为其特征，它们就不是解答问题的活动。

马塞尔的这一方面之所以值得一提，至少是因为它使我们集中注意到大量的存在主义哲学所持的一个假定。存在主义者经常宣称牵涉到人类生活性质的问题，尤其牵涉到自我认识的问题是一些不可能得到客观论证的或讨论的问题。也许这一点部分地是由于混淆了两类问题：一类问题是要客观地达到自我认识（这是一个实在的问题而不是一个哲学的问题），另一类问题是要客观地分析自我认识的概念，或客观地谈论自我认识（这显然根本不是一个特别的问题）。或许这也是由于更正统的哲学家们讨论这些问题的方法太不令人满意。在精神哲学的这一点上确实有一条深沟，笛卡尔主义的批判不曾做任何努力来填充它。大致说来，分析哲学家无能为力之处，存在主义者便乘虚而入。

神学存在主义

有些神学家比加缪和马塞尔同存在主义要密切得多。如果我们从克尔凯郭尔本人入手，那么我们就得即刻来到巴特（Karl Barth）这里；他为《致罗马信徒书》所写的评注（1918）用克尔凯郭尔的基本选择概念，以及某些心理分析来阐发圣保罗。巴特在这里不仅标明了他同他明确加以攻击的新康德派自由主义新教神学的决裂，甚至还标明了他同他自称加以捍卫的新加尔文主义的决裂。因为即使加尔文看到了一个信徒需要做出很多决断，他也决不会想到我们去认知上帝存在这样一条真理的方法也会是一个决断。虽然巴特把一切都委之于决断，甚至基督教信仰也是我们自己的决断达到的，不过，至少他对基督教信仰的内容的描写还是忠实于新教（及天主教）正宗的。就他作为一个哲学家而言，他是存在主义哲学家；但把他描画为一个哲学家就可能已经错了。因为巴特是从保罗的基督教性质中推演出选择的必要的。虽然他在《致罗马信徒书》的评注里使用了哲学论证，但他后来打算对自己的这种做法提出怀疑。布尔特曼的情形就很不相同了，他彻头彻尾是一个海德格尔派的存在主义者。

布尔特曼是《新约》学者，他相信现在需要去除新的启示的神话性质。新的启示是神话的启示，因为它本来提供的是关于存在的启示。这种启示同此在（Dasein）相关，好像它就是一种宇宙论。先于科学的新的宇宙论具有诺斯替教派的内容，它所描绘的宇宙是三重的宇宙，它所描绘的世人在上帝和黑暗势力之间悬浮着。这种宇宙论掩盖了本质上应被说出的东西，那就是：耶稣的人格召唤人们在本真的人类存在与非本真的存在之间进行选择。在本真存在中，我们生命的各种限度，尤其是我们的死，被摆到我们面前；在非本真存在中，我们拒绝直面畏惧（Angst）与烦（Sorge）而成为自己拒绝的牺牲品。我们难于否认，对布尔特曼来说，耶稣就是海德格尔早期的和不完善的预告人。布尔特曼本人会否认这一点。他会争辩说，有一个论点使他的观点明明白白地表现是基督教的观点，那就是：我们靠自己的力量并不能由非本真存在转入本真存在。不过布尔特曼相信我们单靠坚定的选择就能获得必要的力量，这一点是清清楚楚的。所以就很难看出海德格尔断言我们能做到的，而布尔特曼否认我们能做到的究竟是什么了。再退一步说，下面这一点也还是清清楚楚的：至少海德格尔或至少《存在与时间》中的海德格尔会遭到的批评，布尔特曼也会遭到。

布尔特曼对存在主义的赞同在细节方面也许是独具一格的。其他许多神学家则盗用存在主义的语汇，或利用某些存在主义流派特有的要点与概念。就此而论，特别不幸的是某些类型的神学，恐怕尤其是蒂利希（Paul Tillich）的神学同海德格尔本体论在其战后著作中的复活之间的那种亲缘关系。在其战后著作中，海德格尔从此在（Dasein）转向了存在（Sein）。他给了格言式的、谜语式的却又颇为冗长的存在阐述，这种阐述方式是海德格尔特有的，虽说其中所使用的概念在萨特那里、在克尔凯郭尔那里以及其他什么地方也都时有出现。所以，到这里,我们恐怕最好是就存在与生存的种种课题在存在主义著述中出现的一般情况来考察它们,从而得以了解我们面临的困扰根源;我们恐怕最好避免为各种存在主义论的特殊细节过分分散了注意力。

存在主义的课题

存在与生存[1]

A. J. 艾耶尔(A. J. Ayer)曾指责萨特,说他只不过简简单单地误用了动词"to be"(是、在、有)。萨特、海德格尔和另一些人在使用"存在"与"虚无"的时候,确确实实好像它们是可以由谓词加以描述的主体名称。(这个错误有如爱丽丝梦境里的红心国王的错误:他以为要是无人在路上赶过送信人,那么首先到达的就是"无人"。[2])而且确确实实,他们把"存在"写得好像是一个

---

[1] Being and Existence,有些存在哲学家明确区分这两个概念,用 Being(德文为 Sein,法文为 Être)指一般的存有,用 Existence 特指人的存在、有意识的存在。但本文作者似乎并不注意这种区别,甚至在本节中也未予以强调。——译者注

[2] 《爱丽丝梦游仙境》(*Alice's Adventures in Wonderland*)里并无这样的故事。但有一个相似的文字游戏,即红心国王认为如果一封信不是写给某人的,那它就是写给"无人"的。见该书第 12 章。——译者注

类，而生存与非生存都是这个类的种。但若说这些错误植根于简简单单的混淆，那就不确实了。它们出自深深的混淆。存在主义者关于生存的基本混淆也许是由于他们试图一下子说出的事物太多。存在主义者声称生存不能用概念来把握，生存回避概念化。他们委实经常从修辞学上提出这一点，这可以用克尔凯郭尔为例："哲学家关于实在所说的东西就像有一类招牌一样令人失望——你在某一个橱窗里看见一张招牌，上面写着：烫熨衣服。要是你取了衣服来让人熨，那你可上了当；因为这里只出售招牌。"[1] 说哲学家们同概念打交道而不是同实在打交道，这种说法必然含混不清。因为"实在的"作为一个形容词可以蛮好地发挥作用，但"实在"作为一个名词所起的作用却不怎么样。要把"实在的"这个词用得有意义，那它一定是同别的什么东西相对照的。"实在的"这个词的效力随着它当时所对照的东西而改变。在杜莎夫人博物馆可能会有人寻找一个"实在的（真实的）"警察——而不是找一个蜡制模型。在辩论中，若有人声称某种规则有其例外，那么也许会有人问这种例外是不是实在的——或只不过是表面的。人们来看凡·米格伦（Van Meegeren）的作品，可能有人会问怎样才能把一幅实在的维米尔同一幅赝品区别开来。但若把"实在的"从诸如此类的文本中摘出来，把它变成一个名词，那么

---

[1] 《非此即彼》，diapsalmata。

人们对它的意思就不甚了然了。实在或存在不可能被充分概念化,这一论点的意义是什么?在存在主义者们似乎曾为这一论点提供过的意义之中,我们至少可以拣出两种来。

第一个论题是:人的存在回避概念化,而事物的存在则不回避这种概念化。这话的意思大概是说:我们对事物的描述是精确的或不精确的,是真的或假的,是充分的或不充分的,我们只要把这些描述同事物本身比照一番,事情就了结了。但是就人而言情况就不同了。我们如何描述人们,以及描述得是否精确等,这都部分地依赖于人们怎样描述他们自己。再则,我们描述事物的方法本身并不改变事物;而当我们描述人们的时候,如果他们认知这件事,那么这件事就很可能改变他们的行止。自肯定的(self-confirming)预言和自驳斥的(self-falsifying)预言这类广为人知的现象都可当作这类例证。某些存在主义者强调意识在人的存在中的作用,由此可以认为当他们谈到不可能有概念化的存在之时,他们谈到的就是上面所说的那层意思。可是就以海德格尔为例来说吧,这显然不是他要我们听取的意思。然而问题在于:若不使用他自己的语言,我们就很难解释他要我们听取的是什么,而这样一来我们自己也势必卷进了他的混乱之中。不过,以合理的方法重新构造一番,也许能掌握某种大致相同的东西。

让我们从存在概念的某种明显的分析入手,即使这种分析可能不正确。蒯因（W. V. O. Quine）主张："'是（存在）'就是某种变量的值。"这意思是说，无论我们承诺了断定哪种东西的存在，我们其实都承诺了断定这种东西乃是某种变量的某种值。只有我们业已熟悉了某种包含有种种个体与种种谓词的可变表达式的语言概念之后，存在概念才被引入。如果我们认真采纳某种变量的概念，那么这样一种语言一定是形式语言。所以，我们似乎可以从蒯因的观点推论出：我们要想理解关于存在概念的所有可理解的东西，就得假定凡能被说出的就能被形式化。但这一主张即使是真的，我们还是会碰到如下困难：我们是把陈述加以形式化，又是凭借陈述进行形式化，而我们之所以选择这种方式而不是那种方式来进行形式化，是因为我们要从某种既定陈述的结构中把各种不同的逻辑特征清理出来。我们所承诺的是何种变量，我们所承诺是赋予这些变量的何种值，这些都不仅依赖于我们在初始陈述中（在某种自然语言中）说了些什么，而且也依赖于我们选择何种方式进行形式化。而确有种种形式化的方式可供选择。在某一既定陈述中并非只潜藏着单独一个可由逻辑学家揭示的逻辑形式。米开朗琪罗认为雕刻就是凿开石头，以揭示潜藏在石头里的雕像形式。这样来看待逻辑形式，似乎就可以把逻辑学家当作某个米开朗琪罗。由此可以推论出：对言语的某一既定片段所做的形式化，没有一种必然揭示出我们的本体论承诺（ontological commitments）的范围。

因为我们永不能担保自己已经穷尽了可供选择的理解方式,所以我们也就永不可能把所有进一步的承诺都拒之门外。换言之,"有什么"这样一个问题永不可能获得终极的答案。

由此可知,关于某一既定题材,用某一种言谈方式(人们可以把可供选择的形式化方式与可供选择的用自然语言谈事情的方式都包括在内),甚至用很多种各异的言谈方式,都必然不能穷尽所有我们想要说它存在的东西。但却不能由此推论说存在是我们的概念之网永远捕捉不到的一条鱼,推论说有某种东西超出于我们的言谈与概念所能说明、所能指证、所能描述的任何东西而存在,亦即不能推论说它是存在本身。并不能因为我们的语言总会留下尚待说出的东西,就由此推论出有某种我们永远不能说出的东西,有某种超出概念形式的表达式之外的东西;或由此推论出"存在"这个词还称谓着某种别的东西。然而,多数存在主义作家所愿得出的结论似乎正是这个,或是同这个相差无几的东西。当然,他们有时候也戏剧性地提出为人熟知的正确观点:"是红色的"是一个谓词,而"存在着"则不是同一种意义上的谓词。但无论考察的出发点或其逻辑效力牵涉到的是什么,结论总是同一回事情:遍及个别存在者的存在之上有着某种别的东西——存在本身。

克尔凯郭尔、雅斯贝尔斯、胡塞尔、海德格尔与萨特都谈存在。克尔凯郭尔与萨特都追溯到黑格尔的讨论,而胡塞尔与海德格尔都追溯到中世纪的经院哲学。无论在黑格尔那里还是经院哲学中,"存在"的用法都是受文本调节的,而存在主义作家则除去了这种文本。黑格尔试图在《逻辑学》里展开的那些范畴,是依托于自然与精神的,他把某一类谓词到另一类谓词的推移转变为绝对本身的推移。在这一转变过程中,很多无意义的东西连同某些有意义的东西一同道了出来。但这项工作却并非无意义的或不可理解的。中世纪的学者利用并扩展了亚里士多德在《形而上学》中关于存在之为存在的论述,而亚里士多德的论述同任何宣称存在回避概念化的主张都极端相反。他的论述试图指出动词"是(在)"的种种用法的一致与歧异。恰恰因为存在之为存在乃是概念之中至为普遍者,所以它不可能是某种不可捉摸的单独实体的名称。由于人们企图把基督教的上帝写进亚里士多德的图式,中世纪对他加以利用的情况就变得更复杂了。任何有限存在者都存在于特殊模式中,存在于特殊的限度之内。上帝却不是这样特殊化了的,所以上帝是不受这种模式局限的存在者。当经院哲学家把上帝说成是固有的存在本身(Esse Ipsum Subsistens)的时候,他们援引的就是这一点以及摩西意指的上帝:"我是我所是者"。

经院哲学家喜欢谈论"存在"(esse),而这绝没什么害处,只要他们没有把存在从亚里士多德的(再早则是柏拉图的)框架中摘除下来——存在原是在这种框架内有其地位的。因为要先看我们愿不愿同意关于这个框架的主张,才能够估价那些就存在提出的主张。然而在现代的新托马斯主义者中复活了的阿奎那却被完全颠倒了,其激进程度一如马克思颠倒黑格尔一样,只不过前者不是有意的。因为如今存在表现为一个独立的题材,而不像在亚里士多德的《形而上学》中那样,是某种概念探索的对象。的确,"存在"被当作某种"特殊"题材的名称(固然那是某种十分奇怪的题材),我们可以就它提出某些特别的问题来。当然,在 19 世纪还不是那么回事。

在布伦塔诺那里,乃至于在胡塞尔那里,还没有失去亚里士多德图式的清醒之处。克尔凯郭尔以黑格尔的方式使用"存在",但他的基本立场完全不依赖这一点。然而在海德格尔那里,以及较低程度在萨特那里,存在变成了独立的东西。在海德格尔的后期著作中,出发点取自莱布尼茨提出的问题:为什么是存在者存在而不是虚无存在呢?在莱布尼茨那里,这个问题的答案就是上帝存在的宇宙论证明。海德格尔的答案则是:我们在提出这个问题的时候,并不曾认真对待存在及与之相对照的东西即虚无二者之间的关系。他进一步说道:存在与虚无是相互对照的势力,也是相互对照的王国。他承认我们只能把虚无当作一种事物、当作一种东西来谈,其代价是我们因此成为不科学的。他下结论说哲人与诗人在这里比起科学家来具有一种优越的地位。关于存在与虚无，他说：它们不是对象；逻辑不能领会它们，而须把它们设为前提；它们是我们几乎无法把捉的东西。尼采的预言几乎曾预先道出了海德格尔；他曾说这两个概念乃是"现实蒸发而成的最后一道云丝"。海德格尔引用了这段话，并认为它证明了有与无的性质极难捕捉。对存在概念的游移不定所提出的任何责难，都被弄得好像是为存在的游移不定而提供证据。

海德格尔把存在（Sein）与存在者（die Seienden）加以区别。他实际上把这两个术语都弄得像是对象的名称，尽管他自己否认这一点。不过这不是他的基本错误。他的基本错误是，他以为由于一个词可以用在某种具有特殊语法形式的文本中，所以它就可以转移到任何一种具有同一语法形式的文本中，而不至于改变或丧失其含义。就最简单的一种改变而论，他把下面两个句子认作是等价的："他是无所畏惧的"和"他所畏惧的是无"。还不仅是海德格尔这样说，蒂利希也有这种说法。在蒂利希的著作中，存在主义的术语与经院哲学的术语以一种新方式珠联璧合。

对蒂利希来说，上帝不是一个存在者，而是存在本身。中世纪的经院学者也有这种说法。他们之所以这样说，是因为他们曾为某种神圣存在提出过一些证明，而这些证明又引导他们去拿神圣存在者同那些以特殊方式偶然存在的东西相对照。他们那种谨慎的亚里士多德主义也限制他们使用动词"是（存在）"的否定式。蒂利希却不是这样,他可以谈到存的力量抵抗着非存在,他所采用的调子酷似海德格尔的调子。

蒂利希并非偶然与海德格尔发生关联。这主要倒不是因为某种直接的承继关系,而是因为他像海德格尔一样,从胡塞尔的哲学概念出发并试图超出这种概念。他相信,若像胡塞尔所做的那样分析思想的范畴结构,哲学家势必会认识到这些范畴都是有限存在者的范畴,并会更进一步认识到在这种思想及其对象后面有着无条件的根据。在蒂利希那里表现出某种不同于宇宙论证明的东西,但正因为他不提供证明,所以才格外难以抓住他。当他把自己的本体论命题用到心理学的文本中时,他同海德格尔的相似之处就表现出来了。蒂利希生动地使用存在对抗非存在的力量以及非存在侵蚀存在的恐惧来描写精神焦虑症。克尔凯郭尔的虚无是畏惧的对象,只有牢靠地坚持我们的存在才能够止息它、驱逐它。我们都不难设想这类话可以翻译成精神病的术语,这样它们就较少戏剧性而又更适合于议论真理、虚妄和测证之类的问题。海德格尔的情况也是一样,他的心理学是最令人信服的,而他的本体论是最荒谬不经的。

海德格尔派的存在主义者与相信从经院哲学退化而来的现代见解的人们之间所进行的那种对话,使这种荒谬不经臻于顶点。把阿奎那叫作存在主义者这一企图本身就够糟糕了;而人们讨论存在与非存在的性质、存在主义作家把存在当成类而把非存在当成它的种,以及人们争论存在与本质何者具有优先地位，这些真是标志着哲学史上罕至的低点，而系统地误解哲学史又同这一点相反相成。例如，形而上学读物中有一本当代的著作竟主张只有一个唯一的问题："存在是什么？"巴门尼德、柏拉图、亚里士多德与笛卡尔都对这个唯一的问题提出过相互争胜的答案。巴门尼德说存在是一。柏拉图说："存在借理念而成为一与多。"亚里士多德说："存在是实体，或曰特别持久之物；所以，存在既是一，又是多。"而笛卡尔则说："存在是实体，但这实体的样式是思想与广延。"[1] 这位经院哲学作家很容易就会想到，接下去海德格尔当然也有权为这同一个问题而提供出另一种答案。然而要紧的却是根本没有这样一个问题，可以如此这般地提出来。巴门尼德、柏拉图、亚里士多德与笛卡尔提出了不同的问题，精心制订了迥异的概念图式。"存在"或某一同类术语或某些同类术语在各种图式有着各自的地位。但"存在"在那里并没有一种可得一统的简单用法——仿佛它不依赖于语言或概念的文本，仿佛我们可以利用它来提出"存在是什么"这样一种问题，以便比较各种争胜的答案。

　　海德格尔还不仅仅是承继了这种关于哲学史的见解，他本人就是屈指可数的始作俑者之一。人们批评他逆用语言，对此他会答复说，他确实是以我们所不习惯

---

[1] 《现代形而上学导论》，德累伦编，纽约，1962，第333页。

的方式使用语言,但这并非因为他是一个革新者,而是因为他试图转向语言本来的质朴状态,而只有借此才能剖明关于存在的真理。纯粹得足以承担这一任务的哲学语汇,只有前苏格拉底的希腊语汇,而海德格尔认为这种语汇根植于荷马的希腊文中。他的方法是寻找后来变成了"真理""存在"等的那些词汇的语源,然后就用这些他所谓的语源根系作为证据,来证明那些词汇实际上意味着的是什么。不幸的是,他先就误解了他所引述的作家,把语言学的错误搬进了他的语源学。更糟糕的则是,他未解释过语源何以能成为导向那些概念的线索。海德格尔在这里没有捉到的东西却是头等重要的东西。

前苏格拉底的哲学家所做的不是同一件事情。他们致力于物理理论的尝试,致力于宗教宇宙论以及各种概念之谜。当巴门尼德从"是(存在)是什么"这类前提出发来证明变化与复多必为虚幻的时候,他是刚刚为制订出动词"是(存在)"的某种逻辑语法迈出第一步。他摸索着时态、分词与不定式的线索,这反映出一种勤勉的努力——你若要说出任何东西就不得不同时把承担的那些东西揭示出来。柏拉图在《智者篇》这类对话中继续推进这一工作。他在这类对话里讨论了否定判断问题,他在那里所用的方法已经足以使我们解决海德格尔关于"我们如何能说出不存在的东西"所提出的全部问题。在讨论柏拉图以前的作家时,海德格尔认定他们的阐述并非只是一些最初的尝试,柏拉图、亚里士多德与他们的继承者则利用这些尝试而求改进；他认定他们业已用明确的概念表达出了终极洞见。他在这样做的时候不得不至少在一处误译了巴门尼德关于动词"是（存在）"的用法，假造出"真理"与"说"之类词汇的词源。

就海德格尔的这些后期著作来看，不幸之点在于它们推波助澜，使某种当代的大陆哲学转变成了对某种礼仪套话的公共膜拜，而不是某种严肃的概念探索。海德格尔的胡言是有害的胡言。但若严格说起来，它实际上不是存在主义的胡言。假使《存在与时间》是海德格尔最后的著作，假使我们因此只有萨特对海德格尔思想的发展，而没有海德格尔后期对他自己思想的发展，那么我们的批评就会是一项远为棘手也远为有趣的工作。因为存在主义的核心并不在于存在是超出特殊存在者的王国这一论点上，而在于存在——尤其是人的存在——根本就是荒谬的这一论点上。所以我们现在必须转而讨论这一论点。

荒谬

"荒谬"主要是法国存在主义而不是德国存在主义关注的问题。萨特把存在称作荒谬，这时他似乎把两个论题连在一起了。第一个论题是：事物并没有足够的理由像它们所是的那样存在，而不像另一个样子存在。第二个论题是：事物是偶然的而不是必然的。我们可以从考察后者着手。盎格鲁-撒克逊的分析哲学家也许会进行如下辩论。包括人在内的物质对象的存在是偶然的，"有如此这般的一个对象存在着"总是偶然的真理而不是必然的真理。而如上所述者本身则是必然真理。所以，希望事物是另一个样子，就等于希望必然真理的否定能被称为真。然而必然真理的否定表达的是逻辑上之不可能性。凡逻辑上不可能的东西，我们都无法使它具有意义。恰恰由于这一点，如果我们希望逻辑上不可能的东西会是如此这般的，那我们并不能使这种希望具有意义。因为我们说不出我们将要希望的是什么东西。然而，这番辩论包含有两个重要的错误。第一个错误是：关于究竟是什么东西使某种表达具有意义或能被理解，它只包含极其粗陋的观念。因为即使某个表达式显然表示着在逻辑上不可能的情况下会发生什么或会有什么东西存在，我们仍不能由此推论出这个表达式没有意义。事实上，我们能够理解这种表达式的意义；这一点恰恰是我们之所以能够描述这种表达式的条件，是我们之所以能够指出它在逻辑上不可能的条件。无论在简单的情况下还是在复杂的情况下都是这样。前者例如圆的方。后者例如，一位数学家从某个公式入手，证明它具有内在矛盾，所以它不可能是某一系统中的可证实定理；这时他对这个公式有所理解，即把它理解为那番证明的前奏。这一证明过程可能既长且繁，而在这位数学家尚不知这一公式到底是否自相矛盾的阶段，他很可能希望它并不自相矛盾，希望它可被证明是一条定理，因为它若是一条可证定理，就会把某些别的数学可能性甚至物理可能性揭示开来。当他揭示出这种矛盾，难免长叹一声：原来如此。而我们都能理解这位科学家的叹息。所以，慨叹于必然真理就是它们所是的那个样子而不是别的样子，这里并没有什么无意义的东西。所以，当萨特为事物的沉沦性感叹的时候，只要他不妨害我们进行理解，那也一样没有什么无意义的东西。不过指出这一点还不足以证明萨特正确。

数学家为他的矛盾证明叹息，他所叹的是：要是没有这些矛盾，另一些可能性就会敞开来了。但对于这些可能性，我们可能只听得懂他叹息时所用的词句，而听不懂他的叹息。我们可能弄不懂他有什么可懊丧的。我们可能只懂他所说的，不懂他所做的。我们怎样才能弄懂萨特为偶然性所发的感叹呢？对他来说，哪些可能性封闭着，而否则却会敞开呢？《呕吐》一书的要点何在，或《存在与虚无》的相关部分的要点何在？《呕吐》强烈地使读者认为，事物（包括人）的偶然性之所以可叹，恰恰因为它们由于其为偶然而缺乏充分的理由成为现在所是的这个样子。事情是这个样子，这一点对事物的影响颇不同于对人的影响。事物偏偏就存在于它们这种令人厌恶的充分性之中。它们不像阿奎那所谓"第三种方式"的偶然存在者那样超出自身，或在自身之外而有所指。它们是偶然的，这对它们来说不是缺陷。在这里没有什么可叹的东西。然而对人的存在来说，他自己以及事物缺乏充足理由以成为他和它们所是的那个样子，可就意味着某种不完善——这是萨特对海德格尔称之为"沉沦"的状态的一种说法。我们在一个无意义的世界里面，而我们永无休止地、无可避免地努力使它具有意义。这就是事物与我们自己二者的荒谬性。我们感叹充足理由的缺乏，我们能使这种感叹具有意义吗？除非我们设想：如果宇宙是像莱布尼茨所说的那个样子，或是像黑格尔以一种更富有理性主义形而上学的情调所说的那个样子，就会有某些如今拒不向我们敞开的可能性向我们敞开。但按照萨特自己指出的情况来看，假使莱布尼茨与黑格尔是对的，那我们就不再是自由的了。萨特诚然说过我们是被罚以自由的，所以为那些强令我们自由的事态感叹或许是对头的。但同时萨特又明白表示，人之为人的生活的一切可能性都与自由的占有息息相关。于是萨特的感叹中就有某种虚假的东西。西蒙·波伏娃在她的回忆录中谈及萨特在写《呕吐》时的生活与态度；我们若把她就此所说的东西同萨特在该书中所描绘的人性画面加以比较，到底是怎么回事就变得很清楚了。回忆录中所描画的萨特过着一种积极进取而富有意义的生活，有着很多朋友和很多工作项目。与此相对照，他的虚构人物罗根丁则只有一种无意义的空洞存在。萨特所绘图画的力量缘于他的如下主张：罗根丁在表层下面揭示出了现实，社会生活虚假的坚实背后恰恰隐藏着形而上学的空虚。然而，萨特自己的所作所为却显得他所写的不像是真的。罗根丁希望，写一本书也许能够把他从偶然性中拯救出来。而萨特对他自己小说的信心远远超出了罗根丁的那种无望。那么，是什么东西诱使萨特自欺呢？（萨特的行为同他专门从事的学说缺乏一致性，而这就是自欺的典型例证。）我们至少可以提示两条理由。

首先，萨特是一个失望的理性主义者。我这样说并不仅仅是指他具有人所周知的笛卡尔倾向。我毋宁是指他的写作似乎不断显出他希望笛卡尔的，或莱布尼茨的、黑格尔的世界观那样的东西会是真的，并且他又为那不是真的而感失望。万物都应该必然是它们所是的那样，都应该是一个唯一合理整体的一切有限表现的各部分，其中每一个都有充分的理由来说明它之是它所是的东西，和它之是它所是的那个样子，只要我们知道它，它就会以整体的、让人满意的方式提供出合理的证明和解释。只有根据这种看法才能理解，人要取上帝而代之的热望在萨特图式中的重要性。这种看法也能够解释为什么那些自英国经验主义者的著作问世以来久已为人熟悉的概念要点一到萨特手中，他就总赋予它们某种戏剧意义乃至闹剧意义，而在洛克、贝克莱与休谟那里显然没有这类意义。难道总是这样的吗？当休谟在《人性论》第一卷结尾处描写他对认识论晕眩的经验之时，我们就十分接近《呕吐》的世界："我被所有这类问题迷惑了，开始想象自己处于最可怜的情况中，四周漆黑一团，我完全被剥夺了每一个肢体和每一种官能的运用能力。"[1] 这里所说的是哪些问题？就是使休谟"无法把任何意见看作比其他意见更为可靠或更为可能"的那些问题。为什么？因为一切相似性问题都依借于归纳概括，而休谟则争辩说，我们不可能证明归纳论证。就像人们常常提到的，休谟在这里使用的论据其实只是指出：归纳论证不能以演绎方式加以证明，我们找不到明白确切、不证自明的第一原理，可借以演绎出我们在归纳论证时所需的东西。换言之，经验主义者之所以无力为归纳法提供证明，是因为他接受了理性主义的证明标准。休谟的经验主义是一个失望的理性主义者的经验主义。然而山重水复之际，他便退而求诸友情与双陆[2]的慰藉。他求援于自然，求援于风俗习惯的力量。我们从风俗习惯出发，用归纳方法进行论证，这种论证总有个尽头。任何怀疑论的说法都不可能取胜天性。而这就是不曾向萨特敞开的转机。对他来说，风俗习惯是使人误入歧途的虚妄。他觉得形而上学理性主义的愿景必然是某种失误，这种感觉让他把世界描述得像是缺了什么东西。他本来应该再走一步，探入论证的背后，问一下理性主义者所用的"充足理由"这种术语究竟是什么意思；然而他却执着

---

1 《人性论》，I, iv, 7a。
2 backgammon，一种西洋牌戏。——译者注

于这种语言，在描写世界的时候说道：世界就是这个样子，理性主义的描述不曾也不能应用于它。这就好像主张说，谁要是表明了描写动物的形式不能应用于木头、石头，他就充分描述了木头、石头。对原始宗教的驳斥并非植物学或地质学的替代品，对形而上学理性主义的驳斥也不是充分的逻辑学与概念心理学的替代品。但这还不是事情的全部。还有另一个复杂的因素。那就是——没有充足理由，没有终极证明（这里说的是理性主义的形而上学家所意求的那种，也是某一与它极端相仿的神学所意求的那种），这一发现的冲击对萨特来说不是私人性质的。社会形势稳定、社会冲突微小的时候，信仰与标准的终极证明问题对大多数人相对不那么重要。风俗习惯本来组织着文明社会的生活，它既不像休谟以为的那样是天性的功业，也不像萨特以为的那样是自我欺骗。然而，在产业急速变革的时期，在战争时期，在酷刑与集中营时期，在纳粹时期，在极权主义国家时期，在诸如此类的时期，风俗习惯的支点突然回缩了，人们不得不去诘问有关证明的问题，这些问题在正常时期原是无人过问的。此外，种种极端的境遇使这些问题的正常回答本身又成了问题。曾为社会赞许和褒奖的社会行动曾具有人们所熟知的功效主义的根据或证明，而如今这些社会行动变成了社会虚空之中的某种私人姿态。"但若人人像你这样做会有什么结果？"这样一个问题不再具有力量，因为很久以来，人人的所作所为都比你坏得多。我们且不离题太远，1933 年到 1945 年在欧洲大部分地区发生的事情差不多就是这样。

在这种情境下，荒谬的人的心理学，在虚空里有所行止的人的心理学，就变为至关紧要了。不过萨特对这种人的研究在某种重要方面是残缺不全的。让我们考察一下对荒谬心理学或极端情境的另外两种研究。当精神分析学家布鲁诺·贝特尔海姆（Bruno Bettelheim）被希特勒关进达豪集中营与布痕瓦尔德集中营时，他发现，囚犯们对自身情境的极端性反应，不像他原来曾设想的那样；他原来做出的设想依据于以往对日常生活的经验，以及对日常生活的理论化。所以，当他着手于极端情境下的心理进行理论思考的时候，他是把集中营里的行为同"正常"行为相对照来进行的。或者换举加缪小说《局外人》中的主角为例，这大概更接近萨特的研究工作。他没有正常的人类感情或反应。事情发生在他身上，他做出某些行动，但他对这一切都无动于衷。他既不希望也不失望，既无兴趣也非无兴趣。他只是存在着。一个母亲的死，一个女朋友的愿望，偶然杀掉了一个不知何许之人——这种种事件原都会得到各种类型的、正常和标准的虽则不是千人一律的反应。然而如果竟有一个无法用这些反应来描述的人，如果他如此缺乏这些反应，乃至我们简直不能说他不悲伤、不悔恨，那我们拿这样的人怎么办？对他来说，悲伤、悔恨都是他几乎不懂的形容词。这些词对他没有意义。我们为什么深为加缪的小说打动？至少有一部分是因为同日常人类生活的对照。加缪描画出缺乏这些反应的人，他的画面把正常反应的意义与要点醒目地突显出来。这种人应是一种不正常的例外；无论对小说的构造还是对如何领会小说的主角来说，这一点都具有本质意义。若没有这种同正常情况的对照，我们就将困惑不解，而小说就将丧失其要领；正如若要撤去日常生活的背景，贝特尔海姆对集中营里发生的行为解释就将失去其要领一样。然而萨特的哲学著作所缺乏的正是这样一种背景，虽然他继《呕吐》之后所出的小说，特别是他的剧作，都肯定不缺乏这种背景，这一点有时通过陈述，有时则至少通过暗示得以表明。这样看来，萨特所谓人的存在所导致的荒谬性实失其中肯。不过，萨特热倒也不难理解。他提供了一幅人的存在画面，很多飘萍无据的人很容易把这幅画面接受下来。当然，另一些人所看到的自己和他那幅画面不一样，这时他就引用"自欺"来加以解释。稀奇的是，他的社会哲学把风俗习惯的欺骗性同资产阶级的社会生活视为一事——这之所以稀奇，是因为自认可以把萨特的画面用到自己头上的那些人，恐怕多半都是资产阶级的浪荡子。我想多数法国工人都不会是萨特主义者。

在黑格尔那里，"不幸意识"属于一个历史阶段，属于一种心理学类型。它是引向一种人的线索，而不是引向所有人的线索。它不可能是引向人类本性的线索，只因为不幸意识的问题能够得到解决。同样，当现代精神分析学家在他们的病人身上看到了对荒谬的经验,或对克尔凯郭尔所谓的畏惧的经验,或萨特所谓的厌恶的经验之时,他们是把这些经验看作某种状况的症象,而这种状况是可以治疗或需要治疗的。然而萨特摆到我们面前的人类状况是这样一幅画面:它让人觉得除了《辩证理性批判》的政治选择——这种选择来势汹汹而又概念混乱——之外,别无他途。

选择

对刚才所说的一切都可以这样应对说:萨特为其论点实际所做的证明之广度被低估了。此外还可以有某些独立的证明,它们能够支持萨特的某些论点,例如,别人都不能为我选择道德原则,归根到底,我只能牢牢站定在自己选定的原则之上,诸如此类。通常人们不会把休谟与黑尔(R. M. Hare)当作存在主义者,然而萨特不仅倚重于休谟的论题——我们无法从"是"演绎出"应当";他甚至更加倚重于某种同黑尔基本相仿的论证。黑尔认为,我们尽可以根据自己所选定的原则得出如何去行动的结论,这一原则尽可以是我们生活方式的一部分,然而,当我们把这种结论与生活方式加以特殊化的时候,原则的证明就告一段落。[1]到这里,我们不再能讨

---

1 《道德语言》,牛津,1952,第 68—69 页。

论，只能决断。而这显然也是萨特的伦理观，甚至还是克尔凯郭尔的伦理观。这一观点同亚里士多德的观点相对立，因为亚里士多德主张熟虑与选择本属同根，而黑尔和萨特则都主张：在不再有熟虑余地之处，选择就发生了。这种选择必然无标准可言。

在休谟和黑尔那里显然是冷静的逻辑论点，到了萨特那里为什么就成了论战的戏剧性论点？原因之一在于，休谟乃至黑尔能够假定广泛道德的一致性有一种社会背景，而萨特却不能。如果我们知道在道德上做何选择，那么即使人们告诉我们这种选择得不到进一步证明，这也不大会搅扰我们；除非我们确实不知道选择什么，而还在寻找一种这样做而不那样做的理由，那时选择得不到证明才会搅扰我们。不过，黑尔与萨特真是对的吗？存在着无标准的选择吗？或这些选择是奠基在道德原则下面的？人们可以通过许多方法来讨论这类问题。可以搜集一些选择的实例，把选择同标准的关系研究一番。结果恐怕是，那些显得似乎无标准的选择实例看来总是一些特殊的例子和导入歧途的例子。例如，在彩票销售中，人们从一个帽子里选定一张印有号数的彩票，这时候不可能有任何标准供人来决定选择这张或那张彩票，因为这事情本来就要求选择应当是任意的。而这也就是说，选择是由某种标准设定的，那个标准正是每张彩票都必须有同等入选机会。无论如何，道德原则的选择似乎不是那样的。何况,从萨特-黑尔观点可以得出:一条道德原则(在逻辑上)可以有随便什么内容。一个人有何种道德原则系于他选定的东西,而这些东西既然不受选择标准的限制,就等于说任何东西都行。但若有人声称他把"一个人在走动的时候应当永远把一只手放在自己的头上"变成了一条道德原则,那我们将极其倾向于说我们认为他所说的是难以理解的。如果我们发现他相信这种做法可以预防某种疾病,或为他本人乃至为别人提供某种乐趣,或同其他某种可以认识的人性善联系起来,我们才能开始明白。这强烈地表示出:道德原则的内容并不像那个样子摆在我们面前以供选择,善这个概念的性质限制约束着我们。但承认这一点就会牵涉到萨特是否承认他最讨厌的东西(bête-noire)——某种方式的客观道德命令。

无论如何,我们可以明白,在萨特观点中有某种乖张之处——我们会想到,按照他的观点,欲望在提供选择标准方面似乎不起任何作用。理由是简单的。他认为欲望与情绪本身是被选定的。他争辩说,我悲哀是因为我选择了悲哀。他描画了一个处在忧郁状态中的人,当另外一个人走进屋来,他就打起精神,进入一种情趣盎然的状态。但事情却不像萨特认为的那样,仿佛可以从这里推出这个人能够是悲伤的,能够成为不像他所选定的样子。远为自然的说法应该是,如果这个人要做别的事情的愿望足够迫切,比如他不愿对别人表现自己的忧伤,他就能够从自己的忧伤里振作起来。缄口不谈未经选择的欲望和情绪，这一点当然是同萨特不愿用因果关系解释人的行为连在一道的。克尔凯郭尔、海德格尔以及萨特的功绩在于，他们谈到情绪生活的时候不删除意向性因素。但若他们认为自己的说法同因果说不能相容，那就难以理解他们所说的东西了。

存在主义：一种可能的解释

不过，要理解存在主义立场在历史上是如何达到的却并不那么困难。让我们来看一看以笛卡尔始以康德终的这一哲学时期。在这一时期里，某些认识论问题提了出来，但未得到解决。它们也得不到解决，因为某些假定本来是在一定的概念框架内提出来的，结果它们却凌驾于这一框架之上。有一个与世隔绝的孤零零的认识主体，全部认识都必须从这一主体的认识论源泉出发得到改造。在着手组织我们的知识之时，总使用着一个演绎模式，然后要么去寻找有逻辑保证的公理，要么去寻找感性经验的硬与料。总有一个假设认为怀疑主义的困难是能够被克服的；论证失败之时，人们就乐得请出上帝来克服这些困难。笛卡尔的上帝在我的观念与物理世界的鸿沟之上建起了桥梁。休谟的"天性"简直就是机械里出来的神（*deus ex machina*）。黑格尔废弃了笛卡尔至康德时代的认识论假设，但他把事情弄得好像要想解决哲学问题就得接受他的体系,而那些反对这个体系的人们则容易回到早期的那些假定之上。至于克尔凯郭尔,他最多只是暗中如此。我们的确能把他所谓在伦理的东西与美学的东西之间进行的选择看作康德所谓在义务与欲求之间进行选择的替代,不过却撤除了理性的基础。而更一般的是,克尔凯郭尔的个体有似于笛卡尔的"我",只是不带"我思"。胡塞尔明确的笛卡尔主义加强了这种肖似性。而萨特又继承了胡塞尔的笛卡尔主义。萨特的"人"在其认识论里是笛卡尔的"人",在其伦理学里则是康德的"人",不过他把理性原理换成了无标准的选择。这里不再有上帝或天性来保证宇宙的合理性,但这里同样没有社会所设立承认的标准作为背景。要使我们所具有的知识以及我们获得知识的方法是可以理解的,这种背景是必不可少的。萨特的人是笛卡尔孤单单的认识论英雄的嫡传子孙。

那么,存在主义只不过是一系列错误而已吗?即使真是这样,它也不是毫无价值的。不知哲学史的人命里注定去重复它。这句格言在此意味深长。在某种意义上,存在主义有很大一部分构成了某些哲学理论的归谬法(reductio ad absurdum),尽管这种意义同存在主义者的原意颇不相谋。当我们把他们逼到无法接受的结论之上的时候,对他们错在哪里就获得了更清楚的看法,从而也就对我们应当说些什么获得了更清楚的词汇。然而,还有某些卓越的洞见,尤其是在心灵哲学方面,深藏在萨特、海德格尔和克尔凯郭尔那里。把这些卓越的洞见从它们幽囚之所解脱出来，这一任务不属于存在主义的以往历史，倒是属于哲学的未来历史。例如，萨特在他早期论情绪的论文里不仅仅说情绪具有意向性；他开拓了一整个情绪理论，把情绪描绘为以半魔术手段改变世界的目的性尝试。我的惊怖是企图摆脱恐吓我的东西的尝试。把某个人的背晦遭遇看作由于他自己身上的缺陷所致，还是宇宙的缺陷所致？克尔凯郭尔在讨论美感东西的过程中对悲剧性痛苦以及我们为什么感到这种痛苦所做的分析，也就是对上述两种看法之间的区别所做的出色分析。海德格尔对奥古斯丁所论的时间性与时间意识所做的现世化工作，并非同他的本体论密不可分。在上述各例中，他们都对哲学与心理学边缘地带的研究工作做出了严肃的甚至是决定性的贡献。

存在主义的悖论在于，一方面，它大张旗鼓否认构建哲学体系的可能性；另一方面，没有一位主要的存在主义哲学家舍此不为，而且对他们所有人来说，其构建的体系形式恰恰造成了他们所说的那种后果——他们原本可以在较易为人接受的形式中得到表达的个人的概念性见地，因更难为人接受的形式受到损伤和扭曲。我们应当汲取的教训是，体系在哲学中几乎是不可避免的，承认这一点就使我们能够利用体系形式而不致太冒风险；若不承认这一点，我们就几乎注定要沦为自称蔑视如此之深的东西的牺牲品。

西方大观念之哲学[1]

谈论任何一个大观念，无论是哲学家还是什么人来谈，都会遇到很多困难。而涉及人们在传统上是怎样讨论哲学本身的，这些困难就来得更加严重。"哲学"这个词的描述意义变化多端，有时指学问的这一部分，有时指那一部分，有时甚至是指心智的某种态度或者某种生活方式。"哲学"这个词不仅其描述意义变化多端，而且其褒贬意味也常常变化。用到"哲学"这个词，人们很少不是在对哲学方法和哲学业绩加以赞扬或轻贬，对哲学家的天职和性情加以赞扬或轻贬。

"哲学"一词的描述意义延伸甚广，在一端，它涵盖所有科学知识的分支，这时哲学是对照诗、历史、宗教而言的；在另一端，哲学主要是和科学对照使用的，这时哲学和诗、宗教联系在一起，被视作见地、思辨和信仰的作品，而不是科学工作。

---

[1] 以下三篇译文原载于《西方大观念》，华夏出版社，2008。——译者注

说到"哲学"的评价意义，它有时是在赞颂对真理的爱和探求，赞颂追求智慧，甚至获得智慧。在另一个极端，哲学被贬为空洞的学问，无益的争论，以及基于无根据的看法所形成的教条态度。一时，哲学家名声很是好听，和智术师的可疑名声恰成对比；另一时，"哲学家"这个名称差不多恰恰带着和"智术师"相同的恶味。在社会的实际事务中，哲学常被视为无用，最多只是装饰，与此鲜明对照，说到理想国，则唯当哲学家成为国王，或国王成了哲学家，这理想国才能成为现实。

"哲学"和"哲学家"的这些意义变迁见证着西方思想史上的多次危机。它们也反映出我们西方文化的发展，反映出各个主要时代的特征。例如，古代的伟大著作看来从未提示过科学和哲学的分野。某一特定部分的知识，如物理学或数学，不加区别地被视作一门科学，或哲学的一个分支。知识的王座是智慧，要求得智慧，求学者就要沿着知识的阶梯层级而进，直至于最高的科学或曰第一哲学。配得上智慧美名的那种知识应该怎样命名、怎样定义，亚里士多德和柏拉图也许各有主张，但那是哲学探索或曰科学工作的终极目标，两人则无异议。

……他们一致认为，哲学家是拥有知识而非发表意见的人，他的最终目标是智慧。

若说科学和哲学在古代也有点儿区别，那看来会是苏格拉底提示的一种区别：他说哲学是对智慧的爱，言下之意，那是对智慧的追求而不是获取。除非你实实在在有某一门特殊科学方面的知识，例如数学知识，否则不会有人叫你数学家，但一个人被叫作哲学家，并不在于他已经十分智慧，而在于他在努力变得智慧。若撇开这一点不论，那么，希腊人一直倾向于把哲学和以某种方式产生思辨智慧和实践智慧的基础科学视作一事。

若把人的林林总总的学问、艺术、本领放到一起来考虑，我们可以看到，古代人针对哲学区分出来的有诗、历史、具体生产的技艺。柏拉图和亚里士多德在这里也不是以同样的方式来做出区分的。在《理想国》里，柏拉图拿诗人和哲人相比，对诗人颇不以为然。诗人是仿制品的模仿者，在意象和看法的层面上打转，哲人则高居于想象之上，达乎理念的层面，而唯理念才是知识的真实对象。而亚里士多德的《诗学》看来对诗人颇表赞赏，他说诗比历史更富哲学，因为诗涉及的是普遍的东西而不是特殊的东西。不过，在诗和哲学的关系这一点上，两人的态度有时又像是反过来的，因为柏拉图认为神话和诗为哲学提供了材料，可以被提炼为哲学洞见，而对于亚里士多德来说，感官经验才是知识的源泉，通过归纳逐步形成哲学知识的原理或公理。这样的区别并不影响两个人一致认为哲学家是最为优越的。

哲学体现了人的禀赋的最高发挥，胜于诗和历史，更胜于所有能运用于生产的知识。在这一点上，亚里士多德和柏拉图看来并无二致，尽管亚里士多德把哲学生活区别于政治生活，并且把最完美的幸福赋予哲学家的沉思活动，而柏拉图则在哲学家见识了真理本身的光芒之后把他带回到洞穴之中，从而能把他的智慧用于实践，治理他那些不那么幸运的同胞——至少《理想国》是这么说的。

对于罗马作家，哲学的实践看来更重于哲学学说的内容。罗马皇帝奥勒留问道："什么东西能造就男子汉？"他自答道："哲学，只有哲学。"哲学使得内在的自我"水火不伤，超乎苦乐，行而有义"。哲学使得内在的自我"直面来临的一切，安之若素……最终愉悦地面对死亡，所谓死亡，无非是组成生命体的诸多元素重归于离散"。对于奥勒留，他的皇宫像是继母，他为之履行义务，而哲学才是亲生母亲，给予他安慰与扶助。他告诉自己要"时常回到哲学，在那里休养"，唯如此，"你才能忍受宫廷里的种种，宫廷也才能忍受你"。

斯多葛学派把哲学理解为道德规范，一种泰然任之的态度。"斯多葛"意谓坚忍。今天我们仍会对经受不幸的人说"像哲学家那样看开点儿"。"哲学"的这层意思就是这样来的。哲学提供的只是心灵的平静，而非俗世的财富和外在的权力。伊壁鸠鲁说："哲学不曾许人以任何身外之物。"要获得哲学所许诺的内在力量，人必得下定决心，收心绝欲，罔顾幸运携带的浮财。

伊壁鸠鲁问："你仍像你现在这样行事，你竟以为自己会成为哲学家吗？像你现在这样狂饮暴食，像你一如既往那样发怒发愁毫无节制？"他自答："不，你必得起早贪黑，辛勤劳作，战胜心中的欲念，……你好生反省过自己的毛病，再到我们这里来……如果你愿为心灵的平静，为自由和安宁付出这许多。"别梦想"先成为哲学家，然后去当税吏，然后去当演说家，然后成为恺撒手下的一名总督。这些位置和哲学家不相容……你要么潜心于你内在的自我，要么忙于外务；做一个哲学家，还是做个庸人，两者之间你只能选择其一"。

伊壁鸠鲁派与斯多葛派对哲学的理解看来并无二致。卢克莱修这样赞扬伊壁鸠鲁："茫茫黑夜，你第一个起身，点燃火把，把幸福之光洒向我们的生命……你的理性，你神圣的明觉开始宣告，告知我们，万事如其所是，我们心中的所有恐惧，消散于无形。"

不过，在卢克莱修那里，哲学带我们进入这样的境界，不只是靠节制激情、漫灭贪欲，更主要的在于哲学提供了世界构造和事物原因的真理。固然，哲学的心灵"高居于恬静的峰巅，城垣环绕，固若金汤，聆听智者的教诲，下顾芸芸众生，茫然奔走，不识正道何在"。但还不止于此。哲学还为人类的疾患提供更为奥妙的解药，那就是"解开捆缚人们的宗教链锁，让人的精神获得自由"。

世人惧怕众神的雷电，惧怕他们干预自然和人生的进程，惧怕来世的惩罚。在伊壁鸠鲁用灵魂的德性以及万物由原子决定的学说来教导世人之前，"人的生命……

被阴沉的宗教压迫,卑微地匍匐在地上爬行"。他的教导告诉我们,"什么能够而什么不能够"让心智摆脱宗教带来的恐惧。"唯有通过系统的沉思,洞见自然的本质……心灵的黑暗才会被驱散。"

除了卢克莱修,古代人在理解哲学对心智和生活的贡献之时,哲学对宗教的胜利似乎并不占据中心位置。在异教世界里,人们要么把宗教信仰和哲学合在一起作为对诸神的崇奉,柏拉图在《法律篇》中好像就是这个意思;要么,宗教信仰被视作愚民的迷信,与有教养阶层的见识聪明正相对照。在吉本(Edward Gibbon)笔下,宗教和哲学的断裂并不是智识范围内的分野,而是体现着社会的阶级分化——一边是受过教育的,一边是没受过教育的;或者,说的若是古代世界,那就在于是否学习过哲学。

然而到了中世纪,要考虑哲学的性质和价值,哲学和宗教的区别看来是个关键。无论基督教传统的伟大著作,还是伊斯兰文化经典和犹太文化经典,看来对这个区别都十分关注。奥古斯丁、阿奎那、阿维森纳(Avicenna)、阿维罗伊(Averroës)、迈蒙尼德(Maimonides),概不能外,只不过他们可能各自以颇不相同的方式来解答哲学对宗教与神学的关系。在这三大宗教中,世俗学问和神圣经典各有源头,泾渭分明,世俗学问来自人类理性的努力,神圣经典则来自上帝向信徒启示的道言。即使哲学被视作世俗学问的最高成就,备受推崇,若和宗教教诲相比,哲学通常被看作低下一等。

更有一些信徒,包括朴实的信众、极端的虔信者、神秘主义者,对理性的自诩深怀反感,若有哲学家声称在上帝本身所启示的真理而外还有任何值得求取的知识,那不过是这些哲学家的虚矫而已。基督教作家德尔图良(Tertullian)、彼得·达米安(Peter Damian)、克莱尔沃的圣伯纳德(Bernard of Clair-vaux)等人都表达过这样的立场。在阿拉伯传统中,则有安萨里(Al-Ghazâlî)所著的《毁灭哲学》。阿维罗伊对安萨里做出回应,写作了《"毁灭"的毁灭》。阿维罗伊肯定了哲学的优越地位,强健而精致的心智喜好哲学,理性不足而只能依赖看法和想象的民众则耽于宗教。奥古斯丁和阿奎那则避开这两种极端。他们并不轻忽哲学,把它当作无用的学问或意在颠覆信仰智慧的危险愚念。但他们也不承认哲学足以达到对上帝的认识——神圣本性的奥秘、神意、救赎人类的神恩,皆非哲学所能认识。

奥古斯丁引用了圣保罗的警告:"你要当心,不要被人用哲学和矫情妄语败坏,那些东西都出自人的传统,俗世的生蛮,而不是出自基督。"引用之后,奥古斯丁为他对柏拉图哲学的推崇加以辩护,在他看来,柏拉图哲学与基督教信仰最为接近。辩护所据的理由是,使徒也曾对异教徒说过,"关于上帝所能知的,他们也知,因为上帝把所能知展示给他们了"。不过,他加上说:"基督徒即使不知道他们的著作……也并不因此不知道那是唯一无上的真善上帝给予我们这样的本性,让我们依上帝的形象做成,给予我们这样的教诲,让我们借以了解神圣上帝并了解自己,给予我们这样的神恩,让我们因渴慕神圣上帝而获福祉。"

可见,在奥古斯丁看来,知识、爱情、行动,在其主要方面,都不是非有哲学不可。但奥古斯丁并不因此主张弃绝哲学。他说道,"如果那些被称作哲学家的人,尤其是那些柏拉图主义者,说出了某种真理,其所言与我们的信仰相谐,我们不仅无须惊疑退缩,反倒应当取之为我所用,不让它留在那些无权占有这真理的人手中",甚至就像埃及人劫夺犹太人的财物以归己有那样。

关于信仰和理性的关系,阿奎那和奥古斯丁的理解不尽相同,不过,他们两个看来都认为当信仰需要得到理解的时候,哲学可以充当神学的婢女。阿奎那好像并不觉得这意味着哲学丧失尊严,甚至并不意味着哲学不具有一定程度的自治。相反,他对他所称的"独一无二的哲学家"亚里士多德的证明方法推崇备至,乃至他的《神学大全》是用这样一个问题开始的:"在哲学的诸门学科之外,是否还需要有另外的学说呢?"

他回答说:"为了使人类得救,必须知道某些超出理性之外的上帝启示的真理。即使说到那些人能够用理性来讨论的关乎上帝的真理,人也必须得到神圣启示的教诲。因为关乎上帝的真理,凡可通过理性所知的,就只有少数人才能懂得,并且要经过长时间的努力,其间又杂有很多错误;然而,人类整体上的得救依赖于上帝,依赖于关于上帝之真理的知识……因此,除了理性所研究的哲学科学而外,还必须有一种借助启示的神圣科学。"这种神圣科学指的是神学,并非作为哲学的一部分的神学,而是其原则来自信仰而非来自理性的神学。

阿奎那写道:"没有什么道理表明哲学诸学科所探讨的事物,不能够由另一学科来探讨,哲学了解这些事物靠的是自然理性之光,而它们同样可以由通过神圣启示之光得到了解。"按照这种看法,神圣神学所处理的有些内容,如三位一体的奥秘,是哲学无法恰当加以探讨的,因为它们超出了理性证明的范围;但关于自然、人和上帝的另一些事情则既可以是哲学的任务也可以是神学的任务,哲学家和神学家分别在不同的光照之中考察它们。尽管一条道路由理性照耀而另一条道路由信仰照耀,但一种真理不可能和另一种真理相冲突,就此而言,哲学和神学之间并无冲突。

有少数近代哲学家如培根、洛克,似乎同意中世纪神学家的看法,认为哲学附属于神学。不过大多数近代哲学家坚决主张哲学的完全自治,从笛卡尔、斯宾诺莎、康德、黑格尔的著作中,我们可以看到这一倾向越来越明显。以黑格尔为例。他提到,有人认为哲学够不着宗教真理,有人则认为哲学自应避开宗教真理,更有一种用心险恶的说法,"怀疑哲学在宗教真理面前难免良心不安"。黑格尔对这些说法予以反驳,他说道:"真相与此大异其趣,事实上,哲学近来曾不得不为捍卫宗教而奋起反对若干神学体系。"

……而我们现代人来考虑哲学,更突出的问题则是哲学和科学的关系。

要讨论哲学和科学的关系,当然必须先对两者做一区分,然而,这一区分无论就思想还是就语词来说,都是后来才出现的新问题。我们已看到,在整个古代传统和中世纪传统中,哲学和科学几乎完全是一同事。"科学"这个词的意思本来就是知识,与看法相区别,就此而言,哲学探索的结果就是科学,哲学整体则划分成一些科学学科。也许,如某些古代著述所提示的,在哲学的层面之外还有某些科学,其目的是有助于有用的生产活动,而不是思辨智慧或实践智慧;也许,如某些基督教神学家所主张的,另有一种神圣科学,它所提供的智慧比所有哲学学科所提供的更为优越。这些可说是哲学等同于科学这一看法的例外,但这些例外反倒确证了,在古代和中世纪,人们的确认为哲学具有科学性质,哲学是由科学组成的,虽然也许在哲学之外还有少数几门科学。

"科学"和"哲学"的这种用法一直传入近代。例如,霍布斯在对知识类型做分类的时候,所用的标题就是"科学,或曰关于后承的知识,亦称作哲学"。培根提议"把科学划分为神学和哲学"。在笛卡尔那里,"科学"和"哲学"这两个词是交换使用的。他说:"在哲学的不同分支中,我年轻时候在某种意义上学习了逻辑;那是通过数学、几何分析和代数这三个哲学分支学习的,在这三种技术或曰科学看来像是能够对我心中所设想的计划有所贡献。"在作为《哲学原理》的序言的那封信里,他把"哲学整体"比作"一棵大树,树根是形而上学,树干是物理学,从树干生出的各个分支是所有其他科学。所有其他科学可以归为三种主要的科学:医学、力学、道德学"。

晚至18世纪末,休谟仍把"哲学"这个词视作各门特殊科学的总名。对休谟来说,哲学不仅涵盖数学和心理学这类非实验的科学,而且也涵盖对自然现象的实验研究。不过哲学不包括下面的几类:一是神圣事物或神学,其"最重要的最坚实的基础在于信仰和神圣启示";一是形而上学,那"无非是些诡辩和幻觉";此外还有"历史学、纪年学、地理学、星相学",这些科学探索的是特殊事实而不是一般事实。

并非只有我们今天称之为哲学的著述这样使用这些语词。我们今天视作近代科学基础的那些著作的作者如伽利略、牛顿、惠更斯、拉瓦锡、法拉第等人也把自己叫作哲学家,把他们所从事的科学如数学、力学、物理学、化学视作自然哲学的某一部分或某一方面。不过他们把自己的工作叫作"实验哲学",从而表明他们意识到自己与古代和中世纪科学家(他们也把自己称作哲学家)有很大不同。

"实验哲学"这个短语道出了 18 世纪以来的作家们普遍是怎么理解哲学和科学的根本区别的。把"实验"这个词应用于哲学,标志着研究方法甚至研究对象的一种根本区别,因为有些对象只能通过实验和经验得到了解。看起来康德是第一个鲜明区分两类研究的人,无论研究自然还是心灵,一类是采用他所谓的"经验方法",另一类是采用与之相对的"理性方法"。康德仍然把两类研究都称作"科学",不过他似乎把"哲学"限制于后一类,即纯粹的、先天的、理性的科学。

我们还应注意到康德的两点新意。虽然他把数学也视作理性的学科,但他把数学完全排除在哲学之外,并且批评有些哲学家努力仿效数学思想,对他们受到数学的这类误导不以为然。虽然康德有时在狭义上使用"形而上学"一词,用它专指对纯粹理性本身的考察,但他也说到,"形而上学这个名称可以用于全部的纯粹哲学……不包括以经验方式和数学方式对理性的运用"。哲学只有两个对象,一个是自然,一个是自由,前者是事物之所是,后者是事物之所应是;据此,康德把哲学区分为对纯粹理性的思辨运用和实践运用,分别形成自然形而上学和道德形而上学。康德写道:"所以,形而上学,即自然形而上学和道德形而上学,尤其是对我们冒进的理性的批判,作为形而上学的导论和准备,合在一起构成了真正意义上可称为哲学的领域。哲学的目的是智慧,通往这个目的的道路是科学。"

康德对语词的新用法明明白白地宣告了哲学与数学及实验科学的分离。此前的近代作者则只是对此有所提示。但"科学"一词,康德仍然既用于哲学也用于经验科学。最后一步是在19世纪迈出的,到了那时,"科学"一词只用来指数学以及只能通过实验或经验获得的关于自然、人和社会的知识。例如,威廉·詹姆士强调,他将把心理学作为一门自然科学来研究,为此目的,他将努力把能够通过经验研究的问题和那些属于哲学思辨的问题分离开来。对弗洛伊德来说,这种分离已经是个既成事实,现在不再有无法由科学解决而必须留给哲学去解决的问题。

在弗洛伊德看来,"我们不能承认科学构成了人类智性活动的一个领域而宗教和哲学构成了至少价值相当的另一些活动领域,不能承认科学无权去干预那两个领域的活动"。相反,弗洛伊德认为,科学研究有正当的权利把"人类活动的全部领域都视作应由它来照管的领域",有正当权利对哲学的不科学的表述提出批评。哲学的问题在于"它总像是把自己当作科学那样来从事……但它和科学是分开的,因为它死抱着一种幻想,似乎它能提供宇宙的完整而一致的画面"。正是这种幻想一直遭到科学的抨击,因为,在弗洛伊德看来,"随着我们的知识的每一个新进展,这幅画面必然会一次次四分五裂"。

等科学和哲学终于分道扬镳,我们就可以合乎情理地问到那些关于哲学的典型的近代问题了。哲学和科学是什么关系？哲学是由可确证的知识构成的吗，就像在自然科学和社会科学中所获得的知识那样？若不是，那么什么是哲学真理的标准？它是由定义和公设组成并由此可通过严格证明获得结论的那样一类知识吗，就像在数学中那样，尤其是像在近代数学构造中那样？若不是，那它岂不必须被视作看法或思辨而不是任何严格意义上的知识？反过来，若哲学思想可以比作数学，我们又看到不同的哲学采用形形色色的不同定义和公设，这岂不意味着哲学是一堆互相竞争的"体系"而非哲学家们在其中合作工作的一个单一学科，像科学家共同体和数学家共同体那样？

无论以上问题得到怎样的回答，我们还面临另一些问题。哲学是否依其研究对象的区别而划分为不同分支，像在自然科学中那样？抑或哲学应当被视作和形而上学是一回事？如果在形而上学之外还有一种自然哲学，那么，既然看起来自然科学和自然哲学都研究同样的对象，自然哲学的原理和结论与自然科学的研究结果是什么关系？与此相似，如果心理学是哲学的一个分支，那它与实验心理学及临床心理学是什么关系？经验性质的各门社会科学关注的是描述人类活动和社会体制，而不是对之加以评判、调整，那么，道德哲学和政治哲学与这些社会科学是什么关系？经济学是一门科学抑或是道德哲学的一个分支？如果它两者都是，那么这两者是什么关系?哲学,特别是其各理论分支,如果不同于科学,不能被用来控制物质自然,不能被用来进行物质生产,无论生产的是桥梁还是炸弹,那它有什么用?哲学无法宣称它取得过所有哲学家一致承认的任何一项进步,反而不得不承认大多数哲学问题看来永远争论不休,每个以往的世纪如此,今天仍然如此,这和诸种科学的连续不断的越来越快的进步形成鲜明的对照。那么,从今天回顾哲学的漫长历史,我们最后要问:哲学到底要有何作为?

……

这里我们必须强调,对这些问题的上述回答倾向于使哲学从属于科学,而这种倾向完全来自对知识本性、真理标准、人类心智的能力,尤其是理性力量的近代看法。甚至早在"科学"和"哲学"这两个词还大致可互相换用的时候,那些近代作家的著作中已经表现出了这样一种倾向。无论他们把所谈论的东西叫作哲学还是科学,反正他们关于其本性、目标、方法的议论到头来等于只承认数学和经验科学具有知识身份,而哲学思辨则被降低为只具有看法身份。

培根坚决主张真正的知识给予我们控制自然的力量,能够增进生产,这种主张看来就起到了这样的作用,至少对传统哲学中不符合这个标准的那部分肯定起到了这种作用。休谟坚决主张,在关乎事实的一切事情上都应采用实验性的推理,这种主张不仅排除了形而上学,而且排除了所有非实验性的科学或自然哲学。他们,此外还有霍布斯、笛卡尔、斯宾诺莎等哲学家,建议对哲学方法进行改造,哲学中不能成为实验科学的或不能成为准数学思想系统的部分看来经过这些改造都将被排除掉。在近代的哲学改造者中,康德是个例外。他希望借助他的批判方法把哲学树立在科学之上,独立于科学而存在;同时建立一种形而上学,它不模仿数学,而且,就理性成就的广度而言,数学不足与之相俦。但即使康德似乎也流露出看待哲学的一种典型的近代态度。他把自己要在哲学上造就的智性革命比作哥白尼在天文学中的革命,他提出这个比喻,是因为他希望确保(为哲学确保稳固的地基从而能不断发展)哲学能享有可与数学和经验科学相媲美的牢靠稳固和发展进步。另一位德国哲学家海德格尔像康德一样把哲学等同于形而上学。他甚至走得更远,他说道:"哲学在形而上学中来到它自身并为自己设定明确的任务。"

亚当·斯密写道:"随着社会的进步,哲学或思辨像其他所有行业一样逐渐变成一个特定阶层的公民的主要职业或唯一职业。又像其他所有行业一样,它被划分为相当数量的不同分支,其中每一个都为一群特殊的哲学家提供了工作;在哲学行业也像在其他所有行业一样,这种分工改善了技能,节省了时间。每个从业者都在自己的特殊分支成为更专的专家,大家合在一起完成了更多的工作，使得科学的总量大大增加。"

尽管亚当·斯密用到了"哲学"这个词，但看来他更多是在描述科学研究的分工和科学家的专业化。尽管哲学也有分支，尽管大哲学家也讨论哲学各部分的区别和层级，但他们自己的工作却展示了与专业化相反的精神。实际上，用以衡量一个哲学家是否伟大的尺度就是其思想的宏富、课题范围的宽阔，以及他所探讨的问题的广度。亚里士多德、培根、霍布斯、康德等哲学家对哲学的分门别类表现了很大兴趣，他们主要关心的看来是区分哲学思考的不同对象，以便区分哪些概念或原理适合于哪些特定对象。这个或那个哲学家视作哲学主要部门的课题、科学或学科本书另有篇章讨论，如逻辑、形而上学、神学、辩证法、数学、物理学、人等章。但此外有一组科学或学科在别的章里没有讨论，必须在这里简短地说一说。这组学科传统上位于哲学家的探讨范围之内，但有时候会扩展开来，成为某位哲学家的整个关注。普通人有时会说到他有一种生活哲学，这时他所说的"哲学"接近于我们要讨论的这组学科——一种广泛的同时又是个人的对人类境况的看法，这种总看法中包含着一种感觉，应当由哪些价值来指导自己的行为。

这里所说的这组学科传统上叫作伦理学和政治学，或道德哲学。苏格拉底从其前辈的探索转向这类课题，一般认为他由此成就了哲学上第一次大改造。苏格拉底在他的审判辩护中说："我不想说研究自然哲学的人有什么不对，但简单的事实是，雅典人哪，我和物理学的思辨毫无关系。"他接着告诉他的法官，他"将永不会停止实践哲学、教授哲学"——责备人们"低估了最有价值的事情，过于看重不那么要紧的事情"，努力使他们不要那么在意自己的身体和财产，"而是应首要关心怎样使灵魂得到最大限度的改善"。即使能换取他的生命，他也不会放弃哲学。他说道，"我无法缄口不言，每天讨论德性……是人最大的善"，因为"不经反省的生活是不值得的生活"。

怎么看待伦理学和政治学以及它们和哲学其他分支的关系，看来依赖于是否接受用来划分哲学各部门的一个基本原则。例如，亚里士多德和康德把哲学科学划分为理论的或思辨的和实践的或道德的，划分的根据在于他们认为前者考虑事情是怎样的（事物的性质和原因），后者考虑的是事物应当是怎样的（在生活行为和社会建制中的目标选择，以及目的和手段）。这样来看待实践之事，实践科学就是伦理学和政治学，并由此连带上经济学和法学。换一种说法来表示这种划分，实践哲学就是由道德哲学、权利哲学和法哲学组成。这几个部分都被看作规范性的、规定性的或规制性的学科，用来决定善恶对错，在人类自由活动的领域里指导人的行为。

霍布斯采纳另一种原则。他把自然哲学（包括第一哲学）与公民哲学（civil philosophy）或曰政治体理论区分开来。但他把伦理学和诗学置于自然哲学之内，把它们视作人性理论研究的一部分。他似乎不在意理论之事和实践之事的区别，甚至可说暗中否认了这一区别，因为霍布斯会拒绝承认这一区别所赖的基础——自然的必然性和人的自由。必然性统治着人的身体活动，也统治着政治体的活动，一如其统治着物理学家所研究的物体，因此，伦理学、政治学和物理学都同样是关于被决定的后果的科学。

培根则似乎另有主张。他把自然哲学与人的哲学和公民哲学区分开来，然后把自然哲学分成思辨的和实践的，前者包括物理学和形而上学这两个主要分支，后者则包括力学和魔术这两个主要分支。心理学、逻辑和伦理学属于人的哲学，政治学和法学则属于公民哲学。在自然哲学领域，思辨和实践的区别看来对培根极为重要，可是在人的哲学和公民哲学这一领域，他似乎没有应用这一区别。其中的理由看来在于培根用"实践"这个词来意指从关于原因的知识生产出结果来，而不是指人通过选择而导致的行为。因此，培根所谓的实践科学相当于亚里士多德所理解的技艺或生产科学，即制造的领域或最广义的诗学，而不是相当于亚里士多德所说的实践活动，即行为的领域而非制造的领域，实践智慧（prudence）的领域而非技艺的领域。……

科学与艺术的关系问题，如果用培根的用语来重述，就成为理论与实践（即生产）的关系问题。但就亚里士多德、阿奎那和康德等人来说，哲学的思辨分支和实践分支的关系问题远远有别于怎样把关于存在或自然的知识与关于应去追求之事或应去成就之事的知识联系起来。在霍布斯那里，问题又转向一个不同的方向，他要考虑的是物理学对心理学、伦理学和政治学有何种作用。

到了20世纪，我们见到对哲学的另一些看法，既有一种把哲学视作远高于实证科学，又有一种把哲学视作经验科学的婢女。一方面，詹姆士授予哲学一种荣耀，他认为在常识的基本范畴中包含着根本的智慧，而正是哲学通过反省和分析揭示出这种智慧。他写道："我们思考事物的最根本的方式，是远古远古的祖先的发现，是那些经过了后来世世代代的经验仍得以保存下来的发现。它们在人类心智发展中形成了一个各种力量相均衡的大平台，即常识的平台。"

另一方面，罗素和维特根斯坦利用他们所掌握的数理逻辑来轻忽哲学，甚至嘲笑哲学。维特根斯坦写道："哲学的成果是揭示出这样那样的十足的胡话，揭示我们的理解撞上了语言的界限撞出的肿块。"在他看来，"哲学问题具有这样的形式：我不知往何处去"。他认为"哲学只是把一切摆到那里，不解释也不推论"。

罗素不认为有任何"智慧的特殊来源，只能由哲学汲取而不能由科学汲取"。因此，对他来说，哲学和科学本质上并无区别。"哲学所获得的成果和科学所获得的成果并没有什么根本区别。"不过，他也承认，"哲学有一个本质特点使它异于科学,那就是批判。哲学批判地考察科学和日常生活中所采纳的原理"。然而,他又补充一句说:"哲学的价值实际上大致要在它的不确定性中寻找。"

说到近代哲学,怀特海没几句好话。在他眼里,"近代哲学已遭毁灭。它以复杂的方式摇摆在三个极端之间。一个极端是二元论者,他们把物质和心智当作同样基本的东西接受下来,此外是两种一元论者,一种把心智放到物质里面,一种把物质放到心智里面。由于赋予17世纪的科学图景以某种错位的具体性,导致了一种内在的混乱,而上面三个极端靠着用抽象性来变些戏法将永远无法克服这种内在的混乱"。

怀特海提到的这三个极端在古代和中世纪也曾存在。柏拉图是二元论者,德谟克利特是唯物主义者,普罗提诺是唯灵论者;要是用怀特海自己发明的"错位具体性"这个重要短语来说,亚里士多德和阿奎那这两位哲学家是两个犯下"错位具体性"佯谬的经典例子。因此,不可避免的结论会是,几乎没有例外,怀特海之前的哲学史是一部智性失败的可悲历史。

哲学受到的最糟糕的评价大概来自尼采;略早于20世纪的开端。在《善恶的彼岸》里有一章谈论"哲学家的偏见",尼采在那里把他典型的虚无主义指向了哲学,"说到哲学家,人们有几分不信任,有几分嘲弄,这倒不是因为人们一而再再而三地发现哲学家那么无知……而是因为哲学家根本上就表现出不够诚实,而只要稍稍触及真诚问题,哲学家就叫嚷着宣称自己的德性"。尼采对真理取虚无怀疑的态度,考虑到这一点,他对哲学的真理追求所表现出来的轻蔑也该一样延伸到科学的研究。根据上面所说的这些看法,对事物本性的思辨又该如何影响人类生存及人类社会的理论呢?又该怎样影响人们努力借以过上良好生活、组织良好社会的实践原则呢?物理学和形而上学的真理,或在这些领域的主要哲学问题,与心理学、伦理学、政治学的真理和问题有什么关系?或者,像詹姆士那样提问,任何人,只要有人生哲学,不也必然有一种形而上学,至少在默会的意义上如此?

在西方文化的诸伟大时期,哲学受到程度不等的崇敬,崇敬的程度依赖于对上面这些问题的回答。哲学不同于超自然的宗教,也不同于经验科学,哲学,尤其在与这二者分开的时候,并不许诺永恒的拯救或尘世的繁荣。哲学的用处必须在宗教和科学之外另做评估——哲学从它诞生之初,本质上就在于爱智慧,并因爱智慧而探求一种既应是思辨的同时又应是实践的人类智慧。

西方大观念之语言

在人文学科中,语法、修辞、逻辑这三门都和语言有关。这三门学科中的每一门都为使用语言制定自己特有的规则,都有自己特有的标准用以衡量语言这一思想工具或交流工具怎样才是优秀的、怎样才是正确的。三门学科合在一起规制言说整体。三者的相互关系代表了言说的三个方面之间的关系——情感方面、社会方面和智性方面。

伟大著作的传统就是人文学科的传统。这些伟大著作的伟大不仅体现于它们所探讨的观念或问题规模恢弘,而且也在于它们所生产的各人文学科具备卓越的形式。有些伟大著作解说逻辑和修辞。没有一部是专论语法的。不过,即使它们不见得专门阐释语言艺术,它们全都各显神通,明明白白展现了语言艺术的精妙绝伦。其中有些著作明确地探讨言说中的诸种难点,解说人们曾用来克服这些困难的方法,这主要是指科学、哲学和神学方面的著作,但也包括某些诗歌作品。语言是它们的工具，而它们在使用这种工具的时候着意保持着批判态度。

伟大著作之一，奥古斯丁的《论基督教教义》，直接而明确地讨论语法，即讨论广义上的阅读艺术。维特根斯坦在他自己探讨语言本性的著作里批评奥古斯丁说，他过于关注名词而忽视了动词。但他没有看到《论基督教教义》这部著作中奥古斯丁关注阅读的中心旨趣何在。奥古斯丁对"道言的真诚学者"说道：这本书旨在"制定解释的规则"，这可以和下面的情况相比，"教人阅读的教师是要告诉人们怎样自己去阅读"。只不过这里奥古斯丁关注的不是一般的阅读，而是阅读这本书，即《圣经》。我们后面还要回到这个问题上来，讨论解释上帝之言或解释被认为是受启示而发之言有哪些特殊之处。

我们的时代对语言问题有活跃的兴趣。这部分是由于近世对形形色色的人类语言展开了历史研究和比较研究，并形成了科学的表述方式来探索所有语言所共有的起源、结构和变化。但这也部分是由于诞生了通常被称作"语义学"的学科。这门学科声称它发现了语言这一表达形式的诸种性质，尤其是声称它发现了语言的限度。语义学有时走得很远，甚至声称人类的许多毛病正来自对语言的误用。据认为，语义学的新鲜之处既在于诊断这些毛病，也在于它所提供的治疗方案。

说到近世对语言的兴趣的这两个来源，第二个来源让我们注意到人文学科的核心。语义学正是这一核心的当代表述。当然，也许不妨说语义学并不是什么新东西，所谓新者不过是变换了名称。霍布斯、培根、洛克及很多其他作者都明确地讨论过语言的误用和语词的陷阱。他们每一个都提议过怎样纠正这些缺陷的方案。柏拉图和亚里士多德、奥古斯丁和阿奎那、贝克莱和休谟，他们也各个都谈到话语会模棱不清，谈到每一种言说可能在哪些多种多样的意义上得到解释，谈到通过何种方法可以更加准确地使用语言。

对语言的前一种兴趣也见诸伟大著作。尽管语言学作为一门科学以及语言史研究都是近世才产生的，但对语言起源的思辨以及就此而言对语言的自然方面和约定方面的思考则贯穿整个传统，所有时代，凡讨论人和社会的本性，无不把语言视作唯人类世界所具有的一种根本特点，无不把人类语言和动物之间的交流加以区别、对照。

此外，伟大著作还对一般符号和信号的本性做了广泛的哲学探讨。这不限于口说和书写的语词如何获得其意义。这是一个更加普遍的问题，要求人们考察每一种类型的信号，每一种类型的意指方式，无论那是否通过语词，是人工的还是自然的，人的还是神的。这些考察和语言问题密切相关，本章都有所涉及……

古代和近现代对语言问题的探讨看来有不同的主

调。只有在近现代,才会有海德格尔这样的哲学家,说"不可言说之事的主要舞台之一是畏,而畏的意义是:无之深渊把我们抛掷于其中的恐惧"。也只有在近现代,才会有海森堡这样的物理学家,指出量子理论中"最困难的问题"是"语言的使用"。我们"没有任何简明的线索帮助我们把数学符号和日常语言的概念对应起来"。

古代哲学家对话语中的非常规因素颇为敏感,努力保护言说不受其侵害。柏拉图和亚里士多德在讨论一个课题的时候,通常要先考察与之相关的语词都有哪些时行的用法。他们发现,普通语词多半有很多不同的意义,于是他们仔仔细细把这些意义列举出来,排成某个系列。他们寻求语词的定义,或者建构定义,借以减少在人人凡要表达或交流都不得不用的话语之中潜藏着的模棱不清。但他们没指望过完全消除模棱不清。同一个词不得不在好几个意义上使用,这一事实他们准备好了接受下来,他们区分不同的情况,在有些情况下最好在明晰的意义上使用一个语词,而另一些话语则须允许一个语词表达一系列意义才好。抽象语词有别于具体语词,通名有别于指称个别事物的专名,有些语词指的是观念之类的纯粹智性对象而不是感觉经验的对象,他们不觉得这些事情造成了格外难以对付的麻烦。

古代人的这种态度大一半也为中世纪的哲学家和神学家所继承。这种态度看起来对语言的不完善表现出某种宽容。思考得不清楚,推理得不一致,论证得不切实,这些毛病主要应怪罪于人们没有善用他们的思想能力，而非语言这种工具有什么无法改善的缺陷阻滞了他们的意图。即使人们之间发生误解，也主要不应归罪于语言这种交流媒介不够充分，使得心智无法借助语词交换互相通达。只要做出更多努力，只要更勤奋地运用自由艺术，即使语言造成障碍，人们照样可以成功交流。

有些事物，即使能被人类思想充分把握，仍无法由人类语言加以表达。但丁来到天堂的神秘玫瑰那里时说："我所见到的，比语言所能展现的更为伟大。"柏拉图认为，"关于最高的事物，关于万物的第一原理"，我们的知识"不同于知识的其他分支，它们是无法解说的"。在他的《第七封信》中，他走得更远，断言"没有哪个理智清醒的人会冒险用语言来表达他的哲学观点"。

除了这些例外，古代人对语言多半采取宽容的态度。但这并不意味着他们低估了出色使用语言的困难。这只是意味着他们并不把语言视作明晰与真理的顽敌。语言的缺陷好像肉体的弱点。我们可以修炼德性，在很大程度上克服肉体的弱点，同样，我们修习自由艺术，掌握语法、修辞、逻辑各门技术，最后就能让语言表达我们所能获得的几乎所有真理，明晰地传达给别人，差不多像我们思考时一样明晰。只要我们付出应有的努力，学会让语言服务于我们的意图，就不至于始终臣服于语词的专制。不过，自由艺术并不担保我们怀有纯洁的意图。有时，人们的目标恰恰是欺骗、造假、愚弄。人们要说服别人，有时不择手段，为赢得争论，有时罔顾真理。人们会有意把论争对手弄糊涂，会有意误导听众。要达到这些目的所需的语言技巧殊不亚于为追求真理之时。若说这样使用语言是一种误用，那么，语言的确既可以被正当使用，也可以被误用、滥用。

古语云，唯熟谙语法者能够故意制造语法错误。所以，如柏拉图所知，智术师和哲学家的区别不在技巧而在意图。他批评智术师的论证狡诈欺人。但他同时也承认智术师的聪明，他们玩弄语词，在貌似有意义的话语之下贩运各种荒唐无稽。亚里士多德列举了智术师的多种悖论，它们很少源于偶然的错误，它们通常也远非源于语言为思想设置的障碍，倒多半是精巧设计的模棱歧义。它们是些利用语言来混淆逻辑的方式。用亚里士多德的话说，它们表现的是"争论中的违规拳法"，只有那些"下决心不惜代价取胜的人"才会采用。

近现代的语言研究则更经常主张语词在不知不觉之际让人欺骗了自己，其经常殊不亚于语词使人能有意欺骗他人。语词经常冒充成某种东西，这种东西其实并不存在，结果是让人上当受骗。在霍布斯或洛克看来，在贝克莱和休谟看来，通名或普遍名词尤其如此，那些意指看不见或想象不出之物的语词也是一样。

霍布斯说，我们想象不出无限之物，所以，"无限"这样的词就是荒唐之言，"它并不指任何东西，只是那些上了当的哲学家,以及上了当的或打算让人上当的教书匠才让这种语词显得煞有介事"。霍布斯指出日常用语的模棱不清、隐喻的欺人之处,而他尤其关注有时语词被用得荒庸无稽,"除了声音之外,我们一无所闻"。他举了一些例子,不仅包括"圆的方",也包括"灌输德性""自由意志""非物质实体"等。

看看这些例子,我们就可以明白霍布斯所说的言之无物是什么意思,也可以明白他的下述警句是什么意思:"语词是智者讨价还价的筹码,是蠢人滥花浪掷的钱币。"霍布斯也是从这个角度指出人们很容易用语词来欺骗自己,正是这种自我欺骗把前人引入一种他称之为"荒诞无稽"的错误。霍布斯的新意不在于他不同意前辈思想家的心理学、形而上学、神学等的观点,而在于他的这样一种见地:人们以为是正确观点和错误观点的分歧,其实往往是话语有意义还是无意义之间的区别。不过,他的反对者也许可以这样回应:除非你关于物质和心灵的观点是正确的,否则你的语义学批评就不能成立。唯当霍布斯的形而上学和心理学是正确的,才能说其他人被语言诱惑,坠入了无意义的言说。

至于批评某些论证似乎依赖于隐喻,这种批评倒并不特属于近代。柏拉图阐释理念论时说到形式或理念"是一些样式,其他事物分有这些样式",而亚里士多德就批评这个提法使用了"空洞的语词和诗式的隐喻"。不过,霍布斯把这种批评推进得更远得多。他在批评其他哲学家时常常完全依据于这样的理由：他们的谈论是无意义的。尽管霍布斯自己差不多像柏拉图一样经常借助巧妙营造的隐喻引发想象，但他坚持认为他所说的都可以转换成字面表达。而别人的隐喻却掩盖着无意义的言说。

培根是另一个例子，可借以看到近代哲学家认为语言有一种邪魔力量。他写道："错误用语和不当用语对心智会造成奇特的阻碍。饱学之士往往借助定义和说明来加以防范，但仍不能完全消除这种阻碍——语词照旧表现出对理解的强制力量，造成一团混淆，把人类抛进无数空洞的纷争和悖理。"培根接着说："语词强加理解的偶像有两种。一种是本无此物，却有此物的名字……另一种是实存之物的名字，但这些名字却混淆不清，定义不当，匆忙或不合规则地从事物抽象而来。"

霍布斯和培根都认为语言通过一个语词网络而与心智纠缠不清，所以他们的指责针对的是语词而不是事物。在这种指责背后，看来有一种关于现实以及心智如何从经验中获取观念的特定理论。洛克在《人类理解论》中告诉读者他为什么必须在他这本书里包括讨论语言的长长的第三卷，他的说明在精神上与霍布斯和培根是一致的，尽管他所依据的并非相同的前提。这一卷详细考察了语词的缺陷及滥用，以及应当如何加以救治的办法。

洛克说："含混的话语，无意义的语词形式，语言的滥用，这些东西长久以来人们习焉不察，视作科学中神秘莫测的部分；那些艰涩的用语和错置的语词没多少意义,甚至毫无意义,我们要定下规矩,不可让它们堂而皇之地冒充学识渊深、见解高远。不过,要说服那些如此发言的人,或说服其听众,那些话语只是无知的掩护、求真知的障碍,却并非易事……鲜有人会明白他们或在用语词行骗,或因语词受骗,明白这些语词所构成的那部分语言弊端丛生。"

这里的讨论涉及事物的本性以及人与心智的本性等最根本的问题。暂时不论应当怎样解答这些问题,有一点看来是清楚的。根据人们怎样看待语言和思想之间的关系(随看法的不同,人们对语言的缺陷和误用也会有不同的态度),人们不可避免对上述根本问题会有截然相反的看法。不管人们把语言这门学科称作语义学还是自由艺术,一个人批评另一个人的用语时所据的标准看来总是依赖于他把哪些东西视作真理。

……

由于人们感到,要进行数学和科学的精密分析,日常语言不足敷用,近代开始提出完善普遍的语言这一理想。笛卡尔把数学方法视作所有其他研究方法和其他研究领域都应遵从的步骤,于是他所设想的"普遍数理科学"就要求一种新语言,它应该成为分析和证明的完善工具。

有人认为数学符号体系本身就是完善的语言。拉瓦锡曾引用孔狄亚克(Étienne Bonnot de Condillac),其大意是：代数"最为简明、最为准确、最为完善，它同时就是一种语言和分析方法"。傅立叶说道："笛卡尔首先把分析方程引入来研究曲线和平面。这些方程也适用于所有一般现象。不可能另有一种语言来得更加普遍、更加简明、更加免于错误和含混，这是说，更加适合于用来表达自然事物的不变关系……它最重要的特点是清晰，其中没有一个符号会表达混淆的观念……它在研究所有现象时遵循相同的程序，它用同样的语言来解释所有的现象。"

对数学符号体系的这种赞扬表明，理想语言的一个特征是语词和观念的严格对应。拉瓦锡说："就像同一个印章印出三个图样，语词应当产生观念，观念应当是事实的图画。"如果在物理符号和心理观念之间有完全的一一对应，那么交流就永远不可能出错。人们互相理解，就好像他们直接看见对方的内心。虽然人们仍然使用外部符号作为交流媒介，但他们差不多是在直接交流，就像神学家所描述的天使那样。而且，应该与交流分隔开来考虑的思考过程本身也将完全由语法规则来规制，即由进行符号操作的规则来规制。

拉瓦锡说："推理的艺术无法是出色安排语词的艺术。"在这个意义上，如果有一种完善的语言，思想规则在那里大概可以还原为句法规则。如果数学符号还不够普遍，不能表达所有类型的观念，那么，也许必须像莱布尼茨建议的那样，建构一种"普遍的字词"，使我们能够用它们来为完成各种思想作业进行符号演算。这种看法看来包含了各种逻辑斯蒂方案的原则和动机。从乔治·布尔（George Boole）、约翰·维恩（John Venn）到朱塞佩·皮亚诺（Giuseppe Peano）、哥特洛布·弗雷格（Gottlob Frege）、路易·库图拉（Louis Couturat）、伯特兰·罗素和路德维希·维特根斯坦，近现代思想家发展出了符号逻辑或曰数理逻辑，与这种发展相应，人们提出了各种逻辑斯蒂方案。这些需由逻辑代数来实现的希望在威廉·斯坦利·杰文斯（William Ssanley Jevons）设想出的一种逻辑算盘那里得到表达，这种逻辑算盘像计算器或高速电脑那样，将会是一种思想机器，无论什么问题，只要以适当的术语表述出来，这种逻辑算盘都能加以解决。

完善的普遍语言这一理想是真切的希望抑或乌托邦梦想？近现代科学家并非个个同意拉瓦锡，认为科学的改善与语言的改善密不可分。例如，法拉第就为自己发明了描述电现象的新词道歉，他说自己"充分意识到名称是一回事，科学另是一回事"。斯威夫特对普遍语言的讽刺似乎也意味着理想语言是乌托邦梦想。格列佛来到居住着各种科学家的拉普他飞岛，得知那里的语言教授们正在从事一个项目。"既然语词只是事物的名称，那么，不如让所有人都携带着一些物件，表达他们所要谈论的那些事务所必不可少的那些物件。交流起来岂不更加方便?"用物件来代替语词会提供一种"所有文明民族都懂得的普遍语言"。

古代人也意识到日常语言是不完善的,但他们并未因此设想人们应当尝试去构造一种完善的语言,而是去思考假想中的自然语言和实际存在的约定语言之间的区别。假如真有那种自然语言,它就不仅是对无论何处的人们都共同的语言,而且其语词会是事物的完善形象或模拟。然而,人类语言是约定的而不是自然的,这一点表现在以下两个方面:不仅人类语言多种多样,而且,实际存在的语言在制造符号的时候采用了一些互相矛盾的原则。

柏拉图在《克拉底鲁篇》中提出,后一个事实说明人类语言不是诸神赐予的礼物,若是诸神把人们所使用的名称给予人类,这些符号就会天衣无缝地和它们所指示的事物相合。这里的确假设了一种自然语言或神授的语言,不过,那并没有被视作一种理想,鼓励人们去发明一种完善的语言。这个假设更像是一种规范,人们可借以批评人造的语言,可借以发现所有约定语言共有的自然因素。

就像人类社会一样,人类语言看起来也半是自然的半是约定的。尽管人类社会有多种多样的风俗和建制,但有些政治原则,如自然公正原则,对所有社会都有效。与此相似,所有约定语言也有某些共同的结构特点,这些特点提示各种语言有自然的基础,奠立在人类共有的身体构造和心智构造之上。在自由艺术传统中，人们也探索适用于所有约定语言的普遍语法，不过，那并非希望创造一种普遍语言或完善语言，而是因为人们相信所有语言都有共同的自然基础。

在犹太-基督教传统中，自然语言假说具有另一种形式，也具有另一种意义。在这一传统中，自然语言假说在一定程度上是和启示连在一起讨论的，但这些讨论也从根本上关联到实际存在的多种多样的约定语言从何处而来以及它们具有何种性质等问题。

《创世记》里说到上帝创造了陆地上的所有走兽、空中的所有飞鸟，他把它们"都带到亚当面前，看他怎样称呼它们；亚当怎样叫一样生物，那就成为它的名称"。亚当发明的名称构成了一种自然语言，至少，按照奥古斯丁的解释，在大洪水之前以及此后一段时间里，那是一种"人类的共同语言"。不过，这仍然遗留下一个问题：亚当给予事物的名称是不是事物的自然名称或适当名称？这里所谓"自然符号"的意思是它们真正体现了其所指之物的本质。

霍布斯提出了一个回答，他说："最初创造语言的是上帝自己，他把受造物带到亚当面前的时候，教给亚当应怎样称呼它们。"奥古斯丁提出了另一个回答。他认为人类最初的语言是希伯来语，认为巴别塔之后的希伯来语和各族语言变乱之前所有人所说的语言是一脉相承的。

《创世记》告诉我们说，后来，人们开始建造"一座可以直通天庭的高塔"，于是，"大地上只有一种语言……主说：看哪，人类合成一族，他们都说同一种语言；他们已经开始这样做了，从此，人要做什么，就没有什么妨碍他们做成。让我们下到人间去，变乱他们的口音，让他们互相听不懂别人的话语"。

照霍布斯的说法，这意味着"亚当和他的后裔所得到的增益的语言在巴别塔时期又被遗失了，那时，由上帝之手，每个人都因为他的反叛罹受遗忘往昔语言之苦"。这也许还意味着，那时丧失掉的语言和此后历史记录下来的所有约定语言都不一样。假如是这样，我们就不妨设想，最初的语言是语言的自然形式，它根据每一事物的本性为它命名。所以，我们甚至可以把近现代的完善的普遍语言理想视作一种僭越的愿望，要获取上帝在巴别塔从人那里剥夺的东西。

人类语言的起源问题对神学家来说是个难题。而对于那些从纯粹自然主义角度来思考这个问题的人来说则更加困难。卢梭曾提出这类思考会面临的某些困境。

他问道：如果人类从互相隔离的状态过渡到共同生活在社会之中以前语言还不是社会生活所必需，那么，在发明语言之前，又怎么能够形成社会？他说道："若说人需要有语言才能学会思想，那么，人反过来又更加需要具备高度的思想能力才可能去发明语言艺术。"已经存在的语言怎样发展，孩子在已经具有语言的环境中怎样学习语言，"这些都绝对解释不了语言最早是怎么出现的"。

卢梭设想，在原始情境里，人们发出本能的呼喊，"遇到危险时用以求助，遭受痛苦时吁求安抚"；他设想，除了呼喊，人们会加上手势姿态，用以指示可见的活动的物体，发出模仿的声音，用以指示可以听到的声音。这些表达方式不足以传达不在场的事物和未来的事物，因此，人们最后发明了"音节语音"，把它们用作约定的符号。然而，卢梭注意到，"这种约定必须得到共同认可……但我们要想象这一点更加困难，因为，需要大量的说服才能形成共同认可，而要进行说服，语言似乎是绝对必不可少的"。

人类语言的起源问题不仅和人类社会的起源问题相连，而且和人本身的起源问题相连。"人是从某种较低的形态发展而来"，而在达尔文看来，分音节语言的能力并不对这一信念"构成不可克服的反驳"。尽管唯有人习用音节语言，但"人和其他较低级的动物都使用不分音节的喊叫来表达某种意义，外加一些手势和面部肌肉的活动作为辅助"。鸟类的歌唱、鹦鹉的学舌，表明动物可以学会并重复某些确定的声音，甚至可以把语词和事物联系在一起。在达尔文看来，人类的音节语言很可能"起源于模仿和调整各种自然的声音、其他动物的发音以及人自己的本能喊叫，外加手势姿态等的辅助"。

达尔文认为："人类和较低级动物的唯一区别在于人具有一种几乎无限的能力，可以把形形色色互不相干的声音和观念联系在一起。"有人并不同意这个论断；这些人也就不会接受达尔文对人类语言起源的看法。有些人认为人类理性和动物智力属于不同的种类，而非只是程度有别。与此相应，这些人也就会倾向于认为人类语言和动物的呼叫属于不同种类。例如，亚里士多德就说，自然唯赋予人类以"语言的天赋，单纯呼叫则只是表示喜怒，在其他动物那里也会出现"，而人类却有能力讨论何为权宜之计、何为公正，这一事实使人类的联合区别于群居动物的结伴。

笛卡尔认为我们可以根据两个标准来"认识人和兽类之间存在的区别"，其中之一就是人类语言。"即使把白痴也算上，没有哪个人残疾愚蠢到不能把不同的语词结合在一起形成句子，借以表达他们在想些什么；而另一方面，没有哪种其他动物……能做到这一点。这委实是极可注意的事实。其他动物不会说话，并非因为它们的器官妨碍了它们，显然，喜鹊和鹦鹉能吐出单词，和我们并没有什么两样，但它们却不能像我们这样说话，这是说，它们没显示出它们在想着它们所说的东西。……这一点所表明的不仅仅是兽类比人有较少的理性，而是兽类完全没有理性。"

……我们这里的讨论，只限于动物与人类语言及其起源有关的方面。无论像笛卡尔那样认为人类语言的独特性在于句法和语法，还是像洛克那样认为人类的特殊能力在于把声音"用作内在概念的符号，使它们成为代表内心观念的记号"，他们看起来都不是从明确的进化角度来看待人类语言的起源的。

……孤立看来，语法主要关注的是话语各部分的区别，例如名词和动词的区别、小品词和形容词的区别，等等。

"说到名词，"亚里士多德说，"我们指的是这样的声音：其约定的意义不关时间，它的各部分离开了其他部分就没有意义。"和名词相对照，亚里士多德这样定义动词：这类语词"除了它固有的意义还携带时间观念……"他继续说道："此外，动词这种符号总是关于某种东西来言说某种东西。"在洛克看来，动词和名词的语法功能是能够被普遍认识到的，也比较容易定义；小品词、介词、连词则不然，它们"用来表示说话人给予其言说的各个部分以何种联系、限制、区别、对照、重点，等等。……要想显示出小品词用得适当，用得富有意义、充满力量，就需多费几分心思，深入自己的思想，细细观察自己的心智在言谈过程之中的不同姿态。"

语法也关注语词和句子的区别，或用亚里士多德的话说，简单表达式和复合表达式的区别。语法还关注句法规则，这些规则按照语词作为句子各部分的功能决定它们的次序与搭配。语法学家根据这些规则对语言的误用进行批评，对形形色色的常见错误进行分类。

语法是不是一种可以应用于所有语言的普遍艺术，而不只是让我们能正确使用某一特殊的约定语言的一套正确规则？为此提供的一个测试是，看一看这一语法理论所做出的区分是否自然。例如，亚里士多德对名词和动词所做的区分是否对应于所有语言里都自然存在的东西，抑或只是希腊语或印欧语言所特有的？

"语言"还有一重意义，它比人类语言或动物交流更加广泛。从希波克拉底以来，医生们看待疾病的症状，就仿佛它们是互相联系的符号所组成的一个体系，仿佛是一种语言，医生的诊断艺术则为解释这种语言提供了语法。在心理学领域尤其是这样。当医生对神经症进行心理分析，尤其当弗洛伊德对梦进行解释，他们都把症状和梦里的象征当作复杂的语言来对待。这种语言的功能是表达某些潜意识的思想、欲望，它们无法用日常进行社会交往的语言来表达，因为意识总是对社会交往语言实施某种程度的控制。

医疗方面的这些例子所代表的是对语言的这样一种看法，按照这种看法，整个自然就是有待科学家解读的一本大书。科学家修习自然符号的语法，从而透视自然的种种神秘。从原因、结果或部分、整体来理解自然事物之间的关系，相当于发现大自然的句法。伽利略提出了另一种看法，按照这种看法，自然这本大书"是用数学语言书写的，它的词汇是三角形、圆和其他几何图形，没有这些图形的帮助，我们就不可能读懂任何一页"。

自然这本书也可以当作上帝的语言来读。预言或卜卦就是这样。它们把梦或其他事件作为凶兆和预兆来解读，而凶兆和预兆透露神的意图。当但丁升上最高一层天，他明见到，"那散碎在宇宙边边角角的物事"，在三位一体的眼界中，"为爱所系，浑然一体"。贝克莱走得更远。人通过感官知觉所获得的所有观念都是上帝语汇表里的单词。自然现象表现出一致，这"未尝不可认为是大自然创造者的语言使然，他向我们的眼睛展现出他的种种性质，指导我们以何种方式行动，以使我们生活得较为方便、较为丰饶"。

上帝还以另一种方式对人言说。至少犹太－基督教传统相信，上帝会通过人类语言来启示人。圣经是人在上帝的启示下写成的，它是上帝的话语。因为它既是人的又是上帝的话语，因此对人来说格外难以解释。

解释圣经的艺术涉及关于符号以及意义类型、意义层次的精致理论。它牵涉一套特殊的解读规则。奥古斯丁和阿奎那、迈蒙尼德和斯宾诺莎、霍布斯和帕斯卡都曾发展这一理论，都曾发展相关的解读规则。这些发展加深了自由艺术的内涵，扩展了人们对其他语言理解的广度，这既包括对其他人类语言的理解，也包括对大自然语言的理解。对语言的这一更宽泛的考虑,其核心在于意义分析和意指类型……

我们看到,对语言的探讨不可能与对人类本性和人类社会的思考分开。列维-斯特劳斯认为:"语言学在社会科学中占据特殊的位置,语言学无疑是社会科学中的一个门类。"

按照洛克的看法,由于上帝"把人设计为一种社会生物,与其同类相交相处,不仅是人的倾向,实是人的必需,同时,上帝赋予人以语言,而语言将成为社会的关键工具,成为社会的共同纽带"。

不仅人的共处依赖于言谈,按照洛克的看法,人若不能交流思想,就不可能享受"社会带来的安慰和益处"。"大自然赋予人特别适合于发音吐字的器官……但仅仅这一点还不足以使人产生语言",至少不足以使人产生人类语言,"因为,鹦鹉和其他几种鸟类也可以被教会发音吐字,但它们并不会说话"。洛克认定,因此,除了分成音节的发音,人形成的声音还应当是能够"彼此交流心智中的思想"的工具。

然而,卢梭却似乎认为,在社会和语言产生那时,人类处在原始的环境之中,人的交往结合"并不需要十分精致的语言,也许比乌鸦或猴子的语言精致不了多少,它们也为同样的目的交往结合。有很长时期,普遍的语言一定是不分音节的喊叫、多种多样的姿势、某些粗糙的声音"。卢梭写道:"在每一个国家,各自从一些约定的音节,一点一点……发展出各种特殊的语言,但它们仍然是粗糙不整的。差不多就像现在我们在某些野蛮民族那里所见到的那样。"

历史的、约定的语言有很多种,这看来和人类划分成很多种不同的民族或社会是平行的。但在多种多样的语言下面也存在一种统一性,这一点提示,人类有可能统一起来。语言是用来表达思想的,就此而言,各种语言无非是同一样东西的不同媒介。亚里士多德称:"并非所有人都有同一种语音,但语音直接表征的心理经验对所有人都是相同的。"

我们若把人类社会理解为思想交流,那么,其边界一直延伸到人之间的交流终止之处。思想交流不以政治疆域为限。它通过翻译克服由语言多样性所设的屏障。它包括生者,也包括死者,一直延伸而达乎尚未出生者。在这个意义上,人类文明可以描述为对话的文明,伟大著作的传统可以被视作所有人都可参与其中的一场伟大对话。这场对话的广度标画出西方思想的广度。这场对话的语汇表就是这样一些观念——当我们从对话转向自语,每个人都可以开始用这些观念来独立思考。因为,正如柏拉图所云:"思想和言语是同一的,只在一种情况下例外,那就是,所谓思想此时是灵魂与其自身的无语交谈。"

西方大观念之命运

命运，它有时是个赋有人格的存在，有时是个抽象的概念，无论哪一样，它总是在人生和历史的戏剧中扮演着自由之敌的角色。至少在古典诗人眼里像是这样。在很多希腊悲剧中，是命运设置好了舞台。一个非要实现的赌咒。一种步步逼近无可转圜的厄运。但舞台上的各个角色却远不是玩偶。在无可逃避的命运笼罩之下，悲剧主人公做出这样那样的选择，他个人的灾难由此而来，而同时他成就了自己命定的生涯。俄狄浦斯命中注定要杀死自己的父亲迎娶自己的母亲，但并不是命运驱使他去追问自己的过去，去发现自己的罪恶，当他看见了这些罪恶，他决定让自己再也看不见。降临到阿特柔斯家族的赌咒并没有要求阿伽门农把卡桑德拉从特洛伊带回家去，踏上紫红的地毯。愤怒的复仇女神紧跟着俄瑞斯忒斯不放，但那愤怒是他自己唤醒的，因为他杀害了自己的母亲克吕泰涅斯特拉，而这不是命运让他干的，是他为了替被害的父亲报仇自主而为。

俄狄浦斯离开了自己的出生地，企图借此欺哄命运。按照弗雷泽（James George Frazer）在《金枝》里的描述，原始部落中实际存在这一类做法。"人们施行拟真的魔法，通过模拟的方式来消除某种邪恶的咒语。这种做法是要用一种伪造的灾难来代替真实的灾难，从而绕过命运的设置。在马达加斯加……每个人的祸福都由他出生的日子或时刻决定好了，倘若他碰巧要走背运，那也是命里注定，除非这个倒霉运，如当地俗话所说，能被替身带走。"

古人并不怀疑人们能够选择，靠选择对他们生命的走向施加某种控制。例如，尽管塔西佗承认"大多数人……禁不住相信每个人的未来都在出生的一刻注定了"，但他也说道："古人中最智慧的人……把选择生活的能力传给了我们。"另一方面，他承认万事自有人力所不能控制的盛衰，尽管说到造成这种情况的原因，他发现人们并无一致的看法——不知是系于"漫游的星辰"或"基本元素"，抑或是系于"种种自然原因的结合"。塔西佗申明，"驾驭人间事务的究竟是命运和不可变更的必然，抑或是偶然机遇"，他本人不加裁决。这等于承认，也许并不是每一件人力不及的事情都是命运使然。有些违乎人愿的事情也许是出于机遇或运道。

"命运"（fate）和"运气"（fortune）有时被当作同义词，只是命运含悲情而运气含喜乐，就仿佛运气总是善意的而命运总是恶意的。然而从人的欲望着眼，命运和运气都可以是好的,也可以是坏的。命运和运气远非一事,不过,把两者连在一起也有些道理。它们都为人的自由设了限。人躲不开他的命运,同样,他也无法强迫运气向他微笑。然而,除了在这一点上,命运和运气几乎是相对立的。命运意味着事情一往直前,无可转圜,但唯当有些事情不受必然性的控制才谈得上运气。唯那些可凭机遇发生的事情才会招来运气的青睐。

命运之于运气,看来就像必然之于偶然。倘若万事无不必然,命运就会一统天下。偶然性就会从自然中驱除干净。自然之网中的机会与耦合,连同人生中的自由,就会归化为幻影,人只是由于对无可避免者的无知,对这些幻影情有独钟。

在某种意义上,在对抗命运的搏斗中,运气可说是自由的盟友。好运气似乎能助人成其所愿,还能鼓动人的欲望。即使是坏运气也暗示了机会的存在,既然人很愿相信他能自由地安排自己的生活,那么,坏运气里的机会即使不比命运更友善,至少不那么坚冷。

命运和运气这两个词若替换成必然和偶然,难免会丧失其意味。必然和偶然用在对自然秩序和因果秩序的哲学分析。这组词可以有神学的意味,但不必有。……在解说必然和偶然的时候,我们无须涉及超自然的东西。而命运和运气,至少就它们的来源而论,是神学语汇。

在古代诗歌和神话中,命定和机会都赋有人格,要么是神明，要么是超自然力量。有幸运女神，有三位命运女神，她们还有三个恶意的姐妹，或对头，即三位复仇女神。fate 由之而来的那个拉丁词意谓神谕，那是神意认定的东西。命运使然之事是神明所预言的，为奥林匹斯众神会商所决定而不可更改；要么来自宙斯的裁定，而所有其他神明都臣服于他的辖制；要么，我们马上就会看到，它竟可能是某种超自然的天命，连宙斯也奈何不得。

总之，命运观念意味着一种超自然的意志，即使在天命的意义上，仍然意味着那是由一种心智力量所预定的，它不仅能计划未来，而且能实行其计划。因此，命运和天命之所注定，不同于单纯自然的必然性之所注定，在后一种情况中，未来之被决定，只是由于种种原因自然而然导致了不可避免的后果。

不过古人看起来并不是极端意义上的宿命论者。在一定程度上，人能取悦神明，诱发神明的妒意和愤怒，就此而言，人的态度和作为看起来也是决定众神如何行事的一个因素。在人间发生冲突的时候，众神有时分头站在冲突的某一方，例如在《伊利亚特》中，或互相敌对，例如在《奥德赛》中，就此而言，我们似乎可以认为世上发生的事情只不过反映了众神之间力量阵营的变化。

神明的意志和计划是在众神之间的争吵中出炉的，但这类意志和计划似乎并非完全无视人的计划和意愿。相反，众神并存似乎使运气本身依赖于奥林匹斯山上的冲突怎样分晓，因而带有相当的偶然性，为人的自我决定多少留下了一些余地。人们能与众神抗争，恰因为众神也许赞同他们，也许反对他们。

然而，宙斯裁决万事的终极权能也许更加突出了命运而不是自由。的确如此，而且连宙斯也未见得是他自身命运的主人，更不是众神之中的全能统治者或人类天命的裁判。在《被缚的普罗米修斯》中，合唱队问道："谁是执掌必然性的舵手？"普罗米修斯答道："三位一体的命运女神，还有记恨的复仇女神。"合唱队接着问道："宙斯不如她们强大吗？"普罗米修斯对此答道："是的，因为他同样逃不脱命定之事。"合唱队于是追问宙斯命定的灾难是什么，普罗米修斯让他们不要再问了，因为他们已来到奥秘的边缘。后来宙斯自己派遣赫尔墨斯去见普罗米修斯，试图从他口中获取这个秘密，追问"铸成万事的命运"或"不可抗拒的命运铁则"为宙斯注定了何种归宿，普罗米修斯拒绝回答，"他休想这样让我屈服，告诉他命里注定是哪一个将把他赶下暴虐的王座"。

阿喀琉斯留下未答的问题是：如果宙斯能够预见命运为他准备了什么下场，那他是否能够逃脱其厄运。隐含的答案似乎是：没有全知，宙斯尽管全能也无法截断命运的链条。

在犹太教-基督教神学传统中，命运问题半是字面的半是实际的。字面问题涉及的是"命运"这个词和上帝的意志、神意、前定有何种联系。解决了字面问题，还有上帝的意志和人类自由的关系这个实际问题。对全能全知的上帝的严格一神教理解使得这神秘之事更加神秘，使得它比起异教思想中的命运／自由问题更加难解。

圣奥古斯丁是这样说的：谁要是"把上帝的意志或权能叫作命运，他不妨保留他的看法，但他应该纠正他的用词……因为人们听到命运这个词，按照语言的通常用法，他们仅只认为，某人出生或植胎的时刻，众星所处的特定位置具有某种预示的力量，而那就是命运。有人认为这种力量完全无关乎上帝的意志，另一些人则认为它依赖于上帝的意志。在前一种人看来，和上帝的意志无关，是星辰决定了我们将做什么，我们将遇到哪些好事，遭受哪些苦难；我们所有人都不要理睬这种人的言论，不仅有真信仰的人当如此，而且凡愿对任何神祇膜拜的人，甚至是愿对虚假的神祇膜拜的人，都当如此，因为那种人的说法其实等于说出并没有任何我们可向之膜拜、对之祈祷的神明"。

既然"命运"这个词一向所指的东西是无关乎上帝或人的意志而被决定的，奥古斯丁认为基督徒最好不要使用这个词，若要指称上帝所意欲之事，不妨使用"神意"或"前定"。不过阿奎那保留了"命运"这个词，但他只用它来指"中介原因……的序列"，上帝意欲借助这些中介原因使得"某些结果得以产生"。

阿奎那曾引用波爱修斯（Boethius）的定义说："命

运深深藏在可变易事物的本性之中，神意借命运把每一事物连接到它所属的秩序之中。"这么说来，命运和神意不是一回事，而是从属于神意的。阿奎那解释说，两者的区别在于说到上帝"对结果的先后安排"，我们有不同的考量："就其在上帝自身之中的存在而言，这种安排被称作神意"，但"就上帝通过中介原因所做的安排而言"，这种安排被称作命运。尽管阿奎那承认"神圣力量或神圣意志，就其之为命运的原因而言，（也）可以被称作命运"，但他宣称"从根本上说，命运是就次级原因的性质而言的，指的是次级原因的序列即秩序"。

卢克莱修的立场似乎和阿奎那正好相反。卢克莱修叱责宿命论者，因为他们认为众神控制着自然的秩序，从而把落到他们头上的无论什么都归因于神圣的旨意。在他看来，"自然的头上没有君王，她一向按自己的意志行事，不受任何神祇的干预"。他要教诲人们说：任何事情都是依自然法则发生的，自然法则而外再无命运。"命运的指令"体现在这样的法则之中："任何一个新的运动总是按固定的法则来自一个旧的运动。"若说人竟能"打破命运的法则而由自由意志引发新的运动"，从而使得原因不跟着原因，那是因为组成人的那些原子之中，"必定有引发运动的另一种原因"，卢克莱修相信这种原因是"极为精微的原子旋涡，它们出现的时刻和地点都完全是不确定的"。

不过，在奥古斯丁看来，卢克莱修是个不信从神意的宿命论者,他本人则相信,在神意之外,再无命运。奥古斯丁和卢克莱修都使用"命运"这个词,后者用它来否定神的力量,前者用它来肯定神的力量。

不过,基督徒即使不迷信星相学,或不迷信自然界中诸如此类不依赖于上帝的必然,他仍然可能由于否认人的自由意志而犯下宿命论的罪过。若把命运看作和神意是一回事,这个基督徒就是个宿命论者,因为他等于认为人的一举一动都是由上帝事先规定好的,从而委身于他的命运,放弃了道德上的努力,不对自己的灵魂负起道德责任。这样的人将像乔叟的特罗勒斯那样争辩:

> 到来的一切,必定要到来,
> 天命中注定,我得而复失,
> 特罗勒斯喊道,我心里明白,
> 这一切神圣天意早已预知。
> 我的克丽西德,我将永失我爱,
> 上帝眼见万事,万事所来所之,
> 他在设计之初就已经安排,
> 根据万事的自己的价值,
> 各就各位,如其所应该。

在特罗勒斯看来,"自由选择只是个幻觉"这一结论是无法避免的。

基督教神学家，包括奥古斯丁和阿奎那在内，也包括加尔文在内，都意识到调和神意与自由意志是个困难。真理必定处于两种异端邪说之间的某一点上。否认上帝的全能全知是一种异端，可同时，没有任何事情会处在神圣意志无所不包的范围之外，没有任何未来的偶发事件不是上帝所预见的，或不能为上帝所预见。另一方面，如果否认人是自由地陷入罪恶的，那就意味着上帝必须为人所行的邪恶负责，那当然也是异端，因为这就把邪恶归于上帝了。

这就是弥尔顿在《失乐园》里探讨的问题。他宣称，他将尝试"辩明上帝对待人的方式"。在天庭的一场对话中，天父对他的儿子说道，虽然他知道亚当将违背他的命令，亚当仍保有自由去犯罪或不去犯罪，过错是亚当自己的。这情形一如反叛的天使们是依他们自己的自由意志行事。上帝这样说到反叛的天使们：

> 因此，他们的创造是正确的，
> 不能归咎于创造者，或他们的造法，
> 或他们的命运；不要以为前定
> 支配他们的意志，由绝对的天命或
> 高远的预见去安排。是他们自己
> 决定他们自己的背叛，与我无干。
> 如果我预见到，预知也不会影响
> 他们的犯罪；如果我没有预见到，

> 他们犯的罪也已形成,丝毫不减。
> 同样,他们的犯罪也没有丝毫
> 命运的动机,或命运的影子;
> 更无关我不变的预见,他们背叛,
> 一切由于他们自己的判断和选择。
> 因为我造成他们自由,他们必须
> 保留自由,甚至可以自己奴役自己。
> 否则我必须改变他们的本性,
> 收回给他们自由的不变成命。
> 他们自己决定自己的堕落。

人们有时候靠区分上帝的预知和上帝的预先指定来寻求解决之方。上帝预先指定了人的自由,但他只是预知人的堕落,人自己指定了自己的堕落。不过严格说来,"预知"这个用语恐怕含有某种误导的因素,因为对于上帝来说,没有任何事物处在未来之中。一切曾发生的和一切将发生的都同时处在神圣眼界的永恒当下之中。

但丁在向天堂上升的途中想知道他自己不久的未来,他请求他的先人卡恰圭达告知他的前程,因为卡恰圭达"洞察一切时间皆在当下的所在",他能够在"偶然之事本身尚未存在之前"看见它们。卡恰圭达预言但丁将从佛罗伦萨被流放,在此之前他先告诉但丁,物质存在的变易"莫不收入永恒眼界之中;但这并不意味着必然注定,就像一条小船顺流而下,不是旁观者的眼光使然"。时间与永恒的区别是这样得到理解的：时间上的未来尽可以是偶然的，虽然上帝确知其中的内容。

但我们仍然会问：既然上帝确知之事不可能不像上帝所知的那样发生，上帝的全知岂不意味着未来事件由神意绝对前定？约翰逊（Samuel Johnson）博士在讨论神恩和人的自由意志时说道："我可以颇有把握某人在某事上会怎样行事，但他的行事并不受我的判断约束。上帝判断的把握则可以增进到确定无疑。"博斯韦尔（James Boswell）就此回应说："当判断的把握增进到确定无疑，自由就无容身之处了，因为当时尚不确定之事无法被确切预知，但若一事当时已经确定，那么若说此后还会因意志或因任何其他什么而发生偶然变故，那就是自相矛盾了。"

针对这种驳难，阿奎那坚持认为，神圣天意不仅和自然事物的必然性是相谐的，而且和自然界的偶然变故乃至和人类行为的自由意志是相谐的。他写道：神意"为某些事物准备好了必然原因，使得它们出于必然而发生；为另一些事物准备好了偶然原因，使得它们可以出于偶然而发生"。人类自由并不意味着出于意志的行为并不是由上帝引起的，上帝是第一推动者，他"既推动自然性的原因，也推动意愿性的原因。他推动自然性的原因，这时他并不妨碍这些原因以自然的方式起作用；同理，他推动意愿性的原因，这时他并不妨碍这些原因以意愿的方式起作用"。上帝引发人去自由选择并自由地实施其选择。

对命运概念不折不扣地加以接受，就在宇宙之中没给偶然和自由留下任何余地，无论涉及的是上帝的行动，还是自然的秩序，或是历史进程。从而，绝对决定论学说，无论在神学、科学还是历史学中，都是无条件的宿命论。

古代历史学家不是这种意义上的宿命论者。例如希罗多德就见到很多可以用运气的偶然变故或人的选择来加以解释的事情。例如雅典保卫战这一生死决断就被描述为人类选择的行为。雅典人得到的神谕是"难以攻陷的木墙将保卫你们和你们的子孙"，面对这一神谕，他们展现了自己的自由，对这一神谕的意义各抒己见。希罗多德写道："有一些年长的人认为，神谕的意思是他们应该把卫城留下，因为卫城在古昔是有一道木栅栏围着的……另一些人则认为神谕里所说的木墙是指雅典的船队，他们认为除了船只，其他什么都不要指望。"地米斯托克利的雄辩使得后一种见解得以实施。为了强调这一事件的重要性，历史学之父希罗多德评论道："希腊的得救"系于把雅典领向海上强国的这一决定。

在说到波斯人方面所做的一个同样意义重大的决定时，希罗多德似乎是拿波斯人的宿命论对照希腊人的自由协商。薛西斯一开始接受了阿尔达班的建议，不去进攻希腊。但是后来有一系列梦中征兆既向波斯王也向他的大臣显现，原来的决定被倒转过来了，因为依照他们所梦到的，这场战争是"命里注定要发生的"。

《埃涅阿斯纪》中对命运和自由的理解似乎更接近

希腊人的看法而非波斯人的看法。在维吉尔那里，历史的顶点是罗马帝国的奠立，尽管这一顶点被设想为神意预授的天命，但引向这一伟大成就的英雄看起来是自由地决定他是接受还是逃避自己的责任。

基督徒从神意来理解历史的天命，这种理解允许——不只是允许，而是要求——人在每一行止中进行自由选择。奥古斯丁写道："罗马帝国伟大的原因既不是偶发的，也不是命定的。有些人把这样的事物说成是偶发的，按照他们的看法，这些事物要么没有原因，要么其原因并不是从某种可理解的秩序中产生出来的；另一些人把这样的事物说成是命定的，它们不依赖于上帝和人的意志，而是由某种秩序的必然性导致的……人世王国是由神意建立起来的。"奥古斯丁在这里所斥责的宿命论不仅关乎否弃神的意志，而且关乎否弃人的意志。

直到近代以后，通过黑格尔和马克思，历史哲学才大受必然性的辖制。黑格尔嘲笑一种观点，认为历史是"因果联系的、所谓单纯人类努力和激情的肤浅戏剧"。他同样指责另一些人"空洞地谈论神意和神意的计划"，因为在他们那里，神意的计划是不可测度、不可理解的。对黑格尔来说，历史是"独独出自精神自由理念的必然发展"。但对于个人和他们的事业来说，这种发展和这种自由完完全全是必然之事。"这些个人始终不过是世界精神的不知情的工具和功能。"

对马克思来说，历史似乎同样具有这种必然性。他在《资本论》的序言里写道：他所谈到的个人，"只是经济范畴的人格化，是一定的阶级关系和利益的承担者"。他说，他所持的观点是："社会经济形态的发展是一种自然历史过程"，在这个历史过程中，"个人不能对他处于其中的社会关系负责，而不管个人在主观上怎样超脱各种关系，他在社会意义上总是这些关系的产物"。这里涉及的问题只是"这些法则本身，只是以铁的必然性导向不可避免的结果的趋向"。

按照黑格尔和马克思的历史决定论，人在历史中的角色已经在历史画卷中写定了。人的自由似乎依赖于人对历史必然发展的了解和听之由之。

历史决定论只是因果必然性统治万物学说的一个部分而已。按照斯宾诺莎、休谟和弗洛伊德等近代思想家的理解，因果性看来是容不得机遇和自由意志的。在古代人里，似乎只有普罗提诺走得像斯宾诺莎一样远，主张宇宙完全由自然的必然性所统治。斯宾诺莎就上帝和自然所说的，相当于普罗提诺就太一所说的，那就是，第一原理是其他万物的原因，对第一原理而言，自由就在于它是它自己的原因，或自因（causa sui）——由它自身所决定而不是由外部的原因所决定。

"上帝并不出自意志自由行事"，斯宾诺莎写道，但"唯上帝是自由因，因为唯上帝存在并出自他自己本性的必然行事"。说到宇宙中的其他一切，斯宾诺莎认为"没有任何东西是偶然的，万物皆由神圣自然的必然性决定，决定它们以某种特定的方式存在并行事"。人也一样，照斯宾诺莎的看法，人无论做什么，"都只由上帝的意志决定"。

休谟由以出发的前提大相径庭，但关于机遇和自由，他所得的结论似乎大致相同。他写道："我们若对机会加以严格的考察，就会发现它只是个负面的词，它不意谓任何在自然中有点儿踪迹可寻的实际力量。"而说到自由，他认为"若是与必然相对而言，而非与约束相对而言，那么自由就和机遇是同一样东西"。

休谟准备好了接受这一立场的后果："如果意愿的行为服从于控制物质活动的同一些必然法则，那么就存在着一条连续不断的必然因果链条，从万物初始的原因开始一直延伸到每一个人的每一个意愿，事先决定好了一切。在宇宙中哪儿都没有偶然，没有差别，没有自由。"

然而，我们似乎就不可能解释明白，"上帝怎么可能一方面是一切人类行为的中介原因而另一方面却又不是罪恶和道德败坏的源头"。面对这样的质问，休谟回应说："这些是神秘莫明之事，我们只靠自然理性是无法弄清楚的……一方面维护绝对的神命，另一方面不接受神明是罪恶的源头，我们发现，这一任务迄今为止一直超出了哲学的能力。"

弗洛伊德与斯宾诺莎和休谟不一样，他不讨论决定论的神学后果或神学预设。在他看来，决定论是科学的基本前提，甚至在某种意义上是可由科学发现的事实。他写道："对心理自由和选择的根深蒂固的信仰是很不科学的，它必须让位给决定论，即使在心理生活中也是一样。"他相信临床经验可以展示所有心理联想"都将是由某些重要的心灵状态所严格决定的，这些状态在起作用之际并不为我们所知，正像很多心理倾向不为我们所知，其中有些带来扰乱、引起错误，有些则带来所谓的'任意'行为"。

常被称作"科学决定论"的那种宿命论是盲目必然性的宿命论。它不仅摒绝了自由和机遇，而且也摒绝了最终原因的意图和作用。所有未来事件，无论是自然界的，还是历史的、人类行为的，都完完全全由致动因事先决定；是事先决定，却不是前定，因为并没有什么具有心智的东西在冥冥中引导，没有什么意图有待实现。康德写道："宿命体系在斯宾诺莎那里登峰造极，这一体系去除了一切设计的痕迹，自然事物的原始根据不再留存任何智性。"

是否只有这种彻底的宿命论才能和自然科学的原则及成果相谐？威廉·詹姆士曾对此提出质疑。反正这肯定不是唯一能和凡事都有个原因的主张相谐的学说。古代思想家和中世纪思想家肯定自然中存在偶然，肯定人类行为具有自由，而同时并不否认因果的普遍统治。

附 录

哲学概念翻译的几个问题[1]

倪梁康先生应约把尚未发表的《关于海德格尔哲学翻译的几个问题之我思》一文寄来。文章对很多疑难问题明确提出了自己的主张。而且，主张虽明确，执论却中平。如今的文章，稍有见地，常以极端论调出之，即使读来痛快，仍未见得有利于形成正常的学术讨论环境。而倪文的课题性质及倪君的立论方式，使别人比较容易和他展开讨论。现在同道相聚，常听得到自责责人说，我们虽写中文，却只读外文。其中一个原因当然是中国的学术文章水准太低，稍好些的多是介绍外国人的思想，能读外文就不必读中文了。于是当今中国学界的文章，无论正误深浅，多是各说各话。但中国学人若不在自己之间展开对话，中国学术必停留在较低水准上。倪文显然超出海德格尔的翻译，涉及翻译工作的一些一般原则。

---

[1] 原以《从海德格尔哲学谈译名的一致》为题发表在中国台湾《哲学杂志》1997 年 8 月第 21 期及《中国现象学与哲学评论》第二辑（上海译文出版社，1999）。

只要想到我们今天的学术文献甚至我们的日常语言在多深的程度上使用着翻译而来的语汇,就知道倪文的课题本身即有重大意义。我对这个课题一直关切,苦于学寡识浅,不敢立论。今倪君为讨论提供了一个立足点,使我的一些零星想法得到依托,故自谅浅陋,有此续貂之作。

一、海德格尔可译不可译

倪文在引言里说:"早在讨论海德格尔是否可译之前,他已经被译出来了,因此我们实际上无须再讨论是否可译的问题。"这么说并不错。我们不一定先要确定一件事情是否做得成才可以尝试,很多事情反倒需要先尝试起来才能确知做得做不得。不过,这话反过来说也成立。已经有人着手制造永动机,我们仍会试图说服他永动机其实根本造不出来。很多人翻译海德格尔,并不证明这件事情一定能获得预期的效果。实际上,海德格尔虽已有了大量的中文译本,仍有人主张海德格尔不可译。西方有人如是说,离西文远远的中文,更会碰上这个问题。那么,我们中国人若想了解海德格尔哲学,该怎么办呢?

第一个办法是读德文原著,不会读德文就不要读。我愿了解海德格尔的哲学,而且碰巧能读德文。但我也想了解荷马、柏拉图,可自己却不会读希腊文,免不了希望有人从希腊文做些翻译。其实，我们能用德文读海德格尔，这还不足以表明无须翻译。我们还须用德语来思考。若读德文之际，时而用汉语和海德格尔对话，心里不是或多或少做了翻译吗？若只用德语对话，那么即使我是个中国人，我在研习海德格尔的时候，却和德国人无异，说不上中国人与海德格尔哲学有缘。

第二个办法是不翻译，只介绍讲解，最多是提供某些原著的改写本。但改写本里，我们能完全不用一段中文来引用原著吗？我们能不尝试翻译其中的某些概念吗？姑且说竟能够，我们还须表明改写讲解优于翻译且能取代翻译。

二、翻译在于字面对应

解说离不开翻译，翻译也有解说的因素。拉丁文 interpretatio 就兼有解说和翻译两层意思。不过，翻译和解说、改写的边界虽然重叠，却各有自己的主要领地。翻译和改写的区别，简单说，在于翻译要求形式上的对应。如果原文是一句话，转过来成了一篇短文，或原文一大段话，转过来成了一两句，我们就知道这是改写而不是翻译了，因为这里缺少最起码的形式上的对应。我们可以用"人，就其存在方面而非就其之为实际存在者方面而言"来讲解 Dasein 这个概念，但肯定不能这样来翻译。海德格尔的法文译者亨利·科尔班（Henry Corbin）把 Dasein 译作 réalité humaine，就更近乎解说而离翻译太远。

形式上的对应，最简单的一种是音译。不过，我和倪君一样，认为非万不得已不要采用音译。主要的理由就在于，一旦采用音译，这个译名就失去了和同根语词的字面联系。倪文所谓同根名词和动词失去联系，只是一个突出的例子。"埃格尼斯埃格尼斯着"（Das Ereignis ereignet）当然不成话。"埃格尼斯发生着"也和"语言自己言说"有相当距离，因为"语言"和"言说"的字面联系还是够明显的。特别乖僻的语词，音译也罢了。但海德格尔那里难译的词，通常不是怪僻词，不过是用法乖僻罢了。这里用了音译，在翻译别的哲学家的时候或一般翻译德语的时候，两者如何相通呢？

倪君认为音译有时的确是个选择，同时也举出了一些有生命力的音译，引称玄奘定出的五种可以考虑音译的情况，其中有一种是"原先没有的物名"。的确，典型的名称可以音译，因为名称没有含义，就是说，和其他语词没什么概念联系，所以多数论者认为名称不算翻译，只算不同写法。不过，即使物名，大多数仍然会采用意译的办法。我们虽有"坦克""引擎"，但"汽车""火车""飞机""冲锋枪"这样的语词却多得多，因为大多数器物的名称，虽然不能反过来用来描述其他事物，但它们却是从描述语转成名称的，所以我们对这些名称也有一种"理解",而且这些名称因此才好记。初期的大翻译家严复经常采用音译的办法,例如"版克""劳叶尔""锡特",这些词几乎没有留下来的,而被"银行""律师""城市"取代。至于概念语词,非万不得已,更不宜采用音译了。

当然也有一些概念性极强的语词,如"逻辑",其音译居然存活下来,倒有点奇怪,我像倪君一样,不知其所以然,而且颇希望能在这方面做些探讨。不过这样的语词其实不多,因为像"逻各斯""埃多斯"这样的音译,并不属于此列。倪君指出,这类词"大都并不易为大众所理解",不过他认为这不是什么大问题,因为"它们毕竟大都是些生僻的专业用语"。我觉得这有点轻描淡写。有些音译,似比倪君设想的更为生僻;我虽与倪君同行,像"埃多斯"这样的译名,读到也要猜度一番。一个音译不为大众理解而留存下来,提示出这类译名的某种特殊身份——它们通常只是我们加以讲解的,而不是我们用来讲解的。在这个意义上,它们虽然留存下来,却仍然没有什么生命力可言。几乎只有在介绍西方思想的书里才会出现"逻各斯",即使这时,多半也是在讲解"逻各斯",而不是在使用这个词讲解别的概念。就此而论,这类词竟在另一极端上是些名号。

两种语言的对应分很多方面、很多层次。一个词对一个词,一句话对一句话,甚至一种句子结构对一种句子结构,成语对成语,等等,都是翻译家愿意做到的。

但既然是两种语言,就不可能处处对应,字面上对应了,韵味却对不上,传达出了影射的意思,所用的比喻却两样。这是翻译的难处,也是翻译的乐趣。翻译家上下摸索,希望方方面面都对得贴切。但在这方方面面中,最需重视的,是字面的对应。

单就"达意"来说,解说和改写有时比翻译还要准确。两三句话,翻译过来,可能很费解,前缘后果都讲上一番,意思就清楚了。那我们为什么还要从事翻译呢?恰因为翻译讲求字面上的对应。相对于句意和通篇旨意而言,字面的意思要确定得多,翻译的本职就在于从较为确定的所在出发去寻索无论什么玄思大义。

这几十年流行解释学,常听有人主张解释并无共同的标准。"解释"这个词的含义太广了,人们有时会把一个解释领域的特点不加检验就外推到另一个解释领域。一首诗的领会,未必能求一致,但这首诗里肯定有些字是有"达诂"的。翻译要尽可能守住字面,守在比较能取得一致看法之处。这点道理,苗力田先生在亚里士多德中文版全集的序言里讲得很透彻:"我们生也鲁钝,对于自己的发挥会在多大程度上合乎斯它吉拉哲人的原意,没有多大的把握,所以谨约严守本文,宁愿把本文所涵容的广大思辨空间保留下来,奉献给捷思敏求的读者。"

翻译的这个特点,是其他形式的介绍取代不了的,所以,好译难译,总有人会去翻译,有人会读翻译。

守护字面，就难免拘泥于字面。然而，翻译即使有点生硬，甚至在一定程度上因字害义，也要尽量坚持形式上的一致。这有点像仪式、法规一类。法规原出自情理，服务于情理，但法规服务于情理的办法，和就事论事不同；法规一旦建立，哪怕在某些事例下不尽合乎情理，也要照规矩办事。

所谓硬译、意译，就依在何种程度上拘泥于字面来定。硬译到何种程度，受很多因素影响：原著的内容，译者的目标，两种文化之间的熟悉程度。但一般说来，硬译包含对异族文化的较多尊重。罗马人最早翻译希腊文，以硬译为主，后来越来越倾向于意译，甚至把希腊人读起来拗口的希腊文也译成流畅的拉丁文。圣杰罗姆的话颇能代表罗马人后来的态度："译者把思想内容当作战俘，以征服者的威权，转送到他自己的语言中去。"罗马的确征服了希腊，不过罗马文化不但从来没有征服希腊文化，而且在希腊文化的光彩之下格外黯淡无奇。到了近代欧洲，情况反过来，先流行的是意译，直到17世纪中叶才广泛出现硬译。研究者早就看到这是和当时生长起来的文化宽容联系在一起的。施莱尔马赫和洪堡因而都主张尽多体现原著的各方各面，包括生硬的风格在内。他们都主张译者要把读者带向原著而不是把原著带向读者。当然，这些见解都发表在精神品质最坚强的年代，在我们这个讨好读者的时代听来就显得相当生硬了。

初有翻译的时候，很多人对译文的生硬不以为然，认为遣词造句都要合乎中国习惯。不过，在人类生活中，少有从来就自然而然的事物。今天习以为常的事情，好多初起时曾遭剧烈的抗拒。有些东西，初起时生硬，久而久之习惯了，也就变得自然了。有些初听是生造出来的翻译语词、翻译句子，听得多了，竟变得自然了。我们今天的行文甚至说话，不知有多少，既不是从古代汉语来的，又不是从口语来的，而直接源于翻译。

三、Sein，是、在和有

用同一个词来翻译同一个外文词，是翻译的一般要求，但翻译经典著作和哲学著作的时候，这个要求格外突出。卡夫卡的法文译者把相继出现三次的 gehen 先后译成了三个不同的法文词，昆德拉大为不满。连着三次用 gehen，当然不是因为卡夫卡词汇不够，他恰是要用同一个词把三个不同场景贯穿起来。哲学翻译之所以格外要求译名一致，道理也大致如此：哲学的中心任务，或至少中心任务之一，是澄清基本概念语词所含内容的多重联系。在这一点上，从柏拉图到德里达概莫能外，不必详细。既然我们本来要做的是弄清楚用同一个词来称不同种类的事物道理何在（奥斯汀语），若每次把同一个西文词依上下文便宜译成不同的中文词，我们就根本无法进行这项工作了。

在一次研讨会上，赵敦华先生提出，ἐστιν/Sein 这个词，在亚里士多德、黑格尔和海德格尔那里，意思不同，宜分别译作"是""有"和"在"或"存在"。他对 ἐστιν/Sein 这个词的梳理颇有见地，但最后这个结论，我却不敢苟同。西方哲学传统中最重要的语词，无过于 Sein，极大量的讨论都可归结为要厘清这个词的各种含义有哪些内在联系。若依各个哲学家的侧重不同而径以不同的词来翻译，这项任务就消失于无形了。

Sein 通常相当于现代汉语里的"是"。Die Rose ist rot，你一定译作玫瑰"是"红的。Ontologie 讨论的那些深不可测的问题，就是从系词这种通常用法来的。把 Sein 译作"是"，多少能透露出高深义理和通常用法之间的联系。我在《海德格尔论艺术》一文的开头处说："海德格尔毕生所思的，是存在与真理：存在的真理，真理的存在。这样表述，朗朗上口；但从西文来考虑其中的义理，似乎较真切的说法是，海德格尔所思的，是'是'与'真'：是真的；真的是；人、物和事，是如其本然所是。真人，就是本然之人；真实的存在者，就是去其伪饰而以其本来面目显现的存在者。"这样说，同时还有助于提示出海德格尔所理解的现象学。

这么说，应该把 sein 译作"是"。但我们立刻会碰上一个技术性的困难。困难虽说是技术性的，但几乎无法克服。看一下这句话——"Das Ontologisch-sein des Daseins ist..."能译作"此是之是论之是是……"之类吗？

这不是我有意刁钻挑出来的例子，熟悉《存在与时间》的读者都知道这样的句子在在皆是。本来，像 sein 这样的词，不可能有唯一的译法，只能说译作什么比较好些。即使译作"是"，义理也不能全保，因为"是"并非随处和 sein 对应，例如"意识是"就无法和 Bewusstsein 对应。现在，单说技术性的困难，就会迫使我们退而求其次，选用"存在"来翻译名词性的 Sein。即使退了这一大步，译文也不好读，但好歹能读。

然而我们须注意，比起"是"来，"在"和"存在"的范围要狭窄些。不存在麒麟这种东西。但麒麟"是"一种想象的动物。在神话里，麒麟"是"一种动物。如果把 sein 既理解为是又理解为存在，似乎会发生一种逻辑上的悖论，即迈农悖论——明明没有麒麟，但既然麒麟是这是那，那在某种意义上就有麒麟了。这个悖论其实不只关涉到 sein，而是关涉到语言的本性。语言不是对实在的描述，而是源于实在的一种设置，使我们能描述可能的世界。就语词的意义而言，"麒麟"和"老虎"并没有什么两样。考察世界上有没有麒麟，就像考察澳洲有没有老虎一样，这类考察不是哲学的事业。哲学在意义的层面上考察"是真的"。杜少卿有真性情。世上从来没有过杜少卿这个人，并不使杜少卿的性情无所依托。

从通常情况说，"存在"应当用来翻译 Existenz。但在海德格尔那里，Existenz 不用于一般事物，只用在人身上。所以，把这个词译作"生存"，在《存在与时间》

的中译本行文中碰不上什么麻烦。但这还远不能令人满意。因为我们主张，一个译名原则上应该能够在翻译所有哲学著作乃至翻译所有原文的场合都通行。普通德国人不像海德格尔那样理解 Existenz；而一般德国人理解不到的东西——假如真有这种东西——我们竟指望通过翻译体现出来，我们就未免自许太过了。海德格尔对"平均理解"嗤之以鼻，但翻译者第一要顾及的正是这个"平均理解"。把 Existenz 译作"生存"，不是由于译者理解得深刻，只是不得已，让原则受了委屈。

也有把 Sein 译作"有"的。一般认为，"有"这个字有两种主要的用法：一是领有或分有某种东西，例如，你有钱，他有权。二是存在，例如，有雨，有太阳，有狼，有动静，有危险。我们可能会设想，在这层意思上，说话人仿佛暗中假设了一个至高的领主，或是上帝或是造物者或是世界，领有天下所有的东西。这个领主之"有太阳""有动静"就像我们有钱、有权似的。这个领主既为最高的领主，那么世上无论存在什么，都归他所有。但考究"有"的实际用法，提示出来的却是另一个方向。我说"有风"，主要不是说"风存在"，而是说不宜划船，宜于放风筝。"有危险"更不是抽象的"危险存在"。"我占有"或"世上有"都首先联系到我行事的条件，所以这两层"有"的意思相去不远。"抽象的存在"这层意思上的"有"是一种推理式的用法：一样东西必须存在，你或我才能有这样东西。所以我们不会争论天下的麒麟该归你所有还是该归我所有。许慎《说文解字》解"有"字为"不宜有也",刘翔则考证"有"字的本义是持有、拥有。但在"引申遂为凡有之称"这一点上,意见相同。古希腊考察 τὸ ὄν ἦ ὄν(是之为是),体现出希腊人讲求科学的取向,译作"有论",会导致误解。

"是"比"存在"广,"存在"比本义之"有"的范围要广。从领有的有进至万有的有即存在,可说眼界更广大了。从纷繁万有转向万有由之各依本身形象涌现的源头,看到万有如何通过语词各"是"其本身,看到人和物"真的是"什么,则可说眼界更深入了。依我粗浅的知识判断,希腊哲学在巴门尼德和赫拉克利特那里开始从关注万有转向关注逻各斯,从"存在"转向"是"。不管怎么说,从那以后,西方哲学关心的就主要是"是",而不是"有"。海德格尔自不例外。所以,从义理上说,把 Sein 译作"是"最好,译作"在"和"存在"还好,译作"有"则差得远一些。不过,倪君说得很好,我们单单从义理上讨论,往往仍决定不了哪个译名最妥当,必须自己动手做相当多的译文,说话才有更大的把握。因为无论如何,译者必须让读者能把译文读下去,哪怕读得相当勉强。我很乐意见到有人试用"是"来翻译,同时又能让译文大致通顺可读。我在实际翻译的时候,当然常作权变,有时也把名词性的 Sein 译作"是",有时也把动词形式译作"存在"。愿意把 Sein 译作"是"的同人,也不妨在必要的时候混用"存在"。

四、Dasein，此在、亲在

上一节说，我们最好能用同一个中文词来翻译同一个外文词，不论翻译的是谁的哲学著作，不论这个作者强调的是这个词的哪重意义。因为既然他强调的是这个词的某种意义，我们若换个词来翻译，就抹杀了作者的苦心。不仅如此，如果这个词有个日常用法，我们就还须考虑日常用法，因为作者既然不肯生造一个词而从日常语汇里挑一个词来表达自己的意思，我们若生造个词来翻译，同样辜负作者。从这一点说，用"此在"来翻译 Dasein 比较妥当。

"Dasein"这个词，熊伟先生起初把它译作"亲在"。我初读《存在与时间》的时候，一边读一边把一些重要段落译成中文，因为要应付很多 Das Dasein ist da 这类文字配置，自然就会想到把它译作"此在"。当时并非有意要在正式翻译中取代"亲在"这个译名。但译成习惯，嘴上也就这样说。一次和熊先生讨论，说出"此在"，自己颇不经意，先生却立刻注意到了，并认真和我讨论起到底哪个译名更好。我陈述了译作"此在"的来由，先生颇以为然，相约今后都尝试"此在"这个译法，看看能不能随处都译得通。这个译名，虽然是我先提出来的，定下来采用，先生却比我还要热心。

"亲在"这个译法，像先生的其他许多译名一样，有其神韵。不但外行颇有迷这神韵的，就是学界中人，也有人不愿放弃。翻译《存在与时间》的时候，王庆节君就很愿说服我保留熊译，现在仍有不少人希望我改回来采用"亲在"。王庆节君在最近一篇文章写道：

> 倘若我们从海德格尔在《存在与时间》中对 Dasein 之 da 的三重结构（现身情态，筹划领会，沉沦）的生存论分析出发来展开对 Dasein 的理解，就不难看出熊先生选用"亲在"翻译 Dasein 的一番苦心。首先，"亲在"的"亲"当在"亲身""亲自""亲爱""亲情"的意义上使用，这与 Befindlichkeit（情感状态上的现身在此）的意义相投。例如，当我们用中文说"亲身感受一下""亲自做一下"，无不是要打破理论或范畴层面上的局限，进入一种现时现地现身现事的情境。同时，这种"亲"的情境，并非西方传统心理学意义上的主观情感，而是在中国传统哲学的背景下，一个不分主客，先于主客，乃至先于个体分离状态的亲情交融。《孟子》与《中庸》解"仁"为"亲亲"就有这层意思。其二，"亲"可在"新"的字义下使用，例如《大学》首句，程颐读为"大学之道在明明德，在亲（新）民，在止于至善"。朱熹解为，"新者，革其旧之谓也，言既自明其明德，又当推以及人，使之亦有以去其旧染之污也"。如此以"新"解"亲"，既合古铭训"苟日新、日日新"之意，也与海德格尔所解 Dasein 之

da 为永不止息地向其可能性之筹划的"能存在"相契。第三,《说文》解"亲"为"至",并解"至"为"鸟飞从高下至地也",这也正合海德格尔的 da 的第三重建构"沉沦",而又很少海德格尔反对的传统西方形而上学中极强的超验性含义。

庆节君的理由大致都成立,但这些理由考虑的都是海德格尔怎样理解 da。而我则对另一个方面考虑得更多。如果一个哲学家生造出一个词来,我们就只需考虑什么译名最适合传达这个哲学家的意思。但若他用的是传统术语,甚至就是日常用语,同时突出或挖掘出某种特别的意思,我们就不得不考虑这个用语在别的哲学家那里乃至在日常交往中是怎样用的。只要海德格尔用的是旧名,那么无论他的理解多新,甚至多么更加正确,我们仍然该沿用旧名。在康德那里,在黑格尔那里,我认为同样可以把 Dasein 译作"此在"。但我们在那里也可以译作"亲在"吗?我们愿意把德国人时时在说的 da 译作"亲"吗?我们愿把"Der Platz ist je das bestimmte 'Dort' und 'Da' des Hingehoerens eines Zeugs"这句话里的 Da 译作"亲"吗?海德格尔不是偶然谈到这个地点副词,他后面不远就谈到这个副词和"我"的联系。所以,虽然我像有些朋友一样,也很喜欢"亲在"这个译法,但考虑到 da 在各种行文中的连续性,我认为还是把 Dasein 译作"此在"更严格些。

张祥龙君现把 Dasein 译作"缘在",我认为也有同样的缺点:太偏重于一个概念在一个哲学家那里的特定用法,而不是一个语词在一种语言里的基本用法。不过,可以说,在每个译名中都有解说的成分,只是翻译成分和解说成分的比例不同。"此在"当然也有解说的成分在内,这个"此"合适不合适,就有争议。不过这是一个不波及其他译名的独立问题,不妨另行讨论,而这里的首要关注是翻译的理论方面。再者,像 Dasein 这样的基本概念,两三个基本译名同时共存,让中文读者能从几个重要方面来体会,也有好处,只要不是一人一译,各逞一得之见,把翻译变成了六经注我。

五、Ontologie,存在与存在者

偏重于一个概念在一个哲学家那里的特定用法,还是重视一个语词在一种语言里的基本用法,这一差别最突出地体现在我们当时对怎样翻译 Ontologie 这个词的考虑上。

传统上,这个词译作"本体论",与此相应,ontisch 和 ontologisch 就应该分别译作"本体上的"和"本体论上的"。但海德格尔在《形而上学导论》里详细说明,ὄν 有双重意义,一是存在,二是存在者,希腊人始终不知道区分这双重意义,所以直到海德格尔之前哲学是一团

糊涂。Ontologie 是关于存在的，然而传统的 Ontologie，谈的其实都是关于存在者的性状，是 ontisch 层次上的理论。人所周知，在海德格尔那里，存在和存在者的差别，即"存在论差别"，是头等重要的差别。于是在动手翻译《存在与时间》之初，我就和王炜、王庆节、刘全华等学友讨论，决定根据海德格尔的辨析，不用"本体论"而用"存在论"。当时的主要想法写在中译本第四页的一个脚注里："'Ontologie'一词，传统的中文译法为'本体论'。这个词的原意实际为'关于存在的学说'。因为后人将'存在'解释为与'现象'相对的'本体'，这个词自然就以'本体论'一译流传至今。在本书中，作者的主要目标之一就是要破现象、本体之二分，除却对'存在'理解的千年之蔽。因此，译文将'Ontologie'一词改译为'存在论'。"与此相应，ontologisch 随着译为"存在论上的"。按说，ontisch 就应当相应译作"存在的"，但这恰好弄拧了。在海德格尔那里，ontologisch 才是关于存在的，ontisch 涉及的则是存在者层次上的各种性状。于是，我当时在中译本里就追随熊先生把 ontisch 译作"存在者状态上的"。

一般情况，sozial 译作"社会的"，soziologisch 译作"社会学的"。"社会的"和"社会学的"的区别何在？两者有一种明显不同的用法。"社会的发展"和"社会学的发展"完全是两回事。但在"从社会性来看"这一意义上，两者似乎没有什么分别。其实，中文语汇区别"物理的"和"物理学的",德文却无此区别,都叫 physikalisch。"化学"和"物理学"对应,然而,我们只有"化学的",却没有"化的"。

那么,凡从社会性着眼,就既可以说"社会的"也可以说"社会学的"。而我们还要有"社会学上的"这个用语,主要是因为社会学并不包囊对社会现象的各式各样的思考,而是通过一整套确定的社会学程序来加工社会现象,生产出社会学上的数据和结论。"现象上的"这种说法早就有了,"现象学上的"却要等出现了个叫作现象学的学派之后才有意义。我们对人性的探索还没有自限于一套固定的方法,所以我们无法区分"人性的"和"人性学的"。有人呼吁建立"人学",但愿这始终是个宽泛的提法,不要当真弄出一门具有特定方法论的学问来。我们还是对人多加思考,不要去建立一个学科。凡涉及心灵之事,莫不如是。

最广义的"现象论的",也就是"从现象来看的",也就是"现象上的";最广义的"结构论的",也就是"结构上的"。海德格尔再三强调他的存在论不是一个存在论流派,而是最广义的存在论。那么,这个"存在论上的"也就相当于"存在上的"。当然,这是从义理上说;就翻译而言,既然原文是两个词,ontisch 和 ontologisch,我们也要翻译成两个词。

翻译成哪两个词呢?初一看这里没什么难处,我们既然有"社会的"和"社会学的",有"物理的"和"物理学的",我们这里就可以照章译作"存在的"和"存在论的",或"本体的"和"本体论的",而像我们那样译作"存在者状态的"和"存在论的"就失去了这种对称。为什么不能保持对称呢?因为海德格尔不是以通常的对称方式使用这组词的。sozial 和 soziologisch,一个是"社会的",一个是"关于社会的(学说)",但 ontisch 和 ontologisch,则一个是关于存在者的,一个是关于存在的。这种用法在道理上通顺吗?我们不会认为 sozial 是关于各种社会现象的而 soziologisch 涉及的则是社会生活的社会性。然而,ŏv 的身份不同于"分子"或"社会"或"美",ŏv 不是存在者中的某一些,也不是存在者的一个方面,而是"存在者全体",是万有。万有之"有"和所有社会事物的社会性只有表面上的对称。早在《存在与时间》的第一节,海德格尔就引用亚里士多德来说明"是"或"存在"不是一切存在者的概括或抽象。那么还能怎样理解"是"或"存在"呢?这是海德格尔毕生思考的问题,这里当然无法详述。我们眼下所要指出的只是一点:从义理上说,"存在"和"存在者"不像"社会性"和"社会事物"那样对应。因此,两种对称的译法,"存在的"对"存在论的"或"本体的"对"本体论的",以及"关于存在者的"对"关于存在的",都不合适。

按说,我们不能因为海德格尔提出一种独特的理解——哪怕是更正确、更深刻的理解——就立一个新名。海德格尔认为 Ontologie 应该是研究存在的,我们就把它译作"存在论",海德格尔又认为传统上的 Ontologie 实际上是研究存在者的,那我们就把它译作"存在者论"吗?作为译者,也许可以不去深究义理,就从字面上来翻译,例如把 ontisch 和 ontologisch 译作"本体上的"和"本体论上的"。如上文所论,译者的首要任务是照顾字面上的对应。然而,这里牵涉到海德格尔思想的核心,终以慎重为好,所以我还是采用了"存在者层次上的"和"存在论的"这样不对称的译法。我希望海德格尔的中文读者能了解这类基本概念译名后面的义理纠缠。说到底,用 ontisch 和 ontologisch 来表述"存在论差别",字面上似乎清楚,义理上反生妨碍,因为从"存在者全体"方面来想,无论怎样解说,我们难免会把存在理解为某种意义上的抽象或概括,全体存在者的概括,有似社会性之为社会事物的概括。后来海德格尔也的确放弃了 Ontologie 这个名号,提出"不借存在者来思考存在",更多从言说、从希腊思想中的 τὸ αυτο(自身与自身同一)和德国思辨哲学的"经过中介的同一"来探讨 τὸ ὄν ἕν ὄν(存在之为存在、存在者之为存在者)的问题 Sein。

六、构词联系和生造新词

哲学的基本任务是梳理基本概念之间的联系。词根词源里所隐藏的概念联系经常十分原始,即使说这种语言的人也可能从不察觉。通过挖掘词源来解说概念联系，有时极其有力。海德格尔在这方面用力甚深，仔细阅读海德格尔可以发现，几乎没有一个重要的概念语词，他不曾着意从词根词源方面使用过。依我看，他在这方面可说是有点走火入魔。效颦之辈，更无足多论。其实，并非所有概念联系都体现在构词上。仁和人在概念上有联系，在构词上也有联系。仁和恕在概念上有联系，却没有构词上的联系。

我们能够选出适当的中文译名，从词根和通行语义上都和原文词对应起来，自然极妙，但这种运气很少，多数时候，只能加注说明。Vorhanden 译作"现成"本来满好，但海德格尔要突出其中的 Hand，手。这已经让人为难。现在他还要把它和另一个带"手"的词 zuhanden 对照使用。如果这种用法只是一时一事，加个注对付一下就算了。但这两个词贯穿全书始终，逼着译者把它们译出来。我勉强译作"（现成）在手"和"上手"，很难指望读者满意。约翰·德莱顿（John Dryden）自嘲说：译者戴着镣铐走钢丝，当心不要一跤跌下已经算好，别再痴想风度翩翩。

我们的译名通常无法从构词和通行语义上都和原文词对应起来。如果侧重构词，就会想到生造新词的办法。倪君的建议是制造一些意义宽泛的语词。这个办法，我们私下交流时他说得较详，文章里却只有提示。他以为"此在""本成"这样的译名比较好，部分原因就在于此、在、本、成这些词含义都极为宽泛。这样的译名,用古人的话说,就是"不凿"。凿与不凿,显然没有明确的界限。我们一方面希望不凿,一方面又要尽可能具体而微地传达出原文的意思来。我们做翻译,毕竟是要从外面引进我们自己没有的东西,而非意在表明其实别人所说的,我们自己也早说过了,也早会说了。所以倪君绝非主张译名越空泛越好。他根据 ereignen 里的 eig,主张译名中应该包含"本"这个字。而在包含"本"的几个译名中,他最赞成"本成"。猜想其中的理由,"成"字更多动词的意味。我从前译作"本是"或"成其本是"。"成其本是"太偏于解说。"本是"又不如"本成"适于传达 ereignen 中"转变"为自己、"转变"为自己所有的意味。而且"本是"稍偏词组而"本成"更像单词。相形之下,不如采用"本成"。

　　但无论怎样生造出来的词,总嫌生硬。很多西文哲学用语,日常在口头上也说,一旦译成中文,就一副冠冕堂皇了。"本真"(eigentlich)无非是"他真的走了"的那个"真","在真理中"无非是"叶子当真落了"那个"当真"。就此而论,哲学翻译从整体上就相当生硬,有时简直是在制造一种新的文言文,甚至比旧式的文言文离口语更远。有鉴于此,学友王炜建议我们尽可能使用口语来翻译,例如把 Sache 译作"事情",把 Ereignis 译作"发生"。口头语汇可能离西文概念太远。他说那就硬行嫁接,因为只有当大多数哲学语汇和口头语汇建立了联系,哲学语汇才有真切的意义。我很同情王炜的立论，但从翻译实践看，未必行得通。此中有很多缘由，这里不及细说。倪文在第八节中多少有所涉及。但我希望，在能够与日常用语相通的时候，就尽量沟通，不要有意制造乖僻。倪君赞成有时把 Sache 译作"实事"，这个词虽有点人造意味，但还能"保持与日常语言的渊源关系"。倪君的这一见解，我大致是同意的。

　　生造出来的哲学译名，融入口语的机会很小。人们喜欢指出佛学翻译给我们留下的语汇遗产，更不消说这个世纪从西方引进的哲学语汇了。不过，翻翻佛学译文，我们就知道，其中只有很少语汇流入口语。但这里想指出的是，没有流行起来的语汇，不见得在疏通原文义理方面差一些。有时还可能更成功。语汇没有留下来，所传达的思想可能通过其他途径融入中国思想了。玄奘的翻译在很大程度上就是这样的。中文译名，一方面希望传达出原文的概念结构，一方面希望进入中文概念系统，成为可用的语词。这两种希望，在不同译名上的比重往往也不同。不同比重甚至反映出译者的不同取向。我个人更偏重于前一方面的希望。

　　翻译是一种重要的学习。但我们不能总把学习比喻成"取其精华去其糟粕"这样的"吸收"过程。别人的长处，多半不可能剪贴到自己身上。但深切体会别人的长处，仍有助于从自己身上生长出优良的品质，虽然原则上不可能整理出一个普遍有效的促生机制。一个译名是否有益于拓宽加深汉语的概念内涵，不能单纯用这个译名是否成为常用汉语词汇来判断。当然，流行起来的语汇，既然流行开来，就或多或少地直接改变了汉语。至于汉语因此变得更健康丰厚，还是变得庸俗软弱，竟不是译者管得了的，而端系于使它们流行起来的土壤成色如何。流行与否，和最切实地疏通原文义理则更少联系。所以我倾向于认为，译名最好还是专注于适合疏通义理。是否流行，是语词自己的命运。

无论什么译名，都只是一个起点，要真正起到语词的作用，它必须和固有的语词取得联系。融入日常语汇，只是种种联系之中的一种。使用原有的语汇来翻译，也只是其中一种。有些译名，虽然始终陌生，却可能为我们所熟悉的世界带来新的生机。

当然，我绝不赞成滥造新词。不得已而营造的时候，则须尽心营造义理上通顺、形象上可感的新词。能够与日常用语相通，就尽量沟通，不要有意制造乖僻。我自己在翻译的时候，迫于无奈采用过甚至制造过不少怪异的语词，但自己写文章的时候很少用到它们。有人却很喜欢用这类怪异的语词来写文章。但若这种文章只是用了语词而什么都没说，我们就不能说这些语词真正得到使用了，已经进入中文了。看到我率先采用或制造的语词，写在文章里，怪里怪气的，真个诚惶诚恐，好像自己是始作俑者。其实，这些并不大舒服的语词，主要是起到车乘的作用，并非邀请人们在其中安家。我们有了车，出门就方便了，但很少有人愿意把家安在车上。

七、译名统一问题

倪文中有一句说："选择译名与理解思想一样，都有一定之规，不能落入随意，故而存在着一个讨论的基础。"这原是老生常谈，不幸今天却不得不重提。论理的文章，不再像论理，倒更像明星登台那式的"自我表现"，不管别人对不对，但也不管自己对不对，只要是表现了一番就好。结果难免像昆德拉所说的那样，表达真实自我所依赖的共同生活瓦解以后，每个人都在表达他抠鼻孔的自我。

本文的主导线索是同一外文词的译名是否一贯，而倪文则侧重不同译者之间的"译名统一性问题"。的确，翻译主要为了不大能读原文的读者，同一个原文，你这样译，他那样译，的确有时会使读者无所适从。翻译海德格尔的人主要读原文，最多读一点中译本做辅助，所以尽管手上在翻译，心里竟可能忘了读译文的人。我最初是靠中译本读西方哲学的，颇为译名混乱苦恼过。就是今天，读到"符码""指号""指码""语话"这些词，也常猜不出从什么词译过来的。

倪文指出，我随熊先生把 verstehen 译作"领会"，就易产生这样的结果。我觉得这个例子比较接近边界情况。verstehen 这个词，在海德格尔那里译作"领会"实在不错，而且也可能把这个译名带到一般的上下文里。不过，它在哲学著作中通常已经译作"理解"，而且在海德格尔著作中译作"理解"还是"领会"也非优劣判然。所以似乎可以考虑与通常译法统一起来,把它改译作"理解"。

现代西方哲学翻译工作的情况的确不如人意。译名混乱只是一例。倪君觉得前景不容乐观。乐观悲观多半无法讨论。但我想就此补充几点考虑。平心而论,十几年来着力于这项翻译工作的学者,本来西文中文西学中学的底子都不是很厚,上一辈学者由于政治环境等也没有给我们创建好良好的学术氛围和学术规范。我们忙着补西文补古文,来不及在同行之间交流,难免弄成各行其是的局面。现在的局面已经有点改观。大量的译文已经摆在那里,无论质量高低,总使我们的讨论有了材料。理解方面,也有些提高。近来出了几本关于胡塞尔和海德格尔的专著,都信实可读。在这种局面下,如果我们能像倪君这样多做些具体而微的讨论,未始不能找到更广泛的共识。我们的目标本来就不是诸译者之间的完全一致。如果两个译者确经深思熟虑而各自仍坚持自己的译名,那么很可能实际上是两个译名并存更合理。这种情况不会很少,但也不至于多到让读者无所适从。

Sorge 及其翻译[1]

在《存在与时间》里，人的行为举止分成三个方面：和形形色色的事物打交道，和他人打交道，和自己打交道。这三个方面，分别用 Besorgen，Fuersorge，Sorge 来标识。Sorge 一词具有忧虑担心和操持置办两重主要的含义。Besorgen 也有忧虑担心和操持置办两重主要的含义，只不过 Sorge 更突出忧虑，而 Besorgen 更突出置办，因为后者主要具动词性而且有个及物的词头 be。Fuersorge 既然以 Sorge 为词根，难免有 Sorge 的意味，不过通用的含义主要是照顾、帮助、救济。这三个词，熊伟先生分别译作烦、烦心、麻烦。我分别译作烦、烦忙、烦神。

和自己打交道并非并列于和事物打交道以及和他人打交道。人总是通过和事物、和他人打交道才和自己打交道的。反过来，和他物、他人打交道，也就是和自己

---

[1] 本文原载于《读书》，1996 年，第 12 期。

打交道，也是"为自己的存在而存在"。非本真的行为举止是这样，本真的行为举止也是这样。差别只在于，在本真的行为举止中，人虽然依旧在与他物、他人打交道，但同时却坚定地立足于自己本身。所以海德格尔说，若依 Besorgen 与 Fuersorge 类推而得出"Selbstsorge"（自己的 Sorge）这样的说法，这是同语反复。因为在 Besorgen 与 Fuersorge 中，人已经在和自己打交道了。既然 Besorgen 与 Fuersorge 其实都是人和自己打交道的方式，Sorge 就是两者的概括。于是，海德格尔用 Sorge 一词概括人或此在的整体存在。然而，Sorge 之为整体，并非由 Besorgen 与 Fuersorge 相加而得，而是由于 Sorge "内在于"两者之中。机械的整体后于部分，而内在的整体先于部分。Sorge 作为源始整体"处于此在的任何实际行为与状况'之前'，也就是说，总已经处于它们之中了"（《存在与时间》，193 页）。海德格尔不仅明言这一点，而且，从字面上看，Sorge 也已经在 Besorgen 与 Fuersorge "之中"了。《存在与时间》常引起对海德格尔"唯我主义"的批评。我想这不能归咎于读者。由于海德格尔并不曾成功地把握我和世界、和他人的种种联系，这本书里的很多具体阐述带有强烈的唯我主义色彩。不过，就海德格尔的本意说，就他明确提出的主张说，他想强调的，的确是人始终在世，人一刻也不能脱离与他者的关系而有个"我自己"。

Sorge 是整体，Besorgen 与 Fuersorge 是它的两个

方面。但这两个方面，仍不是对等的。不对等来自他人的特殊地位。他人不是此在自己，从而此在常以对待他物的方式来对待他。但他人也是人，和此在自己一样，从而此在对待他人，就有点像对待自己。于是，Fuersorge 应该处在 Sorge 和 Besorgen 之间。不过，对他人的阐述是《存在与时间》的薄弱环节之一，他人在此在生存结构里究竟处在什么地位，并不清楚。与此相应，虽然几乎每页都出现 Besorgen，海德格尔却并不常用 Fuersorge，甚至有时像是拿它来和 Besorgen 对偶凑数。

熊伟先生把 Sorge 译作"烦"，我想是从佛教术语 Klesa（烦恼）来的。像熊先生所选择的很多译语一样，"烦"这个选择颇有其传神之处。Sorge 的一个中心含义是关切，有所关切，就难免烦。我们活着，无论做出多么无所谓的样子，其实总有所留恋、有所关切。所以细审之下，我们竟如佛教所断，无时不在烦恼之中。以"烦"来规定我们的整个生存，不亦宜乎？从中译了解海德格尔的读者，很快就大谈特谈生存即烦了，从此也可见"烦"这个译语的力量。熊译还有一个好处。原文 Sorge 从字形上已经含在 Besorgen 和 Fuersorge 之中，而"烦"字也正含在"烦心"和"麻烦"之中，这就把原文上的词形联系也传达出来了。上文说到，海德格尔原想通过字形上的联系来体现 Sorge 内在于此在对他物、他人的行为举止并因此是此在的整体存在。所以这里超出一般的字形游戏。我一般主张译名采用双音现代词，但这里用单音字来翻译 Sorge 自有格外的妙处。

然而从学理上说，译 Sorge 为"烦"是有疑问的。前面说到，Sorge 一词具有忧虑担心和操持置办两重主要的含义，海德格尔也是同时在两重含义上使用它的，"烦"充其量只传达出忧虑担心的一端，而置操持置办于不顾。

就从忧虑担心这一端来说，也有疑问。佛教是从否定的角度来看待烦恼的，认为本真的生存应当克服烦恼。在这点上，海德格尔使用 Sorge 的用意几乎和佛教所谓烦恼相反。当然，佛教要人摆脱烦恼，海德格尔断言烦恼摆脱不掉，烦恼之为烦恼，却还是一样。这么说也有些道理。何况到了禅宗，我们竟须进入烦恼才能摆脱烦恼，那意思就和海德格尔的想法更接近了，因为海德格尔所谓的本真生存无它，不过是把那些日常牵着我们走的事物切实掌握在自己手里，使消散在大千世界里的生存变而为真正属于我自己的生存。不过，无论怎么说，这一点仍梗在那里：烦恼是须摆脱的，Sorge 却不是。更有一层，"烦"毕竟不是个印度词，而是个中文词，而且是现代汉语里的常用词。我们现代人说"烦"，主要指一种不快的心情，既没有直接讲出关心，更没有表达出准备行动的意思。把 Sorge 译作"烦"，极而言之，竟有点把中国思想中对"心学"的注重强加给海德格尔的嫌疑了。

"烦心"这个译名也有疑问。上文说，Besorgen 的含义与 Sorge 相近，但突出了"办理事务"的意思。"烦心"

比之"烦",却没有突出这层意思。二者若说有什么区别,"烦心"似乎倒比"烦"更突出了心情这一面。用"麻烦"来译 Fuersorge,则更不妥当。

我随熊先生使用"烦"这个译名,Besorgen 和 Fuersorge 则分别译作"烦忙"和"烦神"。但无论熊先生的译法还是我自己的译法,我始终都不满意,一直在寻找更妥帖的译名。

翻译的第一要义,在于达意。但同样重要的,是译名要一贯。翻译和解说不同,在于翻译要求形式上尽量对应,一篇文章里的中心词汇,更要求一贯的译名。平常我们会把 excuse me 译作"对不起"或"请原谅",把 absent without excuse 译作"无故缺席",但若谁要翻译"A Plea for Excuse"这篇文章,他就非得为 excuse 配上一个一贯的译名不可。依上下文,有时把 Sorge 译作"烦恼",有时译作"操办",有时译作"关心",要比始终都译作某一个词更加达意。但在翻译实践中,我们却就非得为 Sorge 选定一个一贯的译名。

Sorge 一词既有忧虑担心的含义又有操持置办的含义,但并非两种分立的含义,而是一串含义的两端。我们不难从忧虑想到担心再想到关心再想到为人操劳办理置办。但上哪儿找一个独个的中文词把这一串概念联系都收进来呢?各种语言里的概念语词所包含的概念联系必然不同。但若我们选一个靠近这串含义中点的译名,

"操心""关心"和"关切"要比"烦"好些,我现在选定的是"操心",虽然 Sorge 明确具有担心、忧虑、焦虑不安的意思,比"操心"来得强烈,这份强烈用"烦"来传达就较贴切些。

选一个已经够难,何况至少要找三个,互相之间有字面联系而又分别对应 Sorge, Besorgen, Fuersorge。且不说还有 Besorgnis, Sorglosigkeit 和 Sorgfalt,等等。无奈之际,我们首先会想到加注解说。海德格尔在"收进"和"赶上"的双重含义上使用 einholen(《存在与时间》,第 391 页),我找不到一个兼有这两种含义的中文词,只好加注解说。然而,这种做法的用途是有限的。既然我们从事翻译,那么能翻译的时候就要翻译,不能动辄用解说来代替。而且,如果作者只在特定的场合突出某个词种种层层含义的联系,我们还好采用加注说明的办法。但 Sorge 和 Besorgen 是全书中最重要的概念,而且隔几行就出现一次,我们就无法靠碰到时讲解清楚了事,非得想出个译名来才行得通。没办法中想办法,我选用了"操劳"和"操持"。Besorgen 是及物动词,"操劳"却不完全是,不过,"烦心"和"烦忙"更不是。"操持"更有点像凑数,不过,上面说到,Fuersorge 并不常用,不深论也罢。

我在翻译的时候,会尽量照顾几条原则。一条是不到不得已就不生造语词。就此而论,"操劳""操持"比"烦忙""烦神"好,虽说"烦忙""烦神"的意思还显豁。

另一条是选用通俗些的语词，"操心""操劳"和"操持"都够通俗，可是事难两全，"操心"这个词面孔太过平俗，不像"烦"字那样有力动人。再有一条是尽可能选用双音词，因为我们翻译给现代人读，而现代汉语以双音词为主体。"操心"是双音词而"烦"不是。然而这样一来，却又体现不出 Sorge 内在于 Besorgen 和 Fuersorge 了。最后，我们不愿擅改前人传下来的译法。"烦"甚至"烦忙"，已经不少人听惯用惯了。然而，传统什么时候就形成了？是否已经形成？我们不是该趁传统还没有固定的时候，及早纠正将要固定下来的不妥之处吗？

以上罗列了哲学翻译的几种难处，但最后还是让我们回到概念本身。

海德格尔把人的本质规定为 Sorge，其独特之点显而易见。西方传统在规定人的时候，过分突出了理性和认识，而海德格尔则强调关切、关心。不关心，就谈不上认识，谈不上认识得正确不正确。"关心""操心"虽然用的是"心"字，却和认识没多大关系，也不只是一种心情；只要够得着，操心的人就会去做。这时，Sorge 也说成 Umsorge，Fuersorge，提供实际帮助以解脱他人的困境。妈妈成天为孩子操心，主要指妈妈成天做这做那，不像哲学家那样，不做什么实际的事情，只是心忙。据此，海德格尔说 "Sorge 总是 Besorgen 和 Fuersorge ——即使只是通过褫夺的方式"（《存在与时间》,第 194 页)。操心的人即使够不着,没办什么,也在想办法,心忙。这时,Sorge 就"通过褫夺的方式"而是 Besorgen 和 Fuersorge。然而反过来,仅仅为别人做了事情不一定就是关心、操心,我们会说,"别看他每月给他妈寄钱,其实他对他妈一点也不关心,其实他从来不为他妈的病操心"。可见,关心和操心不同于义务。义务把行动和某种理念联系起来,而操心、关心则把行动和现世的情感联系起来。在以上几个方面,操心、关心和 Sorge 都是一致的。海德格尔选用 Sorge 来标识此在的整体存在,标识人源始地是什么,这一选择具体而微地体现了从德国古典哲学,特别是从康德的"理想哲学"到现代的"存在哲学"的转变。

汤潮、范光棣《哲学研究》译本的问题[1]

现在越来越多的读书人对维特根斯坦感兴趣。维氏的确是 20 世纪数一数二的思想家。但他生前只发表过一部哲学著作,《逻辑哲学论》,薄薄的,代表他的早期思想,他的后期思想和早期思想差别很大,且生前不曾发表过这个时期的思想成果;他本人曾计划发表的,也只有《哲学研究》一部。这部著作的重要性于此可见一斑。

《哲学研究》只出版过一个中文译本,是汤潮、范光棣翻译的,以下简称汤范本(台版作《哲学探讨》)。[2]国内大多数爱好维特根斯坦的读者不能读德文或读不好德文,甚至读英文也吃力,所以要了解维氏的后期思想,多半要靠这个译本。为此就不能不感谢首译此书的译者;而且汤范本中也时有佳译。不过,这个译本有很多不足之处,我下面归纳几项来谈。

---

[1] 本文原载于《中国书评》,1996 年 5 月。
[2] 维特根斯坦,《哲学研究》,汤潮、范光棣译,生活·读书·新知三联书店,1992。

1. 汤范本是从英译本转译的。翻译的首要目的是传达原义；而原义在翻译过程中总是或多或少受到了损失。经另一种文种转译，这损失加倍了。不过，我并不笼统反对转译，一时没有条件从原文翻译，转译本往往聊胜于无。我们有不少从英文转译过来的俄文小说，无论在专家看来有多少毛病，在不懂俄文的读者看来仍是很优秀的译本。在介绍俄国文学方面起过极大的作用。

而且，转译究竟损失了多少，也要依不同情况而论。维特根斯坦长期在英国讲课做研究，他和大多数德国哲学家不一样，不认为哲学非说德国话不可；他的有些讲稿就是用英文写的。《哲学研究》里不常有德文的文字游戏。这本书的英译者是他的学生，对他的哲学十分熟悉，在翻译过程中有时和他本人讨论，有时参考他自己的片段英译。这些都提示出，从英译本转译这本书造成的损失比通常转译艰深的哲学著作要少一些。

不过，汤范本仍有一些误译或失当和转译有关系。例如 564 节：所以我在棋戏中也倾向于区别本质规则和非本质规则。英译者在这里落译了"规则"，汤范也跟着落译了，译作"所以我也想区分跳棋中的本质性和非本质性"。

有时候，英译是对的，中译错了。例如，176/245 页（前面是维氏原著页码，后面是汤范译本页码）有一句英文是"When I say the sentence with this exchange of meanings I feel that its sense disintegrates."，汤范译

作"当我把二者的意义进行交换然后说出句话时,我感到字词的意思瓦解了"。认真读英译,自然可以明白 its sense 指的是句义而不是字词的意思。但若读德文,连犯这个错误的可能性也没有了。因为德文在这里用的干脆是 Satzsinn。又如汤范把 179 页上的 "out of humour" 译作"没有幽默感",这当然对英文也是误读,但若从德文的 verstimmt 来看,就连这种误读也不大可能出现了。

2. 误译。这是汤范本的主要问题。与此相比,上一点就显得无关紧要了。转译的缺点主要在于离原文越来越远,而这里说的却是把英文读错了,典型的如"编者小识"原本就是用英文写的,不存在转译的问题;但短短十几行,七句话,误译了四句。

He would have suppressed a good deal of what is in the last thirty pages or so of Part I and worked what is in Part II, with further material, into its place.

汤范译作:"他可能会把第一部分的最后三十页大大压缩,而将第二部分的材料进一步补充。"

应译作:"他会大大压缩第一部分最后大约三十页的内容,而把现在的第二部分做相当的加工,补充更多的材料,一道加在那里。"

We have had to decide between variant readings for words and phrases throughout the manuscript.

汤范译作:"在阅读和编辑本书的手稿时,我们不得不在字词和用语的诸种用法中做出选择。"

应译作:"整部手稿中都有可以解读成不同的词和短语的写法。我们不得不做出选择。"

Words standing between double brackets are Wittgenstein's references to remarks either in this work or in other writings of his which we hope will appear later.

汤范译作:"双括号里的话是维特根斯坦对本书或其他著作有关论述的提示。我们认为可能是关于后来出现的论述。"

应译作:"双括号里的话是维特根斯坦用来和本书以及他的其他稿件中的某些段落相互参照的。这些稿件我们希望今后也将出版。"

We are responsible for placing the final fragment of Part II in its present position.

汤范译作:"我们把第二部分的片段排成了目前的次序,我们对此负责。"

应译作:"是我们自己决定把第二部分的最后一节安排在它现在的位置上的。"

这种明显的误译,全书不下三四百处。例如 168 节:

"眼睛特别顺溜地扫过，无阻无碍，然而并不打滑。"汤范把"打滑"误译为"刹车"。这虽然是明显的误译，但在义理上还伤害不大，有些误译就可能引导读者对维氏哲学产生很大误解。例如 101 节："现实里'一定'有着理想。即使人们仍看不到理想是怎样在现实里的，而且也不理解这个'一定'的本质。"汤范译作"理想是一定不会在现实中找到的。同时我们仍然看不到这种想法是怎样产生的，而且我们也不理解这个'一定'的本质"。这就把维氏的看法说反了。这里所说的是明显的误译，还不包括小错误。随手举个例子，18/28 页上的一句话，大致可以译作：一段话本来意在讲一件事情，而某个人却从这话里得到了对某个语词的定义，这也是可能的。这句话汤范译作"对某人来说从本来要作为一条信息的东西中得到这些字词的解释是可能的"。一句话里有两三处小毛病。例如应该是"某个语词"，却译作"这些语词"；而"这些"是哪些呢？前文没有，"这些"就落了空。再有，这里把 Mitteilung 译作"信息"也不妥。本来挺清楚的一段话，翻译过来就那么别扭。这样的小错误不胜枚举。

3. 失当。虽非误译但翻译得不妥当，这样的情况可以说是比比皆是。例如，182 页上有一句德文是："Duerfen wir ihm das nicht glauben？"英译是："Should we have the right to disbelieve him？"汤范译作："我们是否应该有不相信他的权力呢？"所用"权力"一词显然是不妥当的。再例如387节"深刻的景貌容易消隐"原是一个具有普遍性的警句，汤范译作"这个问题的深刻一面轻而易举地便逃脱我们"，虽不能算作错译，却走样不少。再举个例子，396节汤范译作"理解一个命题，我们想象的任何同它有联系的东西，并不比我们从中得到的素描更至关重要"。我想读者要费好多脑筋才能明白这话的意思，甚至费了好多脑筋仍然不明白。这话大致可以译作："听到一句话后是不是根据它勾画一幅图画，这对理解一句话无关紧要；听到一句话时是不是想象什么东西也并不更重要些。"

最后这个例子，说得重一点，可以说是译者不负责任。翻译艰深的著作或艰深的段落，极少有译者做得到紧扣原义而又明白晓畅。但尽可能让读者从字面上读懂译文，则是译者的起码责任，我们在第一项里列举了"编者小识"里的四句误译，其中有两句单说中文就读不明白。"在阅读和编辑本书的手稿时，我们不得不在字词和用语的诸种用法中做出选择。"编辑怎么能在用语的用法中做选择呢？"双括号里的话是维特根斯坦对本书或其他著作有关论述的提示。我们认为可能是关于后来出现的论述。"是说关于后来出现的论述的提示吗？后来是指《哲学研究》以后维氏所做的论述吗？在这方面，还可以提出另一类失当。汤范的译文中有大量的"它""它们"，只读译文，经常难解这些代词所代的是什么。德文指物的代词也是分性别的，引起混淆的机会要少得多。英文的指物代词虽然都用 it，但通常可以通过语序等表明所代的是什么。例如 216/301 页"把它称为一个梦"里的"它"代的是哪个词，读者必大费猜测。德文里是 es，从而很容易知道代替的是好几行之前的 das Worterleben。

另有一些失当是译文的义理不通。例如 176/245 页上有一段译作"如果我说'姓苏名联的先生不是苏联人'，我的意思是第一个'苏联'是专用名称，第二个'苏联'是一个普通名称"。第二个"苏联"明明也是专名，怎么会是普通名称呢？这句译文是应对 Herr Schweizer ist kein Schweizer 的。不妨译作"金人先生不是金人"。

4. 中文的问题。这一项也可以归入"失当"，但失当不在于或不全在于对于原文的理解不妥当而在于中文的表述不妥当。例如 286 节的后半，汤范的译文是："'是身体感到疼吗？'是什么样的问题——是怎么决定的？什么使说不是身体在疼有道理？——唔，像这样的东西：如果有人手疼，他的手并不这样说（除非它写下来），人们并不安慰手，而是安慰疼的人；人们看的是他们的脸。比较一下另一种可能的译法：感到疼痛的是身体吗？这里的争点是什么？——该怎么解决这争点？为什么在通行的说法里，感到疼痛的不是身体？——好，大致是这样：一个人手疼，说疼的不是手（除非是写'疼'字），人们并不对手说安慰的话,而是安慰受疼的人,人们这时看看这个人的眼睛。"我选出这段,是因为这段译文并没有出现理解上的错误;但行文仍可以说相当别扭。我们知道,和多数德文哲学著作相比,《哲学研究》一书的德文在字面上原是十分通畅易晓的。

由中文表述造成的问题可以比上面这个例子更糟糕。例如571节,应译作:"物体的运动、电的现象等等是物理学的研究对象,而看、听、想、感、愿,却并非在同样的意义上是心理学的研究对象。"意思原很明白。汤范的译文是"看、听、想、感觉、意愿,不是心理学的研究对象"。细读,也可以认为汤范没有译错,但实在是使原本满清楚的意思变得怎么理解都行了。再举一个类似的例子,238节:"正如我理所当然地称这种颜色为'蓝色'。(对我视为'理所当然'的事实标准。)"谁能明白"对我视为'理所当然'的事实标准"这句话呢?原文是"Kritrien dafuer, dass dies mir 'selbstverstaendlich' ist",英译是"Criteria for the fact that something is a matter of course for me."。

在这些例子里,中译本的句子,或多歧义,或近于不可解。还有些时候,由于中文表述得不好造成了误译。219/306页上有一句,正当的译法是:把它解释为经验,它看起来当然就很奇怪了。汤范译作"把它解释为成经验的确看起来很古怪"。你抄错一句话,使这句话读起来很古怪,但你把话抄错了这件事,却可能一点儿也不古怪。

有些译文,字面上似乎相差不远,但口气译错了,同样可能造成严重的误解。例如 139 节里的一段大致应译成:我们理解一个词时,在我们心里浮现的究竟是什么?——难道不是图画一类的东西吗?它不能是一幅图画吗?而汤范的译法是:……是不是某种像图书般的东西?它能够是一幅图画吗?逐个的语词不能说译错,但口气却与原文正好相反了——维氏模仿其论敌的口气变成了维氏自己的口气。

5. 以上所举的例子,有些似乎不全在于英文理解或中文表述,而在于译文过于粗疏,有时甚至粗疏到不太负责任。例如汤范译作"'我疼'这些字词"的,译作"'我疼'这话"就通顺多了。又例如 191/265 页,英文是"suppose I were to introduce some expression",汤范译作"假设我要把某个说法以这种方式介绍",就显然不如译作"假设我这样引进一个表达式"来得通顺。比这更严重些的可以举 38 节的一句:"我们甚至可以向这个对象说'这个'一词,就像在用'这个'和它打招呼。"汤范则译作:"而且我们也可以对着这个东西说'这个'一词,好比把这个东西称为'这个'。"显然译得不细。再以第 5 节的一句话为例:"我们可以清楚地综观语词的目的",汤范译作"使我们清晰地看到字词的目标"。粗读起来汤范的译法差得不多,但 übersehen 在维氏是个重要的概念，特别提出来同当代分析哲学只重分析的倾向抗衡。例如他在 122 节曾明言"综观式的表现这个概念对我们有根本性的意义"。所以，把这个词泛泛译作"看到"就太过粗糙了。

由于翻译得不细，就造成了一些混乱。例如 232/322 页，上句说"集合论"，下句就说"群论"。212/296 页，上句把 deuten 译作"理解"，下句就译作"译解"（都译成"解释"才好）。再如 215/301 页有个译者注，说"德文 weiche 和英文 march 既有'前进'之意又是'三月'之意"。实际上，weiche 既没有"前进"之意又没有"三月"之意。

当然，翻译的精粗往往难下定论。但这一点还是特别值得提出来。卓越的思想和流俗的思想的区别往往就在那精微之处。我们虽不可能把这些精微之处都通过翻译尽情传达出来，但必须勉力而为之。否则尽失其精微，竟会让人不知大思想家在说些什么了。

现在经常有文章引用维氏的《哲学研究》，而引文多半出自汤范译本。于是我以为及时指出这个译本的一些缺陷还是必要的。笔者自己也做哲学翻译，知道翻译是件费力不讨好的工作。有十全十美的作品，却没有十全十美的翻译。不过，见到毛病还是要挑，希望这样挑来挑去，有助于提高我们的翻译水平，甚至有助于提高我们的哲学探讨水平，那于读者于我们自己就是件好事了。

谈《思想方式》及其中译本

怀特海是我很喜欢的一位哲学家，他关于"过程"的思想，像柏格森的"绵延"一样深刻，而且他透视概念之间的联系时眼光特别敏锐，在这方面可说胜柏格森一筹。可惜怀特海和柏格森的著作都一向译介得不多。怀特海的学生兼学友罗素在中国学界大名鼎鼎，我却一向认为罗素的哲学思想深度远不及怀特海。

《思想方式》（*Modes of Thought*）是怀特海晚年在韦尔斯利学院做的一个系列讲座，讨论自然、生命、理解等重要概念。他在这里展开的概念分析极为深入，是典型的哲学学术工作，展现了典型的专家特色。在哲学上说到专家特色，不在于技术性强，而在于概念分析来得深刻。摘某些章节开头的几句话，就多少能看到怀特海的深度。"哲学探索的第一章应该是就某些根本观念在日常生活中自然出现的情形来自由地考察这些观念。"[1] "有两个互相对待的观念：一个是意义，觉得有意义，预设有意义；另一个是实情。它们似乎无可回避地支撑着经验的整个领域。"[2] "学问要照顾细节，这对哲学可谓不幸。"[3] "纯事实这一观念是抽象理智的胜利。"[4] "思想的重大进展经常是某些幸运的错误的结果。这些错误则是过分简单化的结果。"[5] "表达已经预设了更为一般的意义观念。有某种东西会散射在造成某种区别的整个环境里。"[6] 意义、表达、理解构成了一个三部曲，但须承认，完全地理解"理解"是没有希望的，"我们可以澄清理智的某些片段面相，但总有某种理解更在我们已有领悟的领域之外。"[7] "有理由相信，人的天才在基督教时代肇始前的一千二百年里（包括基督教时代的肇始时期）达到了顶峰。"[8]

我觉得以上这些几乎随意选出的句子已经透露出这本薄薄的小书的深度和广度了。有些作者有个想法，提出来会给人启发，宜于写成一句格言甚至一篇短文，但

---

[1] 阿尔弗莱德·怀特海，《思想方式》，韩东晖、李红译，华夏出版社，1998，第一讲"意义"第一节，第 5 页。本文中所标页码为中译本页码，但译文是我的。下同。
[2] 同上，第一讲第二节，第 8 页。
[3] 同上，第一讲第三节，第 9 页。
[4] 同上，第一讲第五节，第 12 页。
[5] 同上，第一讲第八节，第 17 页。
[6] 同上，第二讲"表达"第一节，第 22 页。
[7] 同上，第三讲"理解"第一节，第 42 页。
[8] 同上，第四讲"景深"第一节，第 61 页。

若写成一本书，我们读了第一节，已经大致了解了作者的思想，再往下读，只是同一想法的重复，最多是提出了更多的例证。大思想家不是这样的，随着篇幅的展开，不断有新的视野展开、新的线索呈现。读了他对这个问题的见解，你不知道他怎样处理下一个问题，读完下一个问题的讨论，反过来你却看到他一以贯之的思想，这就是多样性的统一。怀特海属于这种层次的思想家。用一个公式来概括他的思想没多大意思，你愿读到他对各式各样问题的具体分析。

怀特海的著作少中文译本是件憾事，今若能多些翻译，应能改变这位重要的哲学家在中国长久遭到忽视的不幸情形。但读这个译本，又很替怀特海担心。从后记看，译者的态度是挺认真的，并申明这是一部"不成熟的译作"[1]，在当下出版的哲学译著里，此书的翻译也的确不算最糟的，然而，误译如此之多，仍让人苦恼。哲学难译，这本书在哲学里又是难的，这我都知道。我没有系统研读过怀特海的著作，上面译的几段就难保不被行家批评。我们水平都不高，也许等不及达到高水平就要做点儿事情，但水平低有水平低的干法儿，例如加倍认真，不求快反求慢，例如找个高水平的校对者，找个负责任的编辑。打牌下棋可以认真，但胡乱玩一阵有胡乱玩一阵的快活，可我觉得学术不认真做就一点都不好玩了。

---

[1] 怀特海，《思想方式》，1998，第 155 页。

让人苦恼的,还不在一本书译得不好,而是现在的"书界"。这些年来出版的译著大多数品质甚低。排印错误也越来越多,例如此书中把"两千年来"误作"两年来"[1],把"其中有的占主流"误作"其中的占主流"[2],类似误植不胜枚举。真是苦恼的局面(也许用"绝望"两字更恰当)。一方面,我们的确需要大量翻译外国文著;另一方面,我们没有足够的人手(我们人数很多,但我指的是认真工作的人),先得忙策划忙造势忙另一些事情,最后才顾得上干点活儿,结果很难指望优良的品质。两害相权,依鄙见宁愿少出一点活儿,但把活儿做得精良一点儿。至于我个人,学术译著,不管作者多有名、著作多重要,只要译者我不知道,不细细审读几页绝不敢买,读不通事小,通过译反了的东西去了解原著者,还不如不了解的好。读者要都像我这么抠门儿,也许有助于早日形成一个较为规范的图书市场。

---

[1] 怀特海,《思想方式》,1998,第一讲第八节,第 17 页。
[2] 同上,第一讲第十节,第 20 页。

漫谈翻译[1]

翻译经典著作和翻译一般著作的不同

陈嘉映：翻译时肯定要译得尽可能地准，同时要尽可能地通顺，这点不再多说，这是很明显的事。我想说的一点体会是，翻译经典著作和翻译一般著作好像有点儿区别。翻译经典著作时可能要更多地往"硬译"一边靠，翻译一般书、文章时则可以更自由一点儿。

我想说一下缘故。我是这么理解的，一般著作不是那么讲究，写哲学不像写诗那样，就是想把一个事儿说清楚，意思也不是那么复杂和深奥。原文可能说得挺清楚的，也没有什么微言大义，说得蛮顺的一个事，结果你把中文译得佶屈聱牙，那就不对了。译得比较平顺，大致意思说到就可以了。但是经典著作为什么会更讲究一点，要往更"硬"一点的地方译呢？因为第一，很可

---

[1] 本文源于首都师范大学哲学系关于翻译的研讨会。

能写作者本人特别讲究，要不它怎么能成经典著作的？作者特别讲究，你就得跟着讲究。第二，对于经典著作的意思，作为译者，你可能没有完全吃透。它用这个词，你觉得这地方好像用个普普通通的词就行了，既然它是经典著作，那很有可能它背后的内容更丰富，所以你就不妨更硬一点地把它译出来，这样就把更多的裁判权交给了读者。在读到这样的内容时，读者会比较累一点——你译得越硬，读者就越累一点。既然他是在读经典著作，那他大概也肯花这个功夫，而且一般说来，花这个功夫也比较值得。可能别人不怎么讲这一点，我就把这个说一下。

朱慧玲：我是刚刚开始做一点翻译工作。我自己的感觉是，刚开始做翻译时硬译会比较多，就是老想跟着原文，很害怕中间丢了一个词没有翻译出来，所以就尽力依照原文的句子。但是在硬译了一段时间后，回头看第一本译著，我会觉得当时的翻译感特别强，一看某个句子就是从英文翻译过来的。这样的话，译文的可读性就没那么强。所以我现在的办法是，严格根据原著翻译完后，对照原著仔细校对一遍，保证不要漏句子，或者漏掉重要的词或短语，然后就把原著放一边，就看译文本身。

如果一直对照原文，可能就发现不了问题，因为我就是按照原文逐字逐句对应翻译的。而一旦脱离原文，作为一个中文读者再读译文，就会发现好多问题。比如我今天在校对另外一本译作时就看到这样一处:"在任何一种情形中,马太所说的一个浓缩的时代都即将来临。如果我们要使这个即将来临的新纪元成为……"在读这句译文时,我就觉得"在任何一种情形中"有点别扭,但如果对照原文,它可能是"in any circumstance",没什么问题。但当作为一个中文读者读到这句话时,就觉得有点生硬。所以我就在想,能不能把这个短语换成"无论如何":"无论如何,这个时代都即将要来临,如果我们要使这个即将来临……"这样对我们中文读者来说可能会更顺畅一点。所以这可能就是一开始直译,或者是陈老师说的硬译,然后试图去结合意译。

还有一点,刚才陈老师也提到了,就是得看原作者,如果原作者特别严谨,那肯定要注意他的语言风格和行文特点。比如,我翻译的《公正》和《道德之维》这两本书的风格就完全不一样,两位作者迈克尔·桑德尔(Michael Sandel)与托马斯·斯坎伦(Thomas Scanlon)的语言风格也完全不一样。桑德尔比较口语化,句子比较短,可读性很强,因为他的《公正》一书本来就是根据本科生的课堂讲义整理的,所以是非常接近口语化的、很平实的语言。我在翻译时也就比较好用我们日常的话语来表达,当然肯定会有专业术语,毕竟是专业相关书籍。但是像《道德之维》,作者托马斯·斯坎伦有数理逻辑的背景,他的风格就是一定要把一句话说得特别严谨,常常一句话就是一个段落,如果不把其中的关系捋顺,就不知道他在说什么。所以我在翻译时也特别小心。

所以还真要根据作者的风格来译。如果他本身很严谨，那么在翻译时就要很小心地去对待他的每一句话、每一个用词。但同时也要注意，当遇到长句子时，尤其是那种一句话就是一个自然段、里面又穿插了很多从句时，我个人不太建议用很多破折号，那不符合我们的中文阅读习惯，读者的思维会被多个破折号不停地打断，影响理解。这就需要译者在理解了一句话的意思后，把长句子的主句抽出来，想办法用中文把句子重新排列组合，同时不影响作者的原意。

比如，前天有个同事发给我一篇政治哲学的文章，是罗尔斯（John Rawls）《道德哲学史讲演录》里讲政治哲学功能的一篇。在罗尔斯讲到政治哲学有安慰人心的功能时，中间有个非常明显的定语从句，他的翻译就是把定语从句从中间插进去，然后原原本本地按照英文的句式表述出来。但是我一读就感觉特别难受。你完全可以说"政治哲学，因为怎样怎样，所以它具有抚慰人心的功能"，这样读起来就很顺，很符合中文的阅读习惯和思维。所以在遇到这种长句时，首先要搞清楚它的结构，再考虑怎么用中文的表达把各种从句重新排列组合，尽量少用破折号。但是做到这一点很难，我现在也做得很不好，希望慢慢能提升。

叶峰：最近我们有一个九人小组一起在翻译《哥德

尔文集》。《哥德尔文集》是一篇一篇的文章，有技术性、逻辑性的文章，也有哲学的文章，还有书信，共五卷本，翻译得挺辛苦的。如果要说教训，就是翻译这种活儿轻易不要接，特别是像这种所谓经典的翻译，因为要翻译好太难了。以后如果听到别人挑刺儿，说谁翻译得怎样，我会宽容一点，因为我觉得要做好翻译太不容易了。

翻译《哥德尔文集》时，我们的做法是，一个人先翻译，然后至少有两个人校对。我有这样的经验，比如我翻译的，经过两个人看过、改完后，自己重新再看一遍，又会发现有些地方搞错了。经常的情况就是这样，一开始的时候，我觉得我很认真地在做，做了一个小时后，很难再集中注意力，所以读原文时，有时候就把一个词漏掉了，这样翻译出来的东西也许就不是很准确。如果不太挑剔，可能也无所谓，因为意思也许就稍微偏差一点儿。

但是如果翻译经典作品，比如有一个副词，你没把它的意思翻译出来，那么一句话的程度就不一样了。但这是很难避免的。如果要说体会，就是翻译经典作品时，一定要多人互相校对，不断发现问题。自己读熟了以后，理解就有了定式，特别是工作一段时间后比较疲劳，注意力就很难那么集中，翻译出来的东西就可能有偏差。翻译是个细活儿，我不知道有什么别的招儿，那些专业的翻译家可能会有一些技巧能让自己总是保持一种比较超然的客观态度。当然，刚才陈老师也说了，如果不是翻译经典作品，而是翻译一般的书，我觉得最主要的是翻译出来后让别人容易读、容易把握，可以不去挑剔那些很细致的地方。

校对时，对于中文句式上别扭的地方，你读别人的话时经常很容易体会出来：这怎么这么说啊？所以校对时经常改动得很多。但自己翻译时经常体会不到这一点，照着英文句式理解下来，很自然地觉得中文也可以这样说。但这是说的翻译经典作品，如果翻译一般作品，也许把一本书译完后，把原书放一边，纯粹以中文书读下来，该改就改，不那么挑剔的话可能这样也就行了。

翻译与做西方思想

王宇光：我觉得翻译的一个基本素质是意志，其实做很多事情也都需要这种素质。比如，读原文时，很可能你没读懂，那就得想办法读懂。哪怕有一点点的疑问，都要想办法弄懂。这就需要有意志力，去追根求解。在寻找中文词时也是一样，这个过程会更痛苦一些，也许是因为我们觉得对中文掌握得更好一些，所以找不到词时会更痛苦一些。在读懂原文的过程中，词典非常重要。如果有一个词你没读懂，你对整个句子的理解可能都是错误的。

很多年前我曾帮一个朋友做翻译的活儿，他是英语系出身，专门做商业翻译，比如公司的媒体推广文之类。

每次我把译文发给他，他修改完后又会把文件发回给我，这样我就能看到他是怎么修改的。当时，他的修改在我看来非常随意，或者说自由、不忠实。有些词他就不要了，这在我看来简直不可理解，就这还能叫翻译？后来我才想明白，那是因为文章本身是一篇媒体文，不需要多么忠实原文，只要达到跟原文同样的目的或者类似的目的就可以了。这就有点像广告词的翻译。

接着陈老师的话说，我觉得有两点：一是对于经典著作和一般著作的区分。实际上，对于我们每个人来说，这条线是不断在变的。当然有些作品毫无疑问是经典作品。还有些作品，由于我们自己能力的缺乏、知识水平的缺乏、经验的缺乏，可能一开始把它们当成了经典作品，但随着能力的提高，包括英文能力和中文能力的提高，慢慢地，我们对原文吃得更透了，它们的经典性在我们心目中就会降低。二是所谓的"平顺"问题。之前我跟陆丁也讨论过，当时我倾向于翻译得更平顺一些，陆丁觉得我好像是为了让读者更容易阅读。包括在意译和硬译的争论中也有很多类似这样的观点。但我不是为了读者，就是为了我自己，我就是觉得这样的文字更好一些。但这不是说我有一个美学的标准，而是说在这里我觉得这样的文字好一些，在那里我觉得那样的文字好一些。

举个例子，比如翻译《维特根斯坦传》时，我基本上采取硬译的方式。翻译完后，我对译文基本还是满意的，也就是，在我当时能力所及的范围内，我尽力了，也没有遗留的明显难题，但这并不是说所有难题都解决得非常完美。但过了几年后，再来看，我对原书经典性的判断已经下降，我不再认为它是我必须追随着亦步亦趋的经典作品了。当时翻译时，如果一个句子里用了两个 he，我甚至硬要译出两个"他"，如果少掉一个，我就觉得缺了点什么，就是原来的某种意味没有了。但是如果现在让我再去重新翻译，我就不会这么做了，原因当然就是我的英语能力提高了。随着英语能力的提高，我对英语的判断力也提高了，认识到不可能通过硬译找到一个完美的方案，也知道了英语为什么要这么表达。比如刚才举的那个例子"in any circumstance"，如果硬译的话，我就想把 circumstance 之类也翻译出来。但在对英语有了更多了解后，就知道英语这么说并不一定是在强调 circumstance 是什么。但前提是知道类似的用法，对英语的界限了解得更清楚。

陈嘉映：我想回应一点。各位都说得挺好的，因为好多也是我很深的体会。我先说叶峰说到的翻译有难处，大家接活儿要尽量小心。这个当然是。我刚才说了，很多同学都接翻译的活儿，我觉得对此要谨慎。实际上，大多数同学都已经感觉到了，做出的活儿并不怎么样，不像你开始接活时想的那样。翻译的难处，宇光说了一点，各位说了一点，实际上可以无穷无尽地说下去。但是另外一方面，我接宇光的话，有的时候达不到翻译的水平，可能就是没达到通透理解的水平，换句话说，翻译对你的带领作用比你想象的要大得多。你以为自己已经明白了，现在只不过是把它怎么弄成中文的问题，但当你在往中文转的时候，你才发现里头的沟沟坎坎。这绝不只是选个中文词的问题。比如英文词提供了一种可能性，你在四个中文词里挑，挑的时候，反过来再看这个英文词，你才知道整句话的轻重缓急。可能平常你一溜就溜过去了，原文中的那个词着着实实有个指向，只不过你没抓住。

接着这一点，我说一个体会，比如我最近在翻译威廉斯（Bernard Williams）的书，第四、五章大概有三处说到"这是对第一人称可适用的一个反思，一个考虑"。一句话，三处都出现了，其中一处是"甚至对第一人称也适用"，我到现在也没弄懂，因为首先我尊重威廉斯，如果是一个四流的作家，比如如果是你的论文，那无所谓，但对这么一个作家，你就会非常小心，这个 even 怎么都觉得不是特别对。这时候我会高度怀疑威廉斯的整个思路里有哪一点我没读到。读经典著作就这点好，你总相信他是对的，任何不理解都是你自己的不足。当然偶然会有"哎哟，他说错了"或者"用错了"，但面对经典著作，你轻易不敢这样想，有点像宋明时期的人读《论语》《礼记》一样，凡是不通的地儿都是自己没通，不是文本没通。这是读经典著作的一个要求，也是读经典著作的一个好处。这点非常重要。在这个意义上，我想回应叶峰，虽然接翻译的活儿要谨慎，但是另外一方面，至少作为训练，翻译是一个特别好的训练。

对于读外国哲学的人来说，我要说一个极端的观点，老学生都知道。这一百年来，在外国哲学和外国思想方面，对于中国人写的所有东西，如果突然有一天失火全烧没了，我觉得无所谓，基本上无所谓吧。但是真正留下来的，不说百分之百，百分之九十几就是这些翻译。翻译不仅是把黑格尔的《逻辑学》翻译成汉语，因为我不懂德语只好读汉语，远远不只如此。现在我们都用汉语来思考这些问题，我们怎么会用汉语来思考这些问题的？可不就是通过这些译本才能够用汉语来思考这些问题的吗？所以中文译者所做的远远不只是翻译了一些原文，让不能读原文的人得到一种方便，而是在创造用汉语来做这种思想，用汉语来做这种辩论性的思考（discursive thinking）。你读宋明理学，宋明理学不是这么想问题的。这一整套思想方式都是传进来的，而其中百分之九十几是通过翻译，而不是通过中国人写的东西。中国人写的思辨，你自己想，读过什么留下印象的东西？没有嘛，读过就忘了。当然我的东西稍微除外。所以在这个意义上，翻译的确非常重要。

我个人认为，一个人做西方思想——逻辑学除外，因为它跟数学差不多——要是一点翻译都没做过，我就会对他高度地不信任，他没有通过翻译把自己的思想训练到对一个词、一个短语、一个小的论证的敏感，没有培养起这种敏感性，仍然大而化之地突然就从一个结论跳到另外一个结论，你也不知道中间他是怎么过来的。当然，那么做可以，但那就不是做我们这个活儿。做西方思想，翻译是绕不过去的一步，就是必须得做。

朱清华：我也做了几本翻译。我做翻译的时间比较久了，原来在一个公司做过翻译，主要翻译商务来往函电之类。这个工作给我的感触是，翻译往往带有情境性。专门学外语的专职翻译虽然在语言上可能水平好一些，但是如果对某个特定领域的情境没有理解，就很有问题。比如我博士时期的导师请德文系的学生帮他翻译哲学文本，结果翻译出来的东西完全不能看。所以如果翻译哲学文本，还是搞哲学的人翻译会比较好一些，因为我们对哲学的概念系统和某个哲学家的语境会比较理解。这是很重要的一点。

关于通常所说的"信、达、雅"，我觉得也是一个比较好的翻译标准。"信"还是很重要的。首先需要外语水平达到一定的程度，如果仅仅知道一些单词，而对一些用法不熟悉，可能就会出现死译的情况。也就是，整句话一个一个词都知道是什么意思，但是连起来还是不知道这句话是什么意思。对于"雅"，我觉得陈老师的翻译就特别雅，而我自己做翻译时就会越来越不雅，刚开始还会选一些非常文雅的用语，后来可能就像叶峰老师说的，做得多了，就越来越口语化、日常化，越来越没有那种高雅的感觉了。

再就是刚才陈老师说的翻译和思维方式的问题，翻译过来就等于用另外一种语言思考。像在海德格尔领域，现在大家思考的方式就是，前期海德格尔基本上用陈老师的语言来思考，后期海德格尔基本上用孙周兴老师的语言去思考。即使懂德语，也会去看译文，觉得译法比较可取，就用这种方式去思考。我不是评价这样好不好，我只是说这是一个事实。我觉得任何一种经典作品都应该多几种译本，因为作者原来的意境可能会比这一种思维方式更宽一些，对于读者来说，多几种译本可能就可以有不同的思考。

陈嘉映：像《存在与时间》就有四川熊林的译本，他的基本质量肯定是够好的，我看过其中一部分。

朱清华：对，我觉得他把"存在"翻译成"是"是一种理解的途径。

陈嘉映：如果只是把"存在"改成"是"，其实用不着出他的译本，就出陈嘉映的第二个译本就行了。

朱清华：翻译和思维方式是很有关系的，我现在在与人合作做《海德格尔年鉴》第三卷的翻译，在我们互校时，我发现，同样一句话，我的理解是这样的，而看他的译本，完全换了一种说法。也就是，如果看原文，他的意思也是对的，但是和我的说法完全不一样，所以翻译确实是和思维方式有很大的关系。

陈嘉映：我也想接着说一两句。一个就是刚才讲到的意译、直译，这个争论在翻译史上一直就有，我觉得在这里不用讲很多。说直译好还是意译好，好像就是在这两个方向上做选择，但事情往往不是这样。我接着朱清华讲到的讲，咱们有些译本，甚至大多数译本，你一读觉得不对，然后查原文，第一层的字面意思好像译出来了，也没有哪个词译错，语法关系也没有大错，但是关键他没把那个意思读懂，他的那个调子不对。这跟直译和意译有点关系，但其实不是翻译风格的问题，实际上是正确、不正确的问题。你一个词一个词对上了，语法也对上了，"嘣"往外一扔，说这叫直译。那不叫直译，你就是没译出来。

顺便我再讲一下清华讲到改译文的事儿，我也很有体会。刚才叶峰也讲到，译文要互相改，最好是两三个人互相改。我们以前都这样设想过，以后应该定为一个要求。只不过这个想法跟学术指导的方向不一样，学术评价始终不把翻译当作一个重要的事，而是鼓励我们去写那些发表出来没人读的论文。叶峰刚才讲的是校改，几乎可以说是合作。哪怕一个"而且",我可能给你删去一个"且"字,也可能删去一个"而"字。这是合作。单说普通校改,我会建议你在校别人稿子的时候,一般情况下,不能用你对自己翻译同样的要求,应该是:不是错了就不改。为什么呢?因为每个人的风格不同、路子不一样,如果你按你所喜欢的方式校,那实际上你就得重译。基本没有一个人的译文,好坏不说,跟你的译文是一样的。

把翻译当作研究工作的一部分

陆丁:可能技术上因为太具体了没法谈,我想谈的一点是,当你坐在桌子前做这件事时的心态。不像陈老师或者叶老师,陈老师基本上是主动去选的,而大家基本上都是,一个活儿扔在你面前,你就必须去干。这个时候,你肯定有一万个不情愿,你可能得假装自己情愿去做这件事,但怎么假装,对于每个人来说可能不一样,比如译威廉斯,就把它当作写论文的一部分,也就是把它当作研究工作的一部分;或者要练英语,比如要考GRE,等等,给自己另外找一个目标。

现在很奇怪的一点是,译者经常躲在作者后面,特别是经典著作的译者。比如译罗蒂(Richard Rorty)的文章,我觉得罗蒂写得挺好,我就躲在后面。但后来发现躲不住，因为每个译者都要有自己的选择，我要把罗蒂译好，就要把罗蒂那篇文章看清楚，它有论证，有陈述，还有煽情，这些功能是不一样的。每段的语用类型不一样，你得做出选择，你可能认为这段是煽情，但也许它是论证。在做出选择的时候，你要意识到你没法躲在作者后面。

那天我跟宇光争论过一个特别小的句子，我觉得那句话特别重要，对于作者的三层意思都得译出来，但宇光觉得没必要。我不是说我们俩谁对谁错，其实我很珍惜这种争论，因为两人都有理由。当有理由的时候，你当然要反问你的理由够不够充分。这个时候，你就被暴露在了作者外面。

另外，刚开始做翻译时，因为只能译一些二流作者的作品，译得久了就会油，这个时候，可能就会勇敢地站到作者外面去，你觉得作者还没你明白呢，开始乱译，也不加注解，这时就要特别警惕。剑华曾在朋友圈写过一句话："你要记住，真理都在你鄙视的那儿。"我觉得这句话特别好，当你觉得已经比作者高的时候，可能得有一个基本的谦虚点：他写了，你没有写，你是在译。我们自己也写过东西，写的时候花的脑力一定是比译时多得多，至少分析哲学是这样，大概要保持一个逻辑一贯性。

陈嘉映：就光分析哲学保持逻辑一贯性吗？其他哲

学不用保持逻辑一贯性吗？

陆丁：不小心说出了真实的想法。我是说，分析哲学的二流作者也有逻辑，但是大陆哲学我真不知道。所以在译了很多之后不要太自由。另外，我附议王宇光的说法，当你模模糊糊觉得懂的时候，就要去查词典，这个标准看上去很低，但实际上很高。这里有一个小窍门，有些词，比如 presumably, plausible，词典上有解释，但不能直接塞到句子里去，这时候，一个简单的办法是，把它放到 aol.com 或者其他网站上，上面会有很多日常语境的例句。比如 plausible，它在某种意义上是"对的"，但比"对的"好像又弱一点，弱在哪儿？怎么弱？在哪个方向上弱？对此，就要去看一些日常语境，它实际上有一些很稳定的用法。不仅是这种限定性副词，还有一些短语、俗语或者表达法，有时去查词典也不能清楚找到，那么就要去网上查日常用法是怎样的。我最近在帮人做一个关于自行车装备的翻译，全都是内部黑话，对于不骑车的人来说，完全不知道，必须在网上查图，然后去看录像。也就是，你要把自己当成一个百科全书式的作者，我不是说要像狄德罗（Denis Diderot）那样，我的意思是，对于一些知识性的东西，你要知道说的是什么，这绝不能开脑洞。

王宇光：陆丁刚才说的坐在电脑前的心态问题，我也觉得挺重要的,因为有时候确实坐不住,不想干这个活儿。我提供一个补充,最近我突然想到,可以把它想成健身,就像你每天晚上做几个俯卧撑、做几个仰卧起坐。今天我想运动,我现在健身一小时,休息会儿,再健身一小时。

关于英文水平的问题,我的意思当然跟陆丁是不一样的,不是说我的英文水平提高了,我就可以高于作者了,完全不是这个意思,而且提高也是没有止境的,我现在还非常需要提高。当英语水平提高后,有些原来你觉得受到约束的地方,现在会变得更放松一些。

陈嘉映:其实朱慧玲的第一句话差不多就讲了这个意思,就是说,你好像小心翼翼地要译得直,有时候不是因为你的翻译理念,只不过是因为你不知道除了一一对上之外,还能干什么。

王宇光:对,比如,一个句子里有好多要点,有的要点是意思上的,有的是意味上的,非常轻微的。有些词,你觉得特别重要,一定要把整个感觉译出来。但是过了几年再回头去看,可能这些点的轻重多少都变了。有些你原来觉得是要点的地方,现在觉得只不过是因为他是用英语写作,用英语或者用德语写作就只有有限的几种写法。当然最终,没有一个判断的标准,还是要根据自己的个人能力去做出判断。翻译是没有止境的。

陆丁：宇光说到这儿，我想到一点。特别是关于翻译通顺的问题，在看了福柯书的台湾译本后，我相当震惊。台湾译本的一个特点是强调通顺，大陆很多学者会诟病这一点，觉得译得不够准。这里可能要有一个辩护，也就是说，译者在某种程度上允许某种添加。这不是说给作者添加一个意思，或者做一个发挥，或者你觉得你的中文说得比他的英文好，不是这种对抗性的，而是说有一种行文的需要。这种行文的需要，我刚才讲了，是一个译者的选择，你可能要选择，陈老师也谈到要选择一种文气，也就是我们讲评论时讲的气韵流动。当然，正常来讲，我们都愿意读比较流畅的译本，但如果作者本来就是很磕绊的，或者说很个色的，你要保护他的这个特点，这是一种文学性的翻译，那是另外一面。

当做出气韵上的选择时，你的译文会有一个调子，这个调子就是你句式的调子。有时候是长句子，有时候是短句子，有时候是有节奏的。从某种意义上说，这种调子在你开始译时就在你脑子里了。在这个意义上，翻译有点像写作，你是把翻译的句子写出来，不是一句一句译出来。这个时候可能就会有一个特别大的偏离，它不是按照正常的标准——对应性的翻译理论。对于选择的翻译模版或者语气模版、调性模版，不同译者的差别非常大，依赖于他的经验、他认为的雅、好文风或者最贴合作者的文风。但是，你要意识到这是你选的，多少要有点底气，也就是，当其他人质问你时，你要有理由。

翻译与思维训练

朱慧玲：回到特别具体的一个经验，就像刚才我讲的长难句的处理。也就是，当遇到一句话是一个自然段时怎么处理。我特别感谢考研时候的自己，那时我曾特别认真地读过一本《长难句解析》，是新东方出的，给备考 GRE 的人准备的。因为考研要考翻译，我觉得长难句很难，经常搞不清楚某个长句的主句是什么。拿到那本书后，我规定自己每天看 3~5 个长句的分析。一开始我根本看不懂，但经过一段时间的训练后，我发现，结合上下文的意思，详细分析句子的各个从句是修饰哪一部分的，慢慢就能理清。后来跟别人交流时，我经常推荐大家去接受这样一个训练，去买一本长难句分析的书，认真地去看看书上是怎么分辨句子结构的。

另外就是刚才大家都提到的对作者的尊重，或者是对作者的了解。这也是我比较有感触的一点。在翻译过程中，我有时会遇到自己的知识盲区，不是所有我翻译的作品都是我熟知的领域。面对桑德尔时，我会比较自信一些，知道他说一句话是什么意思，甚至他背后的很多意思我大概也都知道。但是面对别的作者时，我可能就没有那么自信，所以要去查很多相关资料。比如我最近在翻译《保守主义的精神》，这本书从伯克（Edmund Burke）开始梳理，涉及好多人名、人文历史背景知识。我就不停地去查有关人物的背景，比如，一个人物的代表作是什么，他的主要观点是什么，等等。抓住了这些知识，能帮助我们在翻译时至少不会犯一些基本的错误。所以我觉得尊重作者、查阅背景资料也很重要。

最后，做一段时间的翻译后，会强烈感觉到翻译遇到的最大难题不是英文水平不够，而是中文水平不够。很多时候我能看懂、知道作者在说什么，但就是不会用一个很漂亮的句子表达出来，这还是中文表达能力不够的问题。我现在会有意识地不完全看英文作品，也不整天看学术的东西，而是看一些散文诗歌之类。当然这个过程要警惕，就像刚才陆丁说的，不要太油，不要自己开脑洞。

陈嘉映：你说到大长句，那是因为你是从英文着手的，你要是从读德文开始，你在英文里从来见不着长句。我真不夸张，你去读读韦伯，读读谢林，哪个句子不超过一页？那就算短句了。

朱慧玲：我又开脑洞了。其实做翻译做得越多，可能就会越自由，不会那么死板，同时也会对别人翻译的东西更加包容，比如自己没做翻译之前，读别人的东西就会想怎么这样翻译呢？现在我会首先试图理解译者为什么要这么翻译,然后再看有什么问题。

陈嘉映:其实干什么差不多都是这样,你要自己没干过,看人家怎么干都不对,自己一干就觉得,哇,这也不容易,人家也不容易。关于长句子,我再加一句。一个长句子应该怎么拆?意思应该怎么理解是另外一回事,现在是说你怎么把它变成中文。一般说来,由于语言结构不同,外文比中文容易构造长句子,对于外国人来说不是那么累赘。一个中文句子五行多,或者像德文那样一页,那就不是句子了,你不可能构造得起来。德文名词有三个不同的性,阴性、阳性、中性,它的指代词也是分性的,der, die, das,一个指代词指代的是上文哪个名词比较清楚。这有助于它构建长句。英文里用 that 或 which 来指代,不分性,有时候分不清它指代的前面说到的那样东西。但这比中文要好一点,中文没有跟 that 或 which 相应的指代词,因此也就没有正经的定语从句。由于诸如此类的原因,中文做不了那么长的句子。在这个意义上,没有所谓直译一说,他一句,我也来一句,没这回事。平均来说,汉语句子一定要比外文的句子短,这是由汉语的结构决定的。但是也得考虑作者的风格,比如一位作者写的句子都不长,突然他用了一个长句子,如果你噼里啪啦就把它拆成一些短句子译了出来,你可能就没把作者的风格译出来。这些都是在翻译的时候要考虑的。

讲到平顺,我不是特别愿意讲,因为传统的讨论太多了,我讲的不一定有什么新意。刚才讲到风格的时候,我挺同意你的说法,就是有时候我们不要老用破折号、括号等。但是有人就倒着,像维特根斯坦,每个词后头都跟着一个破折号,而且他是成心的,他就是在说别那么平顺,别那么快就过去。对维特根斯坦来说,这是合适的,因为他最长的段落一般也就七八行。他也没写过长篇大论,都是一句一句的,如果本来就浓缩成那么一两句话了,你再一出溜读过去了,就啥都读不着了。所以这跟好多因素是连在一起的。

我接陆丁和你刚才说的,如果你有心以后当翻译家,那我觉得是艺多不压身,知识多了没坏处,什么都知道,就像百科全书似的,这是最好的,最少犯错误。我刚才讲我们学外国哲学的,翻译对我们来说是一种很好的训练,但要是你真正当一个翻译家,可能就当不了维特根斯坦和陆丁那种类型的哲学家了。

陆丁:我是哪种类型的?

陈嘉映:维特根斯坦那种。在那个意义上,翻译是挺训练思想的。实际上,我们一般所说的逻辑不是这种成套的形式逻辑或数理逻辑,主要是在语言中训练出来的。就是刚才所讲的,好多都是很微妙的小结构,成千上万种小结构,每一个都是逻辑结构,这些细微的逻辑主要是从语文中学到的。而在两种语言比较的时候,你最能把握这些东西,因为你对你自己的语言明显不会那么去反思。刘畅,你也说说吧,听你的好朋友争得面红耳赤,先说你赞成谁?站哪边?

翻译与读者视角

刘畅:我做翻译做得比较少,谈不上有什么翻译经验,甚至连翻译教训也没有。今天大家都是来传授经验的,所以我坐在这儿,觉得特别不合适。

陈嘉映:你不传授经验,那你从别人的经验中学到点什么了吗?

刘畅:我就谈谈作为读者,我从别人的经验中学到了点什么。对于一部翻译作品,读者的期待或许会与译者有所不同。译者也许更关心避免错误,别人会不会从他的译文中挑出毛病,因为他是责任方嘛!但两相比较,我觉得读者会更期待译者能勇于承担责任一些。比方说,我面前摆着两个译本。一个读着有点不像人话,跟机翻的似的,但表面上看,的确做到了中文词与原文词一一对应,所以你也挑不出啥毛病……

陈嘉映：就像 he put his hat，他把他的帽子戴头上，好像我们平常戴别人的帽子似的。

刘畅：对！另一个译本呢，用平顺生动的中国话写的，有如闻其声、如见其人的感觉，当然，势必也包含更多译者对原文精神主旨和风格意趣的个人把握——那么，作为读者，我就会优先选择后者。因为这是一个足够尊重读者的译者。选择他的译本，也是我作为读者对这位译者的辛勤劳动和勇气的一种尊重。

而且，读者的阅读水准也在进步。现在，已经有越来越多的读者有能力自己阅读原文了。那为什么我们还需要有个中文译本呢？可能是因为，比如，作为读者，我对原文的意思也能理解得差不多，但有些地方，我还是不确定怎样用汉语精准地加以表达。这往往还不只是怎样用汉语表达的问题，可能原文中一些复杂精妙的意思，我原本就有些吃不准，但像宇光、陆丁他们，就能分辨出比方说 footage 跟 clip 的区别，并且凭借他们优秀的汉语能力能让我感觉到，哦，原来那是一个比较装的人在那儿说话。如果让我自己读，我就读不出那种感觉。

同样是用德语写作，维特根斯坦和海德格尔就有鲜明的风格差异。假如我是一个土生土长的德国人，我一读，这是海德格尔，那是维特根斯坦，就是这种直接的感受，而且这种感受不是纯粹语言上的，它跟作者的思想、风貌、气质都有关联。有赖陈老师的译文，我们这些中国读者也能约略体会到二者的不同。当然,要做到这一点,肯定是没有硬性标准、没有确定答案的,每个译者的译法各有千秋。不过,假如用那种佶屈聱牙的译法硬对上去,所有译文读起来就都一个味儿了——味如嚼蜡。

更多读者已经有能力自己阅读原文,靠着机翻,已经可以有个大差不差的理解,这时还要有译者专门从事翻译,那么水涨船高地,我们自然就有理由对译者提出更高一点的要求。不是说这儿有个 this,你就要译成"这个",那儿有个 that,你就要译成"那个",如果是这样,还要你来翻译干吗呢?假如别人读原文比读你的翻译还能理解得更顺溜些,那干吗还要读你的翻译呢?这不是白白浪费读者的时间吗?

陈嘉映:这也是针砭时弊的话,现在我们有太多所谓的研究生译文,我不是欺负研究生,从 20 世纪 90 年代起,出版社引进了好多书,要出好多书,就弄一帮研究生,一个人译几十页,研究生的英文、中文和专业都不好,他就这么码字码上去,后来这些研究生又慢慢变成了教授……习惯了,他以为这就叫翻译,他就这么干,所以好多教授译出来的东西就是这个样子。

刘畅:关于翻译的讨论我看得少,直觉上,对于经典著作,我会优先考虑"直译"。但直译不是机译,也不是硬译，更不等于没翻译。

陈嘉映：刚才咱们谈的，特别容易归到意译和直译之间的争论，其实没有一样真正是直译和意译，而是说什么叫作好的译法、什么叫作坏的译法。

问答环节

问1：陈老师，您平时翻译的都是哲学文本，翻译时首先考虑的是它的针对性呢，还是刚才刘畅说到的帮助我们理解？

陈嘉映：分析哲学其实也分好多种，说得更确切一点，如果翻译一篇物理学论文，怎么翻译？基本就是把它对应过来，分析哲学在极端的时候就会是那样的，如果这些概念已经有了比较确定的中文译法，就是把它们对应下来。但实际上，绝大多数分析哲学的经典著作不是这么写的。从罗素开始，包括弗雷格（Gottlob Frege）、克里普克（Saul Kripke）、布兰顿（Robert Brandom）、刘易斯（David Lewis）——刘易斯简直就是一个调皮捣蛋极了的作者，他对怎么把英语写得好玩有一种几乎病态的兴趣。我的意思是，这些分析哲学的大家，至少他们在写作上都是把自己当作一个作家来对待的。所以一说分析哲学，的确要像陆丁说的那样，分出四流分析哲学的文章和这种一流的，它们是不一样的。

问 1：比如，麦克道威尔（John McDowell）的《心灵与世界》，因为他故意把文字弄得很晦涩、特别绕，在译的时候，译者也会尽量还原那种晦涩。那么应该优先考虑保留他的晦涩，还是应该优先考虑让他变得更好理解呢？

陈嘉映：一般我会考虑这样一些方面。比如麦克道威尔，对于他"就是要表现得晦涩"这一点，首先不是我的印象，就是刚才刘畅说的，有的人说话嘟嘟嘟的，是因为他说话就是这样的语流，他同时想起来好多事儿。说到一个 point，他就想到好多事儿，那就不容易说顺，因为他刚想 make a claim，就想起有好多问题。这有点像普通人有时候说哲学家，说他为了 make a claim，先说 18 个 conditions。这可能有点过分，但大差不差。我觉得麦克道威尔在我的印象中属于考虑问题比较周全的，可能他的整个思想面也比一般的分析学家要宽，所以他在 make a claim 的时候，背后想要说的 reservation 特别多，condition 特别多。在这个意义上，他的确是绕，但是说他成心想说得晦涩，我也没有特别觉得。

如果说一个人本来思想简单，他就想说得深刻，那我就建议不译他。我一直这样说。你们现在一年级，特年轻,以后还有好几十年,不像我掰着手指头数日子了。但是即使如此,天下的好书那么多,别把时间浪费在第八流的东西上,弄点儿好东西读,别一天天就看网络小说。还是要译的话,要是我来译的话,如果他成心晦涩,我觉得稍微保留一点就行了,还是得把意思译出来。

问2:现在咱们用的现代汉语是白话文,这种书面语言在翻译中所起的影响是什么?因为现代汉语中的很多词汇,特别是人文社科词汇,是20世纪初从日语引进的,还有就是现在用的语法也都跟古汉语有很大的不同,这等于会直接影响我们的思维和表达。

陈嘉映:陆丁能回答吗?

陆丁:对于译者来讲,这是没办法的事,也就是说,对于文言文,我没有掌握到能做翻译的地步。如果你觉得现代汉语或者白话文不够用,你可以自己编,然后放到市场上,如果它被接受了就是靠谱的,不接受你就再换个方法编。这是没有办法的事情,我们没有第二种语言。

朱慧玲:我觉得也未必一定需要,毕竟我们大多数人接受的就是这样一个话语体系,再回到文言文翻译,它的可读性有多强呢?当然我在翻译时也遇到过这个问题,在《保守主义的精神》这本书里,18世纪时用的一些词语就不能用过于现代的术语来翻译，比如这本里有一个尊称，结合那个年代，我觉得用"阁下"或者稍微古典点的尊称可能会合适一点；用"您"或者其他称谓可能就没那么恰当。但是我并不觉得所有的都应该这样。当然可能我的水平有限，只能达到这样而已。

陈嘉映：两位老师差不多说到了这个问题的最重要的两点。陆丁单刀直入："少来，你想用《尚书》的语言译，你不会。"但是后面的确有一个更深一点的问题，就是在什么意义上你能用一种你没有很掌握的语言来尝试思考，或者在什么意义上这是必要的？这还牵扯到怀古。比如，你可能觉得贵族制度挺好的，但在什么意义上你觉得它好？我们其实都不生活在其中。我并不是说它不可以在任何意义上是好的，但它的确不是在我们日用的那个意义上是好的。

问 3：如果一篇外文的文章我看得懂，但还是要把它翻译成中文，在汉语的语境中来思考，比如 λόγος (logos)，它跟"理性"是有点区别的，两个不是特别对应，但我们还是这样翻译过来，这是不是想把它作用在我们自己的知识体系里？

陈嘉映：在你这段话里，我觉得"知识体系"这个词不是特别好，把它改成"概念体系"或者"概念联系"

可能要好一点。这跟知识的关系不是特别大,主要是一种概念联系。任何一个西语词,特别是概念词,它总是跟其他西语词处在概念联系之中,一旦把它变成中文,比如 λόγος (logos),当然它跟"理""道理"这些连着。哪怕我们现在已经习惯了一个西语词跟一个汉语词完全对应,但只要一到汉语中来,它就进入了一个不同的概念联系。所以翻译能起到刚才刘畅说的那种作用,就是哪怕我能读外文,读汉语的时候我也会有一些新的体会,因为进入了不同的概念联系。我可以给你一个实例,就是当时我读 Sein und Zeit(《存在与时间》)的时候,我也没有想翻译,我的第一个译本不是给别人用的,就是给自己用的,就是后来我写《〈存在与时间〉读本》的那个译本。我当然能读懂德文,不懂的话我就无法翻译成汉语了,但是每次读德文我都要从字面读起,而汉语一读就有感觉。所以即使为了我自己,我也要把它变成汉语来读。虽然德语、汉语你都懂,但是你的感性支持不一样,你的汉语的感性支持要厚重得多,而德语的感性支持可能会弱很多。现在的确有不少年轻人的英文特别好,但是多半语感仍然及不上读汉语。

问 3:会不会有汉语的理解最终偏离了作者的意思,而我是在那个基础上开始的?

陈嘉映:在一个意义上,只要把它变成汉语就已经偏离了它。也就是说，当你把 logos 译成"理性"的时候，你已经把 logos 这个词放到了一个不同的概念联系之中了。但是我们不能单看一个词偏离不偏离，即使一个词偏离了，也有可能通过另外一个词的反向偏离找补回来。所以读一个词，你可能说它跟那个外文词不对应，但这句话可能就挺对应的；这句话如果不够对应，这个段落可能挺对应的。比如读陀思妥耶夫斯基的《罪与罚》，要是从一个词一个词是否对应来看，很难都对上。但并不是说词已经对不上了，句子更对不上，那整本书肯定就是完全不同的一本书了。但是读完《罪与罚》，你跟一个俄国人用英语聊《罪与罚》的时候是没问题的——当然他可能读得比你深入，但他不会说，哎哟，你读的是另外一本书呀。

我觉得今天谈得还挺好的，朱慧玲就说到，有时候字对字那样的译法，其实是因为我们对意思掌握得不是特别有把握，所以我们就保底了。保底也不错，刘畅说，特别在今天，这个办法就不太好，因为会外语的人越来越多了，于是我们对翻译提出了更高的要求。不像当年，我们弄不到外文书，那弄个中文的也行。这些讨论不限于意译和直译的角度，虽然跟那有点关系。怎么译最好，有好多角度。

问 4：哲学翻译是不是也要对应原作者的风格？比如，哲学文本一般显得很高大上，是不是一定要译得很高雅？再比如，哲学通常很难懂，有时候好像完全读不通，这时候要把它译得通顺吗？

陈嘉映：我一直努力让我的写作是读得懂的。费曼（Richard Feynman）有个说法。他说，我讲的物理学，如果大学一年级的学生——当然他指的是加州理工学院的，不是咱们这儿的学生——听不懂的话，那就说明我没弄懂。在物理学上这么说可能有点夸张，在哲学上这么说也未见得全对，但如果有些书我都读不懂——我不是说我特别聪明，但我毕竟读了 50 年这种书了——我真是挺怀疑那个作者有没有弄懂，我现在是在讲中文写作。

有些我又不敢说了，比如海德格尔的一些晚期著作。像海德格尔的著作，我轻易不会说，这哥们儿胡扯呢，要不咱们怎么能没读懂呢？我也跟周兴讨论过，因为多数都是他翻译的。德文我也读了，汉语我也读了，翻来覆去读，就是读不懂，这也是有的。然后我就去问周兴，周兴说他是翻译出来了，但他也没弄懂。翻译有时候是这样，难免有时候碰上一句话或两句话，不知道为什么会放在这儿，但是你可以把它们翻译出来。你可能始终不知道这句话为什么会在这个上下文里，在这个意义上，你并没读懂，但你可以把这句话正确翻译出来。

你刚才说到典雅，我觉得你用的是高雅，我自己更喜欢用典雅。比如像托尔斯泰的文字就比较典雅，其实不光是文字，他作品的整个气质，你都感觉很典雅，跟陀思妥耶夫斯基就不一样。我觉得典雅是我喜欢的风格中的一种。当然,好的风格有好多种。

说到哲学翻译,还有一个特点,那就是一个词基本上必须只对应一个译名,通篇都这么译。为什么?这里不展开说了。昆德拉就觉得文学也得这么译。卡夫卡在一个段落里连着用了三个gehen,在法文译本里,译者把它译成了三个词,他觉得这样比较有文学性。对此昆德拉就说,你以为卡夫卡词汇量少吗?你以为卡夫卡不知道可以换几个词吗?他为什么三处都用了gehen?哲学翻译必须一词一译,道理与此不尽相同。一词一译这一点给译者带来了格外的困难,好多时候,依不同上下文译成不同汉语词,译文会通顺很多。

另外,对于学生来说,还有一个很实际的事,就是最好不要接最难的活儿,就像陆丁说的,那种翻一页就用一个礼拜那种。最好找你翻译起来不是那么困难的文本。我对学习所有东西都是一个想法,就是最好做那个你使劲够能够得着的。这么学是进步最大的。比如刚开始学围棋,你不要找一个8段的下,去找一个比你稍微强一点的下,那是进步最大的。你看小孩子,都不跟爹娘学,都跟在比他大一两岁的孩子后头,屁颠屁颠跟得紧着呢。他天生知道跟谁学。等你们达到一定水平后,再去翻译更难的文本。

此外还有一个办法,你可以找一个高水平译者——陆丁、慧玲那样的——译过的文章,先不读他的译文,自己先译，然后对照读他的译文，比较一下。翻译说到底是个手艺活，看看人家的活是怎么干出来的，你就知道自己要学的是什么了。

刘畅：我想请教陈老师，我理解，您在一开始做了一个对照，就是硬译跟意译的区别，这两个到底怎么区别呢？

陈嘉映：要从极端说，硬译有点像刚才说的，就是一个词对应一个词，如果他用一个词，比如前后都用commitment，我就都译成承诺。意译就像傅雷讲他译巴尔扎克——他译的当然是文学作品——先不动手译，先读，把一章反复读，然后脱开原文来翻译。翻译完后，再去对照法文原文修订。从这个角度说，意译对应的单位更大。我刚才讲了，一个词对不上不意味着一个句子对不上，一个句子对不上不意味着一个段落对不上。

王宇光刚才说得挺好的，就是绝对没有最佳翻译一说。当然，两个人的翻译，一个人的好一点，这是有的，但没有一种译法能把原文所有的东西都译出来。特别是那些好文章，每句话的联系都那么丰富，只说了一两句话，就引导你看到那么多的东西。变成中文后，有些东西就看不到了；反过来，你又看到了原文里没有的东西。你随时都在做取舍，尽可能地让读者看到原作者想让读者看到的。

我的总体想法是不要拘泥于直译、意译的讨论框架，不如从多个角度来讨论翻译。比如，译诗跟译散文有什么不同。很多人说诗是无法翻译的，比如科林伍德（Robin George Collingwood）好像说过，也许有点儿夸张：诗所言说的就是它的言说方式，此外诗就没想再说什么了。

问 5：陈老师，您刚才说到一句话就是一段，拆成中文时，一般来说大概不超过两行一句话。比如一个英文长句子，拆完了以后，要保证意思准确，还要好看，对于这一点，您有什么经验吗？

陈嘉映：我觉得西语的语法允许这样说话，说起一个话头，说到一半，随时插进各种句子，定语从句，状语从句，最后可以是一个很长很长的句子。汉语怎么办呢？一种最常见的办法是，先把主题说出来，我要说的是罗马共和国转变成了帝国，然后去说什么是"共和国"、什么是"帝国"。但把原文的结构这么一调，原文的语流可能就被破坏掉了，意思的轻重缓急有可能差出去了。那就再想办法尽量把原义的轻重缓急表现出来。这又是一个取舍：要不要动原来文句的结构？经常的情况是，你想让读者读懂的话非动不可，动了之后，你的功夫都下在怎么把你读到的、作者想说的和不想说的用适当的分寸表达出来。

我们今天只能比较泛泛地谈一些原则，要真正下到技巧一层，就得拿一篇译文来一句一句地讲。